Der Kartenprofi

Beim Lesen und Verstehen von Karten hilft der Kartenprofi.
So lese ich eine Karte:

1. Schritt: **Eine Karte hat ein bestimmtes Thema.**

Der Kartentitel sagt mir bereits einiges über die Karte.
Ich lese den Kartentitel.

Was ist nach dem Kartentitel das Thema der Karte?

2. Schritt: **Eine Karte hat eine Legende.**

Die Legende hilft mir, die Karte besser zu verstehen.
Ich suche die Legende der Karte und ihre einzelnen Punkte.

Ich lese die Legende:
- WAS BEDEUTEN DIE FARBEN?
- WAS BEDEUTEN DIE LINIEN?
- WAS BEDEUTEN DIE SYMBOLE?

3. Schritt: **Eine Karte hat einen Maßstab.**

Mit dem Maßstab kann ich Entfernungen in der Karte berechnen.

- ICH SUCHE DIE MASSSTABSANGABE UND NOTIERE DEN MASSSTAB DER KARTE.
- ICH BERECHNE MIT DEM MASSSTAB ENTFERNUNGEN AUF DER KARTE.
- WIE VIELE KILOMETER ENTSPRECHEN 1 CM AUF DER KARTE?

4. Schritt: **Ich habe mir die Karte genau angesehen.**

Ich habe die Legende sorgfältig gelesen.

Jetzt kann ich aufschreiben, was die Karte zeigt:
- WAS IST AUF DER KARTE ZU SEHEN?
- WAS ZEIGEN DIE EINZELNEN PUNKTE DER LEGENDE?
- WELCHE INFORMATIONEN AUS DER KARTE SIND NEU FÜR MICH?

C Bayern – Naturräume. *Karte.*

Hessen

Thüringen

Sachsen

Fulda

10°

Saale

12°

14°

Rhön

Werra

Frankenwald

Bad Kissingen

Coburg

Hof

Eger

TSCHECHISCHE

50°

Schweinfurt

Main

Fichtel-gebirge

Bayreuth

50°

Aschaffenburg

Gäu-land

Spessart

Würzburg

Bamberg

Steigerwald

Erlangen

Fürth

Nürnberg

Oberpfälzer Wald

Weiden

Beraun

REPUBLIK

Main

Regnitz

Naab

Neckar

Jagst

Fränk. Rezat

Altmühl

Ansbach

F r ä n k i s c h e   A l b

Regen

Großer Arber
1456 ▲

Baden-

Württemberg

Altmühl

Regensburg

B a y e r i s c h e r   W a l d

Neckar

S c h w ä b i s c h e   A l b

Ingolstadt

Donau

Straubing

Donau

Isar

Landshut

Passau

Donau

Donau

Iller

Neu-Ulm

Augsburg

Lech

A l p e n v o r l a n d

Freising

Mühldorf

Inn

48°

München

Ammer-see

48°

Memmingen

Chiem-see

Rosenheim

Salzach

Traun

Kaufbeuren

Starn-berger See

Bad Tölz

Bad Reichenhall

Boden-see

Kempten

Königs-see

Lindau

B a y e r i s c h e   A l p e n

SCHWEIZ

Oberstdorf

Garmisch-Partenkirchen

Rhein

Allgäuer Alpen

Zugspitze
2963

Inn

ÖSTERREICH

10°

12°

0   50

km

○	Stadt
<u>München</u>	Landeshauptstadt Bayerns
——	Staatsgrenze
——	Landesgrenze
■■■	Landesgrenze Bayerns

	See
∿∿	Fluss
≈≈	Kanal
Donau	Flussname
10°	östliche Länge von Greenwich
-50°—	nördliche Breite

Zugspitze	Bergname
▲ 2963	Berg mit Höhenzahl (m über Normalnull)
R h ö n	Name des Naturraums

Landhöhen (m über Normalnull)

	2000
	1000
	750
	500
	300
	200
	100

B Bayern – politische Gliederung. *Karte.*

NES
KG
HAS
AB
MSP
SW
Würzburg
MIL
KT
WÜ

CO
LIF
KC
HO
KU
WUN
BA
Bayreuth
BT

ERH
ER
FO
NEA
FÜ
N
LAU
Ansbach
SC
AN
RH
WUG

TIR
NEW
WEN
AS
AM
SAD
NM
CHA
Regensburg
R

DON
EI
IN
KEH
REG
DLG
ND
PAF
SR
DEG
FRG
AIC
A
Augsburg
FS
Landshut
LA
DGF
PA
GZ
DAH
PAN
NU
FFB
München
ED
MÜ
AÖ
MN
LL
STA
M
EBE
KF
WM
TÖL
RO
TS
KE
OAL
MB
BGL
LI
OA
GAP

0   50
km

Landesgrenze
Regierungsbezirksgrenze
Kreisgrenze
Landeshauptstadt
Sitz eines Regierungsbezirks

Regierungsbezirke:
Unterfranken
Oberfranken
Mittelfranken
Oberpfalz
Schwaben
Niederbayern
Oberbayern

Kreisfreie Städte in dunklerer Farbe

KEH   Autokennzeichen eines Kreises

D Bayern – Geotope (Auswahl). *Karte.*

interessantes „Fenster" in die Erdgeschichte Bayerns (Geotop)

Inhaltsverzeichnis

Zum schnellen Finden:
Methoden/Arbeitstechniken im Buch

„Methoden/Arbeitstechniken"

Selbstorganisation

Orientieren im Raum

Orientieren in der Zeit

Informationen beschaffen

Informationen verarbeiten

Ergebnisse präsentieren

GPG – ein neues Fach

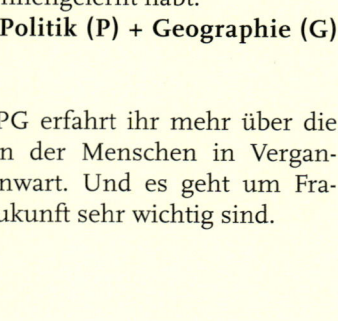
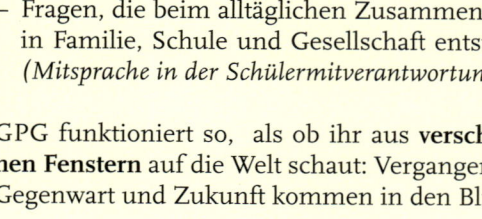
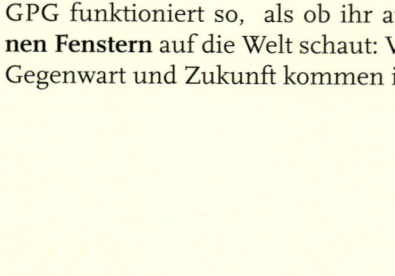

„GPG"

Ihr habt euch bestimmt gefragt, was sich hinter der Abkürzung GPG verbirgt.

Es sind die Anfangsbuchstaben von drei Fächern, die ihr zum Teil schon in der Grundschule unter anderen Namen kennengelernt habt:

Geschichte (G) + Politik (P) + Geographie (G) = GPG

Im neuen Fach GPG erfahrt ihr mehr über die Lebensbedingungen der Menschen in Vergangenheit und Gegenwart. Und es geht um Fragen, die für eure Zukunft sehr wichtig sind.

Themen sind zum Beispiel:

– Unterschiedliche Zeiten und Kulturen *(Leben in der Steinzeit; die Römer und ihr Weltreich)*
– Lebensräume auf der Erde *(Bayern; Deutschland)*
– Möglichkeiten, die Umwelt zu schützen *(Lernzirkel „Umweltschutz")*
– Fragen, die beim alltäglichen Zusammenleben in Familie, Schule und Gesellschaft entstehen *(Mitsprache in der Schülermitverantwortung)*

GPG funktioniert so, als ob ihr aus **verschiedenen Fenstern** auf die Welt schaut: Vergangenheit, Gegenwart und Zukunft kommen in den Blick.

Welche Rechte und Pflichten haben Kinder?

1

Gebäude und Ruinen: Wer waren die Erbauer und wozu dienten sie?

2

Wie leben andere Völker? Wie ist das Klima dort?

3

Wie bestimmt man die Himmelsrichtungen?

4

Was wissen wir über die Erde und ihre verschiedenen Räume?

8

Wie können wir in der Schule mitbestimmen?

5

Was verraten Funde von Knochen und Gegenständen über die Vergangenheit?

6

Wie löst man Konflikte?

STREIT-SCHLICHTER

7

Geschichte

Politik

Geographie

Wie findet man sich auf einer Karte zurecht?

9

Zuordnungs-Spiel

1) Lege nach dem Muster unten eine Liste an. Versuche die Kärtchen 1–9 jeweils den drei Bereichen zuzuordnen, die das Fach GPG ausmachen. Begründe deine Entscheidung.

Kärtchen	Geschichte	Politik	Geographie
7	...	Streitschlichter	...
1	...	...	...

Ein Rundgang durch das Buch

**Liebe Schülerinnen,
liebe Schüler,**
wir möchten euch
kurz die Seiten dieses
Buches vorstellen.

Auftaktseiten
Jedes Kapitel startet
mit einem großen
Bild, das einen
historischen Schau-
platz oder etwas
Interessantes zum
jeweiligen Thema
zeigt. Ihr könnt
Eindrücke sammeln
und Vorwissen
zusammentragen.

Orientierung
Hier könnt ihr euch einen zeitlichen
und räumlichen Überblick verschaf-
fen. Ein Wegweiser zeigt einen
Überblick über das Kapitel.

Methode
Ihr könnt Schritt für
Schritt erlernen, wie
ihr aus verschiede-
nen Quellen und
Materialien Informa-
tionen entnehmen,
diese verarbeiten
und schließlich eure
Lernergebnisse
präsentieren könnt.

Teste dich!
Jedes Kapitel
endet mit
einer „Teste
dich!"-Seite.
Hier könnt ihr
euer Wissen
und Können
testen und die
neu erworbe-
nen Kompe-
tenzen
anwenden.

Deutschland vom Hochgebirge zum Tiefland

Welche Großlandschaften gibt es in Deutschland?

[1] Die Großlandschaften Deutschlands.

[2] Leuchtturm in Westerhever. Foto, 2014.

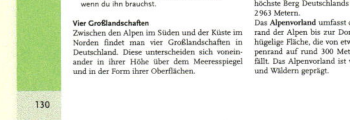

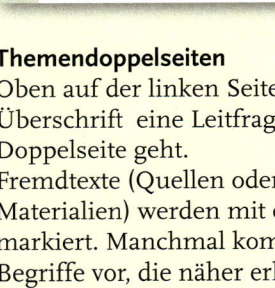

[3] Auf der Zugspitze – dem höchsten Berg Deutschlands. Foto, 2013.

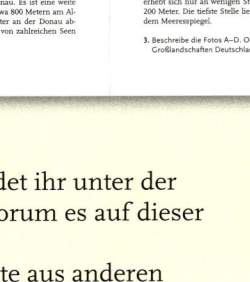
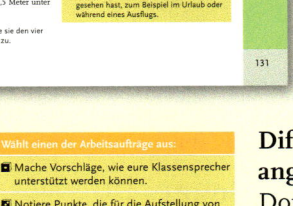
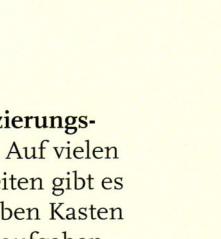

[4] Die vier Großlandschaften von den Alpen bis zur Küste. Fotos.

Zwischen dem Alpenvorland und dem Norddeutschen Tiefland liegt das **Mittelgebirgsland**. Die höchs-

1. Nenne anhand der Karte [1] die vier Großlandschaften Deutschlands.

2. Finde heraus, in welcher Großlandschaft dein Schulort liegt. Nimm einen Atlas zu Hilfe, wenn du ihn brauchst.

Vier Großlandschaften
Zwischen den Alpen im Süden und der Küste im Norden findet man vier Großlandschaften in Deutschland. Diese unterscheiden sich voneinander in ihrer Höhe über dem Meeresspiegel und in der Form ihrer Oberflächen.

Im Süden Deutschlands liegen die **Alpen**. Die Alpen sind Europas größtes und höchstes Gebirge. Die Gesamtlänge von Westen nach Osten beträgt etwa 1200 km. Zu Deutschland gehört nur ein kleiner Teil des Nordrandes der Alpen. Der höchste Berg Deutschlands ist die Zugspitze mit 2963 Metern.
Das **Alpenvorland** umfasst den Raum vom Nordrand der Alpen bis zur Donau. Es ist eine weite hügelige Fläche, die von etwa 800 Metern am Alpenrand auf rund 300 Meter an der Donau abfällt. Das Alpenvorland ist von zahlreichen Seen und Wäldern geprägt.

3. Beschreibe die Fotos A–D. Ordne sie den vier Großlandschaften Deutschlands zu.

ten Erhebungen sind die Mittelgebirge. Sie ragen zwischen 500 und 1500 Metern auf. Tief eingeschnittene Täler und abgesenkte Becken trennen die einzelnen Mittelgebirge voneinander.
Von den nördlichen Ausläufern des Mittelgebirgelandes bis zur Nordsee und der Ostsee einschließlich der Inseln erstreckt sich das **Norddeutsche Tiefland**. Diese flache Großlandschaft erhebt sich nur an wenigen Stellen auf maximal 200 Meter. Die tiefste Stelle liegt 3,5 Meter unter dem Meeresspiegel.

4. Nimm einen Atlas zu Hilfe. Nenne Großlandschaften, von denen ein Teil in Bayern liegt.

Wähle einen der Arbeitsaufträge aus:
◇ Fertige eine Faustskizze von Karte [1] an.
◇ Schreibe einen Reisebericht über eine Großlandschaft Deutschlands, die du schon gesehen hast, zum Beispiel im Urlaub oder während eines Ausflugs.

130 131

Themendoppelseiten

Oben auf der linken Seite findet ihr unter der Überschrift eine Leitfrage, worum es auf dieser Doppelseite geht.
Fremdtexte (Quellen oder Texte aus anderen Materialien) werden mit einem grauen Balken markiert. Manchmal kommen in den Texten Begriffe vor, die näher erklärt werden müssen. Diese Begriffe sind mit einem Sternchen versehen und werden in einem Kasten ausführlich erklärt. Auf jeder Inhaltsseite findet ihr Bilder, Schaubilder oder Diagramme. Alle Materialien könnt ihr mithilfe der Aufgaben und Fragen erarbeiten.

Wählt einen der Arbeitsaufträge aus:
◇ Mache Vorschläge, wie eure Klassensprecher unterstützt werden können.
◇ Notiere Punkte, die für die Aufstellung von Klassenregeln wichtig sein könnten. Bewerte diese Punkte aus deiner Sicht.

Differenzierungsangebot: Auf vielen Doppelseiten gibt es einen gelben Kasten mit Wahlaufgaben.
Hier könnt ihr einen Arbeitsauftrag auswählen. Die Aufgaben mit ◇ sind etwas leichter, die Aufgaben mit ◆ etwas schwieriger zu lösen. In der Regel haben die Aufgaben eine mittlere Schwierigkeitsstufe ◈.
Außerdem findet ihr noch unter „Was du noch tun kannst…" weiterführende Anregungen, wenn ihr euch mit dem Thema noch zusätzlich beschäftigen wollt. Wie ihr mit den **Wahlseiten** arbeiten könnt, findet ihr auf Seite 12–13.

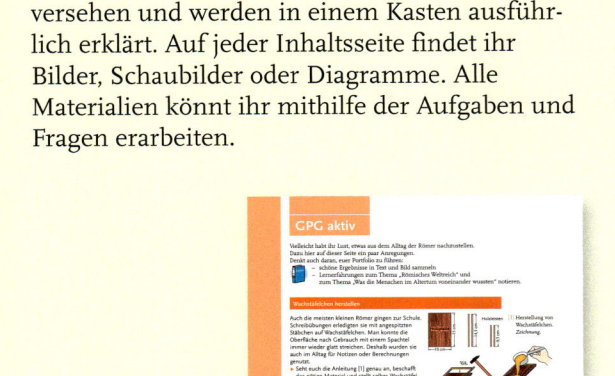

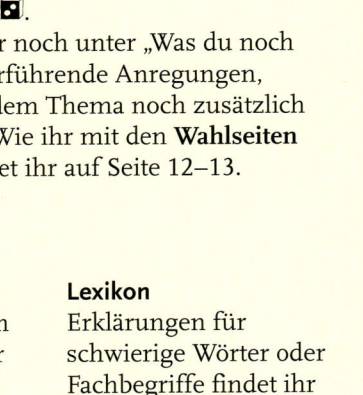

Aktiv-Seiten

Hier findet ihr Ideen und Tipps, wenn ihr mit der Klasse ein Projekt zum Thema, eine Werkstatt-Arbeit oder mehrere „Miniprojekte" durchführen möchtet.
Auch für eure Portfolio-Arbeit findet ihr hier Anregungen.

Lexikon

Erklärungen für schwierige Wörter oder Fachbegriffe findet ihr im Lexikon im Anhang (S. 204–207).

Eine Mappe führen

Für euer neues Fach GPG solltet ihr auch eine Mappe führen. Ihr könnt daraus ein selbst gefertigtes GPG-Buch werden lassen. Das kann euch helfen, wenn ihr später einmal etwas nachschlagen müsst. Ihr stellt beim Führen der Mappe auch sofort fest, wenn ihr etwas nicht so genau verstanden habt. Dann könnt ihr es gleich genauer nachprüfen. Und ihr lernt dabei, wie man Informationen übersichtlich anordnen und verständlich weitergeben kann.

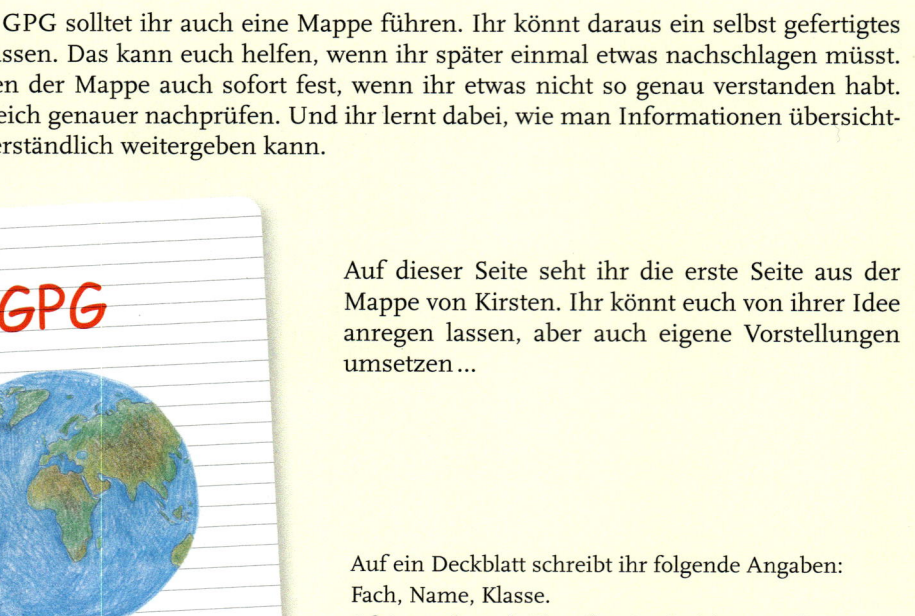

Auf dieser Seite seht ihr die erste Seite aus der Mappe von Kirsten. Ihr könnt euch von ihrer Idee anregen lassen, aber auch eigene Vorstellungen umsetzen...

Auf ein Deckblatt schreibt ihr folgende Angaben: Fach, Name, Klasse.
Oft ist auch noch Platz für eine Zeichnung, die zum Fach passt.

Am besten lasst ihr je 2 cm Rand an jeder Seite.

Es ist günstig, wenn ihr zu jedem Eintrag ein Datum vermerkt. Es steht oben rechts.

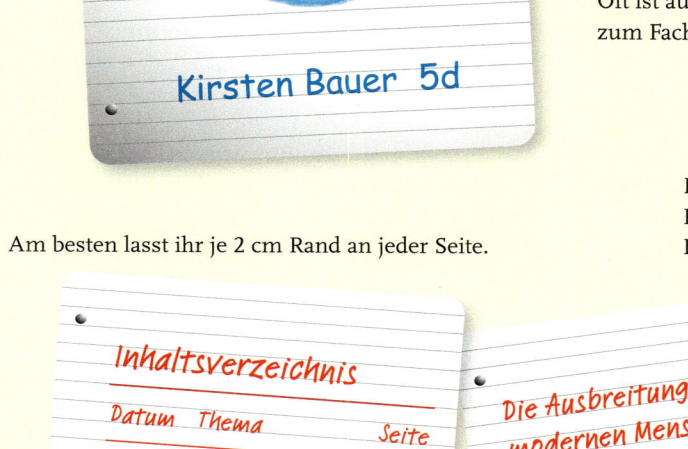

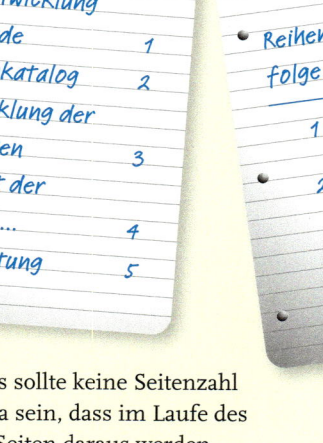

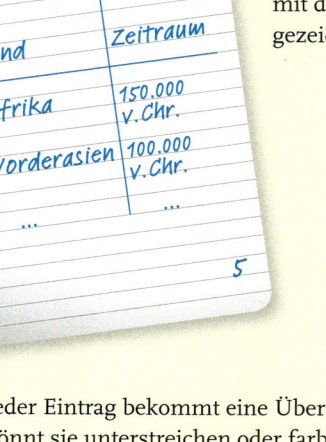

Tabellen sollten mit dem Lineal gezeichnet werden.

Das Inhaltsverzeichnis sollte keine Seitenzahl bekommen. Es kann ja sein, dass im Laufe des Schuljahres mehrere Seiten daraus werden.

Jeder Eintrag bekommt eine Überschrift. Ihr könnt sie unterstreichen oder farbig hervorheben.

Wir legen ein Portfolio an

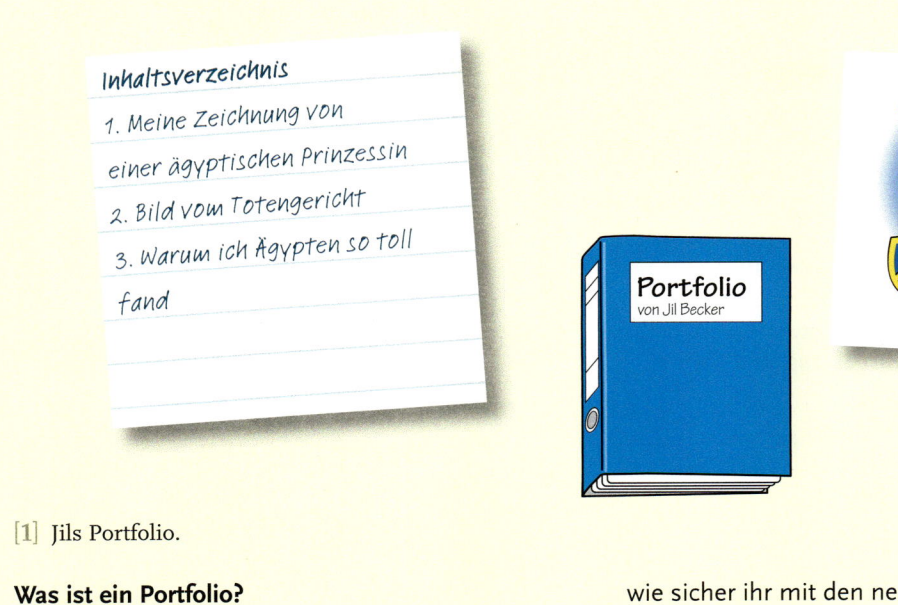

Inhaltsverzeichnis

1. Meine Zeichnung von einer ägyptischen Prinzessin
2. Bild vom Totengericht
3. Warum ich Ägypten so toll fand

Portfolio
von Jil Becker

[1] Jils Portfolio.

Was ist ein Portfolio?

Ein Portfolio* ist eine Mappe, in der ihr eure gelungenen Arbeiten zusammenstellt. Es ist wie eine Mischung aus „Schatzkästchen" und Lerntagebuch. Ihr könnt eure besten Arbeiten (Bilder, Zeichnungen, Geschichten, selbst gestaltete Arbeitsblätter) zu einem Thema hier sammeln und zusätzlich etwas über eure Erfahrungen beim Lernen und Arbeiten notieren.

So könnt ihr euer Portfolio anlegen:

1. Schritt: Sammeln und selbst bewerten

- Seht eure Arbeiten durch und legt die schönsten beiseite (Sammelmappe).
- Legt zu jeder Arbeit ein Blatt an und erklärt:
  □ Wie seid ihr auf die Idee gekommen?
  □ Gab es Schwierigkeiten bei der Durchführung?
  □ Was findet ihr gut? Was könnte noch verbessert werden? Begründe deine Aussagen.

2. Schritt: Lernerfahrungen beschreiben

- Wenn ein Kapitel im Buch zu Ende geht, habt ihr ganz sicher eine Menge neuer Informationen erhalten. Auch bestimmte Arbeitsweisen (Methoden) sind hinzugekommen. Auf der Seite „Das kann ich!" konntet ihr überprüfen,

wie sicher ihr mit den neuen Informationen umgehen könnt.
- Nun sollt ihr eure Erfahrungen festhalten und eure „Lerngeschichte" notieren. Dazu sollen euch die folgenden Fragen eine Anregung geben; ihr könnt auf jede einzelne Frage kurz antworten oder auch einen zusammenhängenden Text schreiben:
  □ Was hat mich am meisten interessiert? Was hat mich weniger interessiert?
  □ Was habe ich neu gelernt?
  □ Wie hat das Lernen geklappt? (Was war besonders schwierig, was war leicht?)
  □ Wie zufrieden bin ich mit: „Das kann ich!"
  □ Welche Hilfen hätte ich noch benötigt?
  □ Welche Frage(n) habe ich noch?
  □ Was werde ich demnächst anders machen?
- Schreibt die Ergebnisse sauber auf ein eigenes Blatt. Überschrift: „Wie meine Arbeit mit dem Kapitel (Thema einsetzen) verlaufen ist".

3. Schritt: Sortieren

- Sortiert jeweils am Ende eines Kapitels die neuen Seiten, tragt sie ins Inhaltsverzeichnis ein und legt sie in euer Portfolio. Fertig!

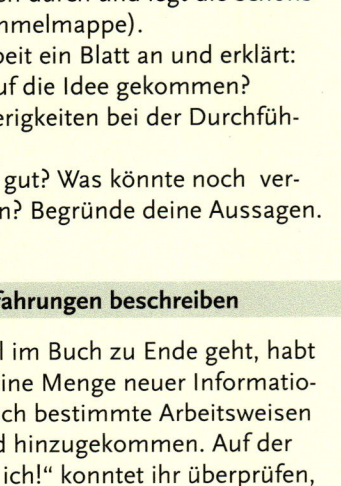

(das) Portfolio
Ursprünglich italienisch: portare = (mit sich) tragen, fo(g)lio = Papier-Blatt, Buchseite.

Arbeiten mit den Wahlseiten

Welches Einzelthema interessiert euch?
In jedem Kapitel dieses Buches findet ihr
Wahlseiten. Sie sollen von euch selbstständig
bearbeitet werden: allein, mit einem Partner
oder in Gruppenarbeit. Aber zunächst ohne
Hilfe einer Lehrperson. Die Wahlseiten sind
oben mit einem Würfel gekennzeichnet.
Wahlseiten mit ⚀ sind etwas leichter, Wahlseiten
mit ⚂ etwas schwieriger zu lösen. In der Regel
findet ihr Wahlseiten auf mittlerem Niveau (⚁).
Ihr findet auf diesen Seiten unten in dem gelben
Balken Tipps für die Erarbeitung und für die
Präsentation.

Bei der Arbeit mit den Wahlseiten könnt ihr so
vorgehen:

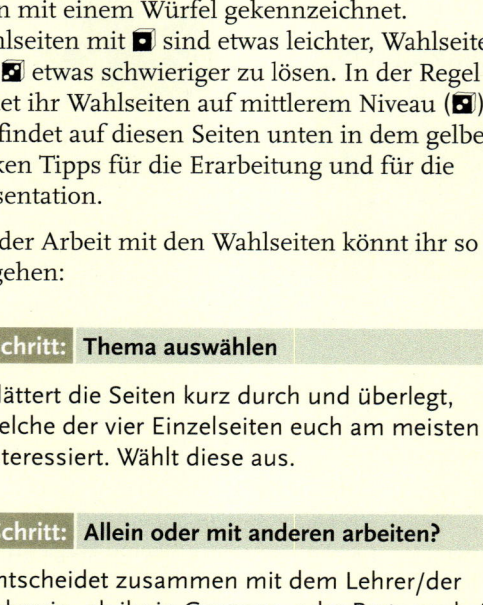

[1] Wahlseiten.

1. Schritt: Thema auswählen

■ Blättert die Seiten kurz durch und überlegt,
welche der vier Einzelseiten euch am meisten
interessiert. Wählt diese aus.

2. Schritt: Allein oder mit anderen arbeiten?

■ Entscheidet zusammen mit dem Lehrer/der
Lehrerin, ob ihr in Gruppen- oder Partnerarbeit
zusammenarbeiten wollt oder euch lieber
alleine mit der Seite beschäftigt.

[2] Arbeiten mit dem Buch. *Foto.*

3. Schritt: Wichtigste Punkte herausarbeiten

■ Betrachtet die Bilder und lest die Texte. Lasst
euch von den Arbeitsvorschlägen anregen.
■ Klärt offene Fragen, notiert die wichtigsten
Inhaltspunkte.
■ Notiert einen „Merksatz" für die Klasse.
■ Entscheidet, wie ihr der Klasse die Abbildungen
zeigen wollt (Hinweis auf die Seite, auf der das
Bild steht; eigene Zeichnungen; Folien für den
Overhead-Projektor usw.).

[3] Eine Schülerin präsentiert am Beamer die Ergebnisse der Gruppe. *Foto.*

4. Schritt: Ergebnisse vorstellen

■ Entscheidet euch, wie ihr der Klasse eure
Ergebnisse präsentieren wollt:
  ☐ als kleinen Vortrag (Dauer 3–5 Minuten)
  ☐ als erfundene Zeitungsreportage
  ☐ als kurzes Theater- oder Rollenspiel
  ☐ als Wandzeitung usw.

Arbeiten mit dem Textknacker

Der Textknacker hilft euch, Texte zu lesen und zu verstehen.
Die Wahlseiten mit ◼ beinhalten Texte, die ihr mit dem Textknacker erschließen könnt. Ihr könnt hier üben, die Schritte anzuwenden. Auch bei der Arbeit mit schwierigeren Sachtexten könnt ihr den Textknacker anwenden. Öffnet dazu die Umschlagklappe hinten im Buch. Wendet den Textknacker Schritt für Schritt an.

1. Schritt: Vor dem Lesen

Bilder helfen mir, den Text besser zu verstehen.
Die Überschrift sagt mir etwas über den Text.
- Ich sehe mir die Bilder an.
- Ich lese die Überschrift.
- Worum könnte es in dem Text gehen?

2. Schritt: Das erste Lesen

Ein Text hat Absätze. Was in einem Absatz steht, gehört zusammen.
Die Schlüsselwörter im Text sind besonders wichtig.
Einige Wörter werden unter dem Text erklärt.
- Ich zähle die Absätze.
- Ich lese die hervorgehobenen Schlüsselwörter.
- Ich lese die Worterklärungen. Sie stehen am Rand auf der Seite oder im Lexikon (S. 204–207).
- Was weiß ich jetzt?

3. Schritt: Den Text genau lesen

Erst der ganze Text sagt mir, worum es geht.
- Ich lese den ganzen Text – Absatz für Absatz.
- Was habe ich erfahren?

4. Schritt: Nach dem Lesen

Ich habe den ganzen Text gelesen.
- Ich schreibe zu jedem Absatz etwas auf.
- Ich schreibe die wesentlichen Informationen auf.
- Ich schreibe auf, was für mich wichtig ist.

Wahlseite In der Polarzone

1. Sammle mit den Materialien der Seite Informationen zur „Polarzone".
2. Präsentiere deine Ergebnisse in geeigneter Form in der Klasse.

[1] Eisbären auf einer Eisscholle in der nördlichen Polarzone. Foto.

[2] Kaiserpinguine in der südlichen Polarzone. Foto.

Leben in Eiseskälte
Die tiefste Temperatur, die jemals in der Polarzone gemessen wurde, lag bei minus 93,2 Grad Celsius. Die Besonderheiten der Polarzone sind neben der Kälte, dem Schnee und dem Eis die Polarnacht und der Polartag. Die Polarnacht im Winter dauert fast ein halbes Jahr. Während dieser Zeit ist die Sonne nicht zu sehen. Im Sommer, der auch Polartag genannt wird, geht die Sonne sogar um Mitternacht nicht unter. In den Randbereichen der Polarzone wachsen Moose, Flechten und Gräser.
Menschen, die ursprünglich hier leben, nennt man „Inuit". Sie ernährten sich früher fast ausschließlich von Säugetieren und Fischen. Erst seit der Versorgung durch Schiffe oder Flugzeuge gibt es Gemüse und Obst.
Auch die Tiere in der Polarzone sind nahezu vollständig auf Beutetiere als Nahrung angewiesen. Eisbären leben ausschließlich in der nördlichen Polarzone, wo sie sich hauptsächlich von Robben ernähren.

[3] Hundeschlittengespann. Foto, 2011.

Die Antarktis
In der südlichen Polarzone befindet sich die Antarktis, ein mit Eis bedeckter Kontinent. Bis auf wenige Forscher leben hier keine Menschen. In der Polarzone auf der Südhalbkugel leben Kaiserpinguine, Pinguine und Eisbären begegnen sich daher in der Natur nie.

Tipps zur Erarbeitung
– Erarbeite den Inhalt der Seite unter folgenden Stichwörtern: Temperatur, Polartag und Polarnacht, Tiere, Menschen.

Tipps zur Präsentation
– Zeige der Klasse auf einer Wandkarte, wo die Polarzone verläuft.
– Nenne einige Länder und Kontinente, die sich ganz oder teilweise in der Polarzone befinden.

58

Das habe ich auf den Wahlseiten gefunden:

1. Bilder
2. Überschrift
3. Schlüsselwörter
4. Tipps in der gelben Leiste

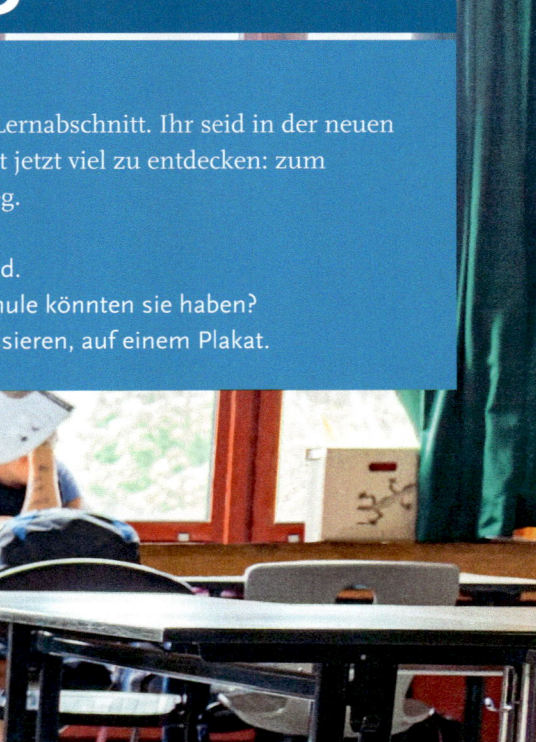

Gemeinsam geht es los

In der neuen Schule

Mit dem 5. Schuljahr beginnt für euch ein neuer Lernabschnitt. Ihr seid in der neuen Schule angekommen und sicher neugierig. Es gibt jetzt viel zu entdecken: zum Beispiel das neue Schulgebäude und den Schulweg.

1. Beschreibt die Stimmung der Kinder auf dem Bild.
2. Welche Fragen und Erwartungen an die neue Schule könnten sie haben?
3. Sammelt alle Fragen, die euch besonders interessieren, auf einem Plakat.

In der neuen Schule

„Hey, du da!"
Manche Kinder kennen sich schon aus der Grundschule. Andere müssen sich erst einmal kennen lernen. Dazu solltet ihr zunächst die Namen eurer neuen Mitschüler erfahren. Das geht euren neuen Lehrern nicht anders!
Manche Klassen helfen sich über die ersten Tage damit, dass sie Namensschildchen auf den Platz stellen oder den Namen mit einer Wäscheklammer an der Kleidung befestigen.

Spiele zum Kennenlernen
Sich kennen lernen kann auch auf lustige Weise erfolgen. Vielleicht kennt ihr schon passende Spiele und könnt sie der Klasse vorschlagen.

Hier einige Vorschläge ...
- **Erdnüsse:** Aus einer Tüte nimmt jeder 1–5 Erdnüsse. Man stellt sich dann mit seinem Namen vor und muss zu jeder Erdnuss etwas von sich erzählen.
- **ABC:** Die Klasse stellt sich entlang der Klassenwände nach dem Alphabet des Vornamens auf:
  A = Anton usw.
- **Windmühle:** Jemand stellt sich in die Mitte der Klasse und zeigt mit den ausgestreckten Armen auf zwei Personen. Sie müssen den Namen ihres Gegenübers möglichst schnell sagen.
- **Blitz-Ball:** Im Kreis wird ein Ball (vorsichtig!) einem anderen zugeworfen. Der muss, so schnell er kann, den Namen des Werfers sagen.

1. Probiert ein Spiel zum Kennenlernen aus.

[2] Namensschilder von Schülern. *Foto.*

[1] Ein Spiel zum Kennenlernen. *Foto.*

Jeder ist anders!
Jedes Kind, das in eine neue Gruppe kommt, möchte anerkannt und freundlich aufgenommen werden. Deshalb ist es wichtig, dass gleich zu Beginn alle eine Chance haben, sich wohl zu fühlen.
Macht euch klar, dass es Unterschiede zwischen euch gibt, die ganz normal und interessant sind.

Unterschiedlich können sein:
- Hobbys und Vorlieben,
- der eigene Kleidergeschmack,
- die Lieblingsfächer,
- die Schulleistungen,
- Freunde und Freizeitgewohnheiten,
- das Lieblingsessen,
- die jeweilige Muttersprache,
- die Weltanschauung (Religion),
- die Möglichkeiten, sich mitzuteilen,
und vieles andere mehr.

Da ihr jetzt eine Klassengemeinschaft seid, solltet ihr das Anderssein der Mitschüler auf jeden Fall akzeptieren.

2. Gestalte eine bemalte Karte mit deinem Namen, deinen Eigenschaften und Vorlieben.

Wer bin ich?

Eine gute Möglichkeit, eure Mitschüler kennen zu lernen, bietet der Steckbrief. In einer ganz kurzen und knappen Form erfährt man viel voneinander.

Name:	Tobias Fellmann
Geburtsdatum:	17.10.2005
Geschwister:	Leonie (8 Jahre)
Besondere Kennzeichen:	dunkle Haare, grüne Augen
Ich freue mich über:	neue Computerspiele
Gut kann ich:	Handball spielen
Hobbys:	Fische im Aquarium halten, ins Fußballstadion gehen
Von meinen Mitschülern wünsche ich mir:	dass sie nett sind
Das würde ich für eine gute Klassengemeinschaft tun:	Wenn jemand etwas nicht versteht, helfe ich gern.
Unterschrift:	Tobias Fellmann

[3] Klassenschiff – Eine Wanddekoration. *Foto.*

3. Stelle dich in einem Steckbrief vor.
4. Gestaltet gemeinsam aus den Steckbriefen eine Dekoration für die Klassenwand.

Wähle einen der Arbeitsaufträge aus:

▣ Notiere Dinge aus der Grundschule, die du schön fandest und behalten möchtest. Begründe deine Aussagen.

▣ Werte aus, was sich deine Mitschüler wünschen. Fasse ihre Wünsche zu Vorschlägen zusammen.

Orientierung – Wo finde ich was?

In eurer neuen Schule müsst ihr euch erst einmal zurechtfinden. Dazu könnt ihr eine Erkundung durchführen. Die Materialien dieser Doppelseite helfen euch dabei. Auch im Fach Wirtschaft und Beruf können Fragen bei einer Erkundung an der neuen Schule geklärt werden. Am besten führt ihr die Erkundung für beide Fächer gemeinsam durch.

1. Führt eine Erkundung durch:
   a) Ihr könnt das Gebäude und das Außengelände unter euch aufteilen.
   b) Nehmt Papier und Schreibzeug mit, um Notizen und Skizzen zu machen.
   c) Achtet dabei aber unbedingt darauf, andere Klassen in ihrem Unterricht nicht zu stören!
2. Wenn ihr die ersten Ergebnisse habt, tragt die Notizen und Zeichnungen sauber ins Heft oder auf Zeichenblock-Blätter ein.

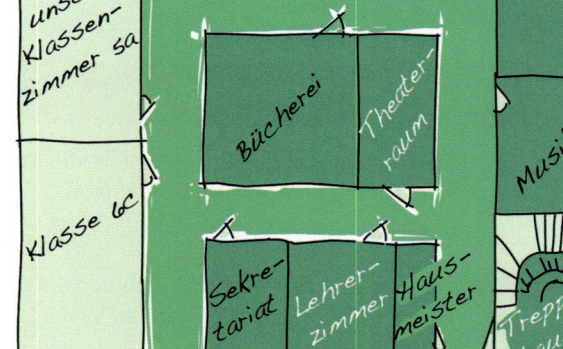

[1] Schüler bei der Erkundung. *Foto.*

Erkundungs-Vorschläge

A) Übersichtspläne erstellen (Faustskizzen)
   – Schaut euch zunächst auf der Etage um und stellt fest, wie viele Räume es gibt.
   – Versucht, einen groben Übersichtsplan zu erstellen (siehe Abb. [2]).
   – Beschriftet die Zeichnung (Raumnummern; Nutzung des Raumes).
B) Erkundung mit Fragebogen
   – Notiert euch zunächst auf einem Notizblatt, was euch in der Schule besonders interessiert.
   – Ordnet die Fragen und schreibt sie auf einen Fragebogen. Holt die nötigen Auskünfte ein.
   – Stellt euch den Befragten kurz vor. Zum Beispiel: „Wir sind neu an der Schule und möchten Sie/euch um eine Auskunft bitten ...“
   – Notiert die Antworten auf die Fragen.
C) Foto-Rundgang
   – Ihr könnt auch wichtige Bereiche in der Schule fotografieren.
   – Lasst die Fotos ausdrucken und beschriftet sie.
   – Stellt eure Fotos in der Klasse aus.

(Erkundungsbogen → S. 19)

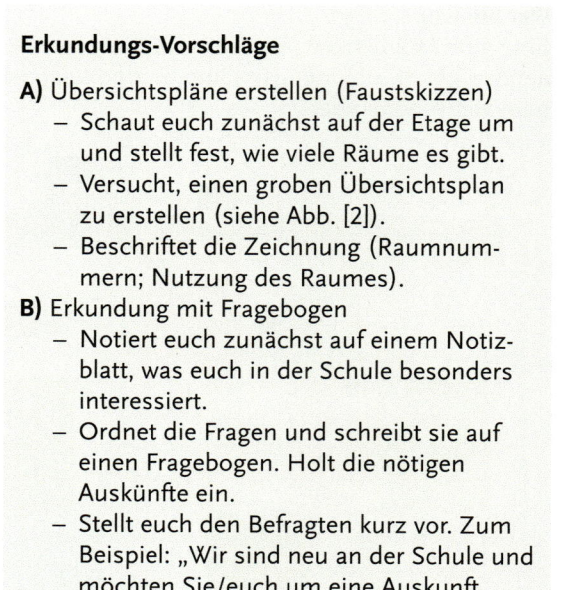

[2] Übersichtsplan von Svea.

Beispielfragen für eine Erkundung
oder eine Rallye in der Schule

Wichtige Informationen für Schüler
- Wo ist das Sekretariat?
  - ☐ Was kann man dort erledigen?
  - ☐ Wann ist es geöffnet?
- Was ist der Vertretungsplan?
  - ☐ Wo findet man ihn?
- Wo liegt das Lehrerzimmer?
- Wo sind die nächstliegenden Toiletten?
- Gibt es ein Schüler-Telefon, mit dem ich zu Hause anrufen kann, wenn es nötig ist?
- Wo kann man Fahrräder sicher abstellen?
- Wo ist das Hausmeister-Büro?

Unterricht
- Wo liegen die Fachräume für Natur und Technik, Kunst, Musik, Werken und Gestalten, wo die Sporthalle?
- Gibt es einen Computer-Raum?
- Wo liegt der Computer-Raum?
- Wo findet man das Zimmer des Schülersprechers?
- Wie heißt die Schülersprecherin/der Schülersprecher?
- Wie heißt der/die Verbindungslehrer/-in?

Pausen
- Wo kann man sich in den Pausen aufhalten (drinnen/draußen)?
- Wo kann man etwas zu essen oder zu trinken kaufen?
- Gibt es eine Schülerbibliothek?
  - ☐ Wo ist sie?
  - ☐ Wann ist sie geöffnet?

Geschichtliches zur Schule
- Wann wurde die Schule gegründet?
- Was steckt hinter dem Schul-Namen?

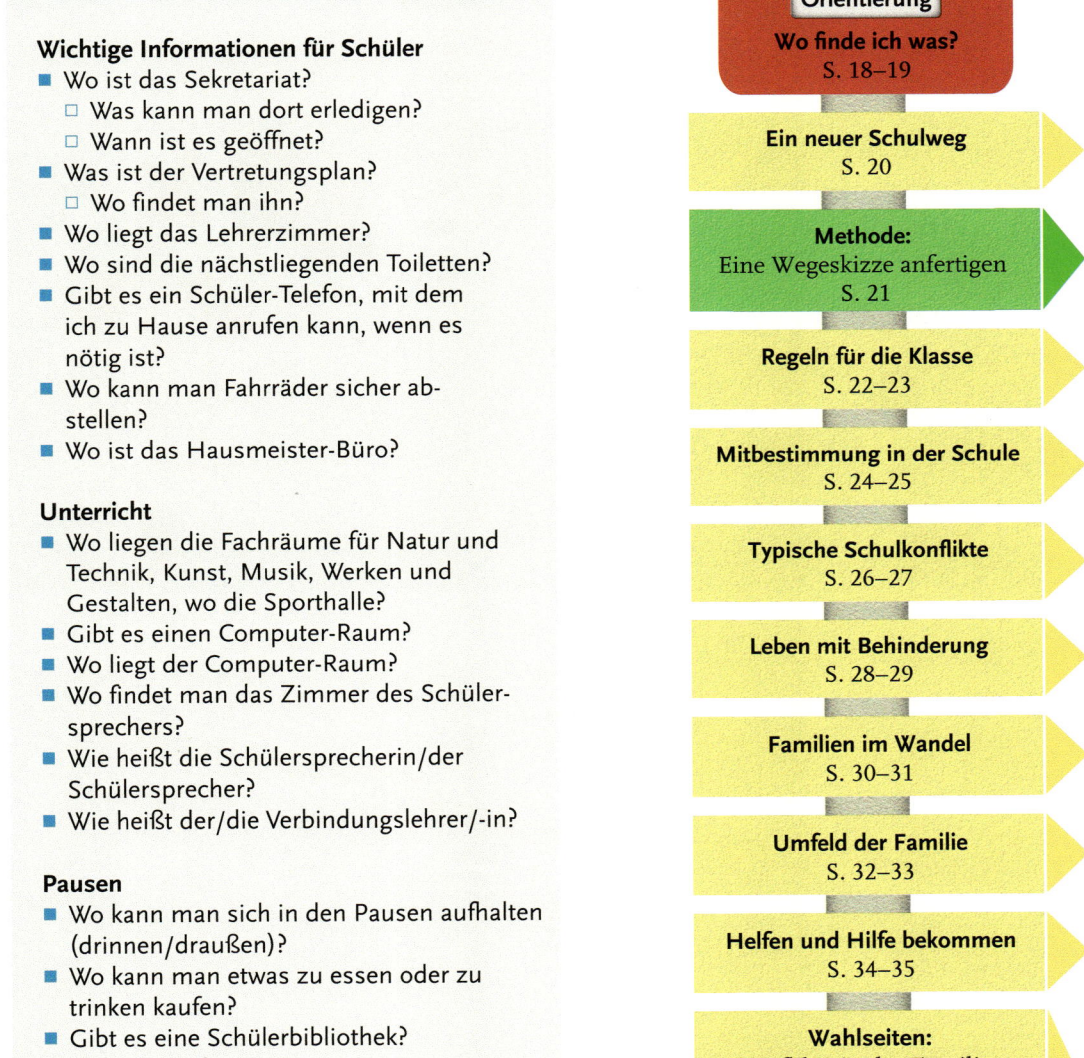

„Gemeinsam geht es los"

Schauplatz:
In der neuen Schule
S. 16–17

Orientierung
Wo finde ich was?
S. 18–19

Ein neuer Schulweg
S. 20

Methode:
Eine Wegeskizze anfertigen
S. 21

Regeln für die Klasse
S. 22–23

Mitbestimmung in der Schule
S. 24–25

Typische Schulkonflikte
S. 26–27

Leben mit Behinderung
S. 28–29

Familien im Wandel
S. 30–31

Umfeld der Familie
S. 32–33

Helfen und Hilfe bekommen
S. 34–35

Wahlseiten:
Konflikte in der Familie,
Aufgabenteilung im Haushalt,
Familienförderung,
Familien verändern sich
S. 36–39

GPG aktiv
S. 40

Teste dich!
S. 41

Ein neuer Schulweg

Wie kommst du zur Schule?

Eric und seine Freunde aus der Grundschule gehen neuerdings in die 5. Klasse der Mittelschule in Memmingen. Mit ihnen kommen auch Kinder aus anderen Grundschulen hierher. Damit alle ihren neuen Schulweg kennen, haben die Schülerinnen und Schüler eigene Wegeskizzen angefertigt.

Es gibt unterschiedliche Wege zum St.-Josefs-Kirchplatz, wo die Schule liegt.
Eric wohnt im Stählinweg. Hier seht ihr seine Gedankenlandkarte von seinem neuen Schulweg.

1 Vergleiche die Gedankenlandkarte [1] mit dem Stadtplanausschnitt von Memmingen.

[1] Erics Gedankenlandkarte zu seinem neuen Schulweg.

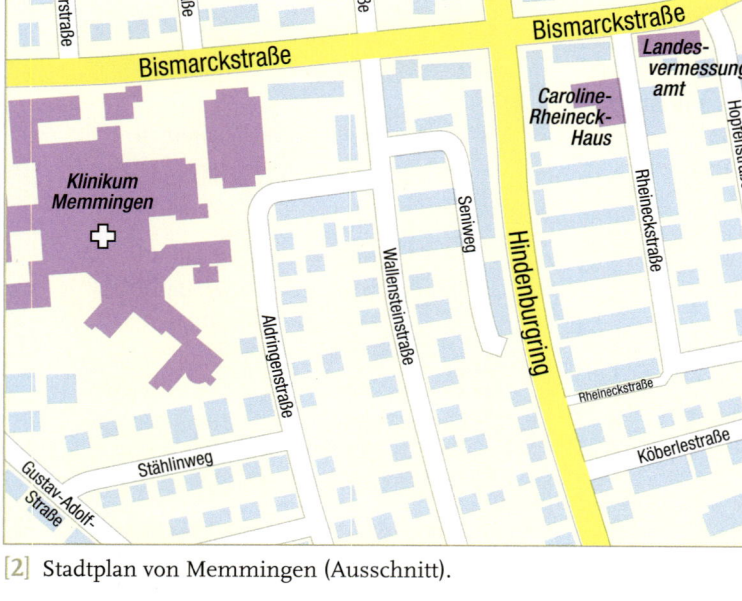

[2] Stadtplan von Memmingen (Ausschnitt).

Eine Wegeskizze anfertigen

Die „Karte im Kopf"

Du weißt, welchen Weg du zur Schule gehen musst oder wie du am einfachsten zum Sportverein oder zum Jugendfreizeitheim kommst. Wenn jemand dir erzählt, wo er seine Freizeit verbracht hat, hast du auch eine räumliche Vorstellung davon. So entstehen „Karten im Kopf". Mithilfe dieser „Gedankenlandkarte" kannst du eine Skizze von einem Weg oder von einem Gebiet zeichnen.

Die folgenden Schritte können dir helfen, eine Wegeskizze zu zeichnen:

1. Schritt: Entwerfen

- Lege auf einem Blatt Anfangs- und Endpunkt fest.
- Lege fest, nach wie vielen Metern/Kilometern oder Minuten man abbiegen muss.

2. Schritt: Auswählen

- Entscheide, welche Teilstrecken keine Schwierigkeiten machen, sodass du sie stark vereinfacht und verkürzt darstellen kannst.

3. Schritt: Skizze zeichnen

- Zeichne nun die Wegeskizze.
- Zeichne dabei schwierige Abbiegestellen so genau, dass man sich nicht verirren kann.

4. Schritt: Wichtige Angaben eintragen

- Trage nur die Straßennamen ein, die unbedingt nötig sind. Wichtiger als solche Namen sind gut erkennbare Wegemarken, z. B. auffällige Gebäude, Tankstellen, Geschäfte, Grünanlagen.
- Lass alle anderen Einzelheiten weg.

1. Fertige eine Kartenskizze an, die deinen Weg von der Wohnung zur Schule zeigt.

Wähle einen der Arbeitsaufträge aus:

- Zeichne einen Plan der Umgebung deiner Schule.

- Erstelle einen „Routenplan", der den Weg zur Schule nur in Worten beschreibt.

Regeln für die Klasse

Wie werden wir ein gutes Team?

[1] Zu Beginn der Klasse 5. *Foto, 2011.*

1. Beschreibe das Bild. Welche Situation ist dargestellt?

Respekt und Freundlichkeit

Als Schüler einer Klasse werdet ihr täglich Zeit gemeinsam verbringen. Deshalb ist es nötig, dass sich jede Schülerin und jeder Schüler in der Klasse wohlfühlen kann. Dazu ist zuallererst ein respektvoller und freundlicher Umgang miteinander nötig.

2. Notiere dazu Beispiele. Tragt die Ergebnisse zusammen.

Was kann man tun?

3. Diskutiert Möglichkeiten, auf die Beispiele A) bis F) zu reagieren. Was wäre eine gute Hilfe für die einzelnen? Was wäre zudem gut für die Zusammenarbeit in der Klasse?

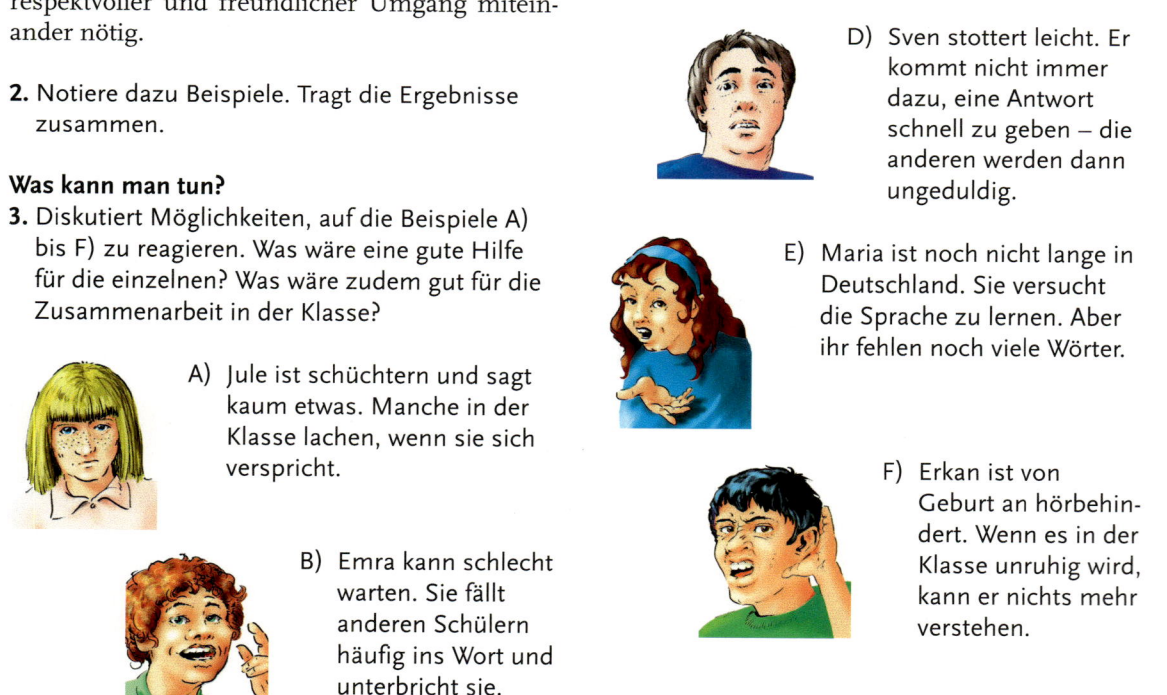

A) Jule ist schüchtern und sagt kaum etwas. Manche in der Klasse lachen, wenn sie sich verspricht.

B) Emra kann schlecht warten. Sie fällt anderen Schülern häufig ins Wort und unterbricht sie.

C) Hardy kommt nur schwer mit anderen Schülern aus. Er droht ihnen, wenn sie nicht tun, was er möchte.

D) Sven stottert leicht. Er kommt nicht immer dazu, eine Antwort schnell zu geben – die anderen werden dann ungeduldig.

E) Maria ist noch nicht lange in Deutschland. Sie versucht die Sprache zu lernen. Aber ihr fehlen noch viele Wörter.

F) Erkan ist von Geburt an hörbehindert. Wenn es in der Klasse unruhig wird, kann er nichts mehr verstehen.

[2] Gruppenarbeit im Klassenraum. *Foto.*

4. Beschreibe das Bild oben. Vermute, wie die Schüler miteinander umgehen.

Gemeinsam Absprachen treffen

Jeder hat andere Vorstellungen davon, wie ein Klassenraum auszusehen hat, wie man miteinander umgehen sollte. Daher ist es wichtig, dass ihr gemeinsam Regeln für euch aufstellt und diese auch schriftlich festhaltet.

So könnt ihr vorgehen:

– Zuerst sollte jeder für sich fünf Punkte aufschreiben, die er für wichtig hält.
– Vergleicht eure Ergebnisse: Welche Punkte stimmen überein?
– Stellt eure Ergebnisse in der Klasse vor.
– Erarbeitet die Regeln für eure Klasse.
– Schreibt eure Klassenregeln auf ein Plakat.

Wähle einen der Arbeitsaufträge aus:

 Notiere eine Regel, die du für besonders wichtig hältst.

 Beurteilt schriftlich das Ergebnis eurer Beratungen. Wie ist es gelaufen? Womit kann man zufrieden sein, was müsste noch verbessert werden?

Hier hat sich eine andere Klasse Regeln ausgedacht – auf einem ähnlichen Plakat könnten eure eigenen Regeln stehen!

[3] Klassenregeln der Klasse 5 b. *Schülerplakat.*

5. Erarbeitet eure eigenen Klassenregeln.

Mitbestimmung in der Schule

Wer wird unser Klassensprecher?

„Na klar, ich wollte schon immer Klassensprecher werden. Ich bin hilfsbereit und kann gut zuhören."

„Ich würde gerne Klassensprecherin werden. Ob die anderen mich wählen? Und was werden meine Aufgaben sein?"

[1] Klassensprecherwahl. *Foto.*

[2] Herr Bielen, der Klassenlehrer der 5 b, erklärt die Aufgaben des Klassensprechers:

Die Interessen der Schüler vertreten!
– Gespräche mit den Lehrern über Wünsche der Klasse führen
– die Klasse informieren über das, was in der Klassensprecherversammlung beraten wird
– Vorschläge der Klasse weiterleiten
– die SMV-Stunde leiten.

Eine Sache wird oft missverstanden:
Ein Klassensprecher ist kein „Hilfs-Sheriff". Er oder sie darf nicht für Aufgaben eingesetzt werden, die „Lehrer-Arbeit" sind: zum Beispiel Aufsicht in Abwesenheit des Lehrers führen oder Aufräumarbeiten in der Klasse organisieren!

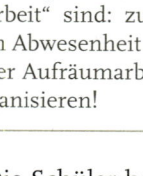

Tim	⊪ I	6
Sabine	⊪ II	7
Lena	⊪ I	6
Max	⊪	5

[3] Wahlergebnisse der 5 b.

1. Wertet die obigen Ergebnisse aus [3]
   a) Wer wurde Klassensprecher?
   b) Wer wurde Stellvertreter?
2. Führt eine Wahl in eurer Klasse durch.

Wähle einen der Arbeitsaufträge aus:

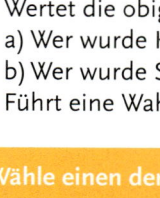 Mache Vorschläge, wie eure Klassensprecher unterstützt werden können.

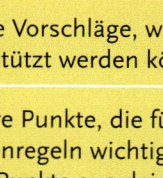 Notiere Punkte, die für die Aufstellung von Klassenregeln wichtig sein könnten. Bewerte diese Punkte aus deiner Sicht.

Die Schüler haben Kandidaten für die Wahl aufgestellt. Anschließend folgt die Wahl.
Die Wahlzettel werden eingesammelt und direkt an der Tafel ausgewertet.
Wer die meisten Stimmen hat, wird Klassensprecher/-in. Wer die zweitmeisten Stimmen hat, wird Stellvertreter/-in.

Klassensprecher und Schülermitverantwortung

Die Klassen haben ihre Klassensprecher gewählt. Die Schüler wollen mehr über ihre Aufgaben und über die Schülervertretung wissen. Sie gehen zu der Verbindungslehrerin, Frau Bartels.

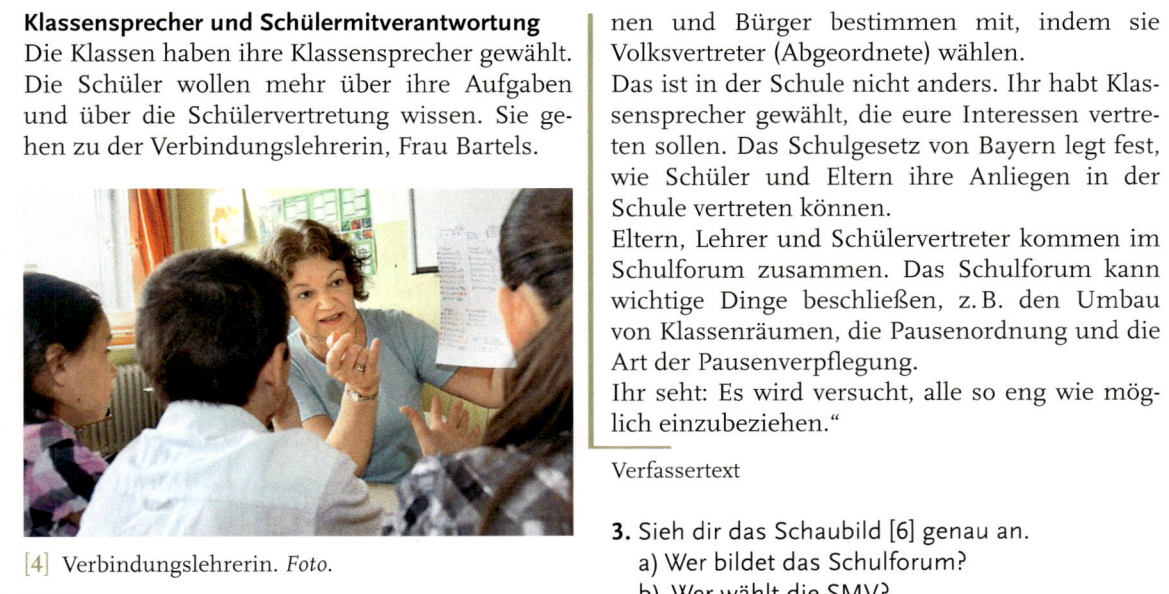

[4] Verbindungslehrerin. *Foto.*

[5] **Frau Bartels erzählt:**
„Bei uns soll es weder im Staat noch in der Schule so sein, dass ein Einzelner das Kommando hat und die anderen folgen müssen. Die Bürgerinnen und Bürger bestimmen mit, indem sie Volksvertreter (Abgeordnete) wählen.

Das ist in der Schule nicht anders. Ihr habt Klassensprecher gewählt, die eure Interessen vertreten sollen. Das Schulgesetz von Bayern legt fest, wie Schüler und Eltern ihre Anliegen in der Schule vertreten können.

Eltern, Lehrer und Schülervertreter kommen im Schulforum zusammen. Das Schulforum kann wichtige Dinge beschließen, z. B. den Umbau von Klassenräumen, die Pausenordnung und die Art der Pausenverpflegung.

Ihr seht: Es wird versucht, alle so eng wie möglich einzubeziehen."

Verfassertext

3. Sieh dir das Schaubild [6] genau an.
   a) Wer bildet das Schulforum?
   b) Wer wählt die SMV?

4. Lade den Schülersprecher oder die Schülersprecherin in die Klasse ein. Erkundige dich, welche Fälle die SMV häufig bearbeitet.

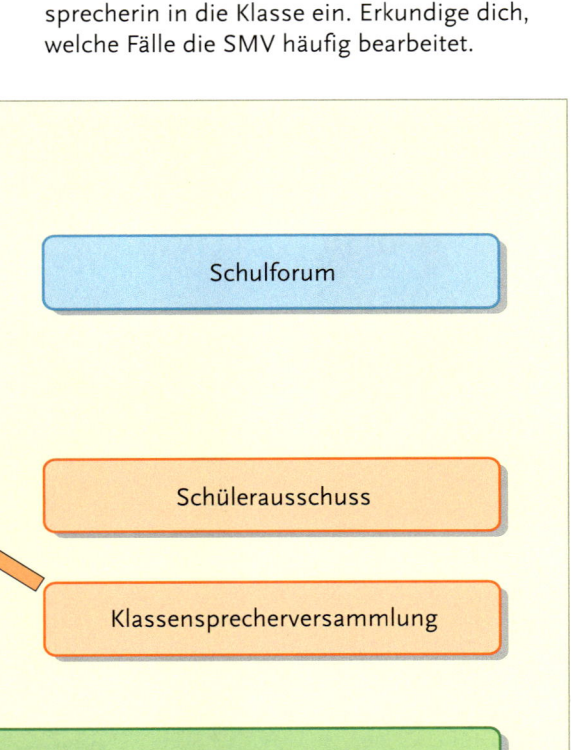

[6] Aufbau der Schülermitverantwortung (SMV) in Bayern. *Schaubild.*

Typische Schulkonflikte

Welche Konflikte in der Schule treten häufig auf?

a) Streit in der Klasse
„Dauernd lacht sie mich aus!"
„Er ist einfach zu blöd.
Ich lache mich kaputt!"

b) Sitzordnung
„Ich will hier nicht sitzen!"

c) Unterrichtssituationen
„Das nervt! Mich interessiert das Thema nicht!" – „Du musst schon mitarbeiten!" – „Ich kann das nicht!"

d) Notengebung
„Ich bin mir sicher, dass ich die Arbeit verhauen habe!

e) Unterrichtsstörungen
„Sascha und Anja stören den Unterricht!"

f) Versäumnisse
„Ich bin mal wieder zu spät gekommen, habe meine Aufgaben nicht erledigt und meine Bücher vergessen. Gleich bekomme ich wieder Ärger."

1. Schlage im Lexikon im Anhang des Buches nach und kläre den Begriff „Konflikt".
2. Schau die sechs Beispiele von Schulkonflikten oben an und erkläre der Klasse:
  – Welcher Konflikt wird gezeigt?
  – Zwischen welchen Personen ereignet er sich?
  – Wie konnte es dazu kommen?

Konfliktlösungen

Zur Entschärfung eines Konfliktes gibt es zwei hilfreiche Haltungen: Freundlichkeit und Respekt. Wer anderen auf diese Weise gegenübertritt, hat gute Chancen, den Konflikt beizulegen.

Wege zur Konfliktlösung

A) Versöhnliches Klima schaffen
freundlich bleiben; Verständnis zeigen; Willen zur gütlichen Regelung ausdrücken; dem anderen genau zuhören; respektvoll bleiben (keine Herabsetzung, kein Spott, keine Drohgebärden) usw.

B) Ursachen des Konflikts klären
Was ist genau passiert? Missverständnisse ausräumen; eigene und Interessen des anderen gegenüberstellen, an Regeln oder Rechte erinnern („jeder darf ...", „bei uns ist die Regel, dass ...").

C) Auswege vorschlagen und verhandeln
Kompromisse finden, Aushandeln von Interessen, Wiedergutmachung/Ersatz anbieten, wenn nötig: entschuldigen, das Einlenken erleichtern; versöhnlicher Abschluss (Hand geben, umarmen).

3. Erkläre jeden der Schritte.
4. Finde Sätze, mit denen du einen Konfliktgegner ansprechen kannst, damit ihr beide einen Weg findet, den Streit zu beenden.
5. Spiele mit einem Partner die Lösung eines Konflikts: Ihr seid in Streit geraten, weil ...

Streitschlichtung in der Klasse

Wenn es in der Klasse zu Konflikten kommt, sollten alle dazu beitragen, den Konflikt zu schlichten. Eine wichtige Rolle kann der Klassenrat einnehmen. An manchen Schulen gibt es auch Sozialarbeiter, die sicher gern helfen.

6. Berichte, wie in deiner Klasse Konflikte ausgetragen werden. Sammle Ideen, wie die Schlichtung von Streit verbessert werden könnte.

Streitschlichtung in der Schule

Einige Schulen bilden Schülerinnen und Schüler zu Streitschlichtern aus. Sie helfen ihren Mitschülern Konflikte fair auszutragen. Gibt es sie auch an eurer Schule?

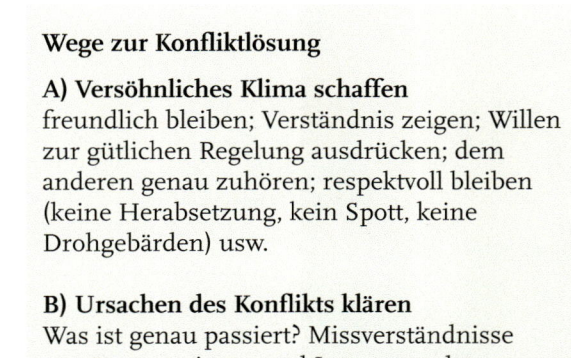

Konflikte vermeiden

Am besten ist es, wenn Konflikte von vornherein vermieden werden könnten. Fachleute nennen das Prävention, d.h. Vorbeugung.
Dazu ist es nötig,
a) unterschiedliche Interessen auszugleichen,
b) gerechte Regeln aufzustellen und auf ihre Einhaltung zu achten,
c) jede Form von Gewalt abzulehnen.

7. Finde gerechte Regeln zu folgendem Beispiel: Auf einer Seite des Schulhofs gibt es nur ein Fußballtor. Immer wieder gibt es Streit zwischen Gruppen, die dort spielen wollen und andere verjagen. Was tun?

Wähle einen der Arbeitsaufträge aus:

☑ Schreibe auf, wie du auf eine Beschimpfung reagieren kannst.

☑ Notiere Ideen, wie ein beginnender Konflikt „angehalten" werden könnte, sodass es nicht zu größerem Ärger kommt.

☑ Entwirf einen Plan, wie du (zusammen mit Helfern) zwei verfeindete Gruppen/Klassen zur Lösung ihres Konflikts bringen könntest.

Leben mit Behinderung

Was bedeutet Inklusion?

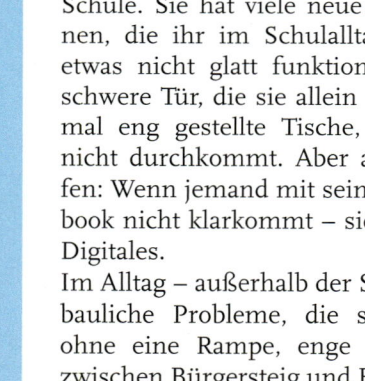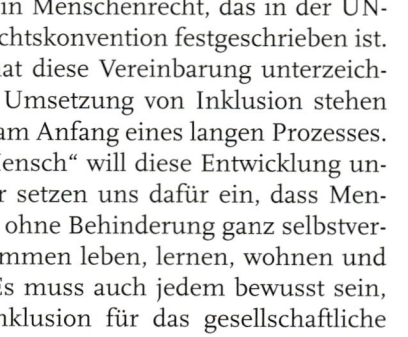

[1] Behinderte und nichtbehinderte Schüler einer Mittelschule lösen gemeinsam Aufgaben. *Foto, 2017.*

Mittendrin – geht doch!

Sarah kann nicht allein stehen oder laufen. Sie hat eine Bewegungsstörung. Ein Rollstuhl ist für sie das beste Hilfsmittel.

Sarah geht in die Klasse 5a der Fichtenwalder Schule. Sie hat viele neue Freundinnen gewonnen, die ihr im Schulalltag helfen, wenn mal etwas nicht glatt funktioniert. Mal ist es eine schwere Tür, die sie allein nicht aufhalten kann, mal eng gestellte Tische, zwischen denen sie nicht durchkommt. Aber auch Sarah kann helfen: Wenn jemand mit seinem Handy oder Notebook nicht klarkommt – sie ist eine Expertin für Digitales.

Im Alltag – außerhalb der Schule – sind es meist bauliche Probleme, die sie stoppen: Treppen ohne eine Rampe, enge Durchgänge, Lücken zwischen Bürgersteig und Buseinstieg. Auch grobes Kopfsteinpflaster macht ihr zu schaffen. Dann schüttelt es ihren Rollstuhl hin und her.

1. Erklärt, wie Rollstuhlfahrern wie Sarah geholfen werden müsste.
2. Lest M 2 und notiert:
   a) Was bedeutet das Wort Inklusion?
   b) Was ist mit dem Abbau von Barrieren gemeint?
   c) Wofür will sich die „Aktion Mensch" einsetzen?

[2] **Inklusion – Was ist das eigentlich?**

Viele Menschen haben den Begriff schon gehört. Aber was genau steckt dahinter? Und was bedeutet Inklusion für jeden von uns persönlich?

Inklusion heißt wörtlich übersetzt Zugehörigkeit, also das Gegenteil von Ausgrenzung. Wenn jeder Mensch – mit oder ohne Behinderung – überall dabei sein kann, in der Schule, am Arbeitsplatz, im Wohnviertel, in der Freizeit, dann ist das gelungene Inklusion. ...

Inklusion ist ein Menschenrecht, das in der UN-Behindertenrechtskonvention festgeschrieben ist. Deutschland hat diese Vereinbarung unterzeichnet – mit der Umsetzung von Inklusion stehen wir aber noch am Anfang eines langen Prozesses. Die „Aktion Mensch" will diese Entwicklung unterstützen. Wir setzen uns dafür ein, dass Menschen mit und ohne Behinderung ganz selbstverständlich zusammen leben, lernen, wohnen und arbeiten (...). Es muss auch jedem bewusst sein, wie wichtig Inklusion für das gesellschaftliche Miteinander ist. Sie kann nur dann gelingen, wenn möglichst viele Menschen erkennen, dass gelebte Inklusion den Alltag bereichert – weil Unterschiede normal sind.

(Autorentext)

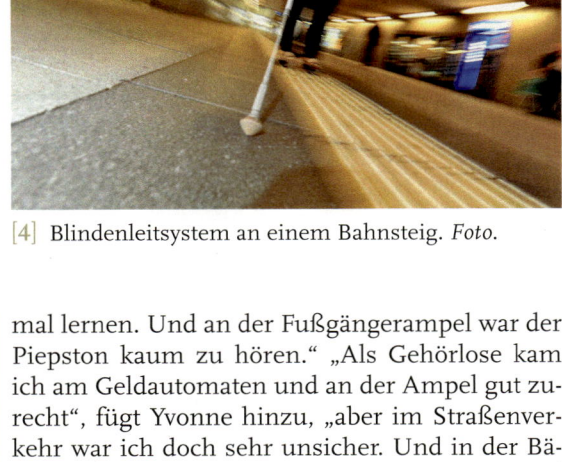

[3] Junge Rollstuhlfahrerin vor Treppen. *Foto.*

[4] Blindenleitsystem an einem Bahnsteig. *Foto.*

Beeinträchtigungen selbst erleben

Im Alltag stehen Behinderte immer wieder vor unvorhergesehenen Problemen. Für Menschen ohne Behinderung ist es oft schwer, sich in ihre Situation hineinzuversetzen. In Dorsten haben Schüler das einen Tag lang versucht.

[5] Behindert für einen Tag?

Der Alltag für Menschen mit Behinderungen ist oft schwierig. Eine Gruppe von Schülern einer Fachschule hat das selbst ausprobiert. Sie kamen zu dem Ergebnis: „Es könnte noch viel verbessert werden!"

Wie kann man im Supermarkt einkaufen, ohne seine Arme zu benutzen? Wie fühlt man sich als Blinder am Geldautomaten? Schüler einer Fachschule für Heilerziehungspfleger haben selbst den Test gemacht. Sie stellten fest: „Scheinbar kleine Hindernisse werden im Alltag zum großen Problem."

„Die Vorbereitungen waren schnell geschafft," berichtet Korbinian. „Ohrenstöpsel für die Rolle als Gehörlose hat Yvonne von daheim mitgebracht. Erkan hatte noch eine Tauchermaske, die wir von außen mit Vaseline eingerieben haben. Als er die getragen hat, war er wirklich fast blind. Jonas hat sich mit kräftigem Klebeband die Unterarme am Körper befestigt. Am schwierigsten war es, einen Rollstuhl zu finden, aber auch da konnte uns Sarinas Vater helfen." Anschließend sind die Schülerinnen und Schüler in die Innenstadt aufgebrochen. Jeder Testkandidat wurde von zwei oder drei Mitschülern begleitet.

„Vor dem Geldautomaten war ich wirklich hilflos", meint Erkan. „Die Tasten haben zwar Zeichen in Blindenschrift, aber die müsste ich ja erst mal lernen. Und an der Fußgängerampel war der Piepston kaum zu hören." „Als Gehörlose kam ich am Geldautomaten und an der Ampel gut zurecht", fügt Yvonne hinzu, „aber im Straßenverkehr war ich doch sehr unsicher. Und in der Bäckerei hatte ich Glück, dass die Verkäuferin viel Verständnis hatte." „Auch im Supermarkt hat mir eine Verkäuferin sehr geholfen, sonst wäre ich mit leerem Einkaufswagen wieder herausgekommen" berichtet Jonas, und Korbinian ergänzt: „Wenn die Testkandidaten ganz alleine unterwegs gewesen wären, hätte es gar nicht funktioniert. Die Begleiter mussten den Verkäuferinnen erst mal erklären, worum es bei unserem Test gehen sollte." Die meisten Probleme hatte Sarina in ihrem Rollstuhl: „Wie sollte ich im Kaufhaus über die Rolltreppe nach oben kommen? Wie sollte ich das schicke T-Shirt anprobieren? Ohne Hilfe ging bei mir gar nichts!"

(Autorentext)

3. Notiert die Probleme, die sich den behinderten Menschen im Alltag stellen [5].

> **Wähle einen der Arbeitsaufträge aus:**
>
> ▣ Stellt den Versuch der Schüler aus [5] nach und versucht, euch mit verbundenen Augen, festgebundenem Arm usw. in der Klasse zu orientieren und zu bewegen.
>
> ▣ Erkundet euer Schulgebäude und stellt fest, ob es Hindernisse für Behinderte gibt.

Familien im Wandel

Familien früher und heute

[1] Eine Großfamilie auf dem Land. *Foto, 1913.*

1. Schlage im Lexikon im Anhang des Buches
nach und kläre den Begriff „Familie".
2. Groß-Familien hatten früher viele Mitglieder.
  a) Zähle nach, wie viele Personen zu der
     gezeigten Großfamilie gehörten.
  b) Vermute zu dem Foto oben, wer ungefähr
     gleich alt ist (Kinder – Eltern – Großeltern).

**Die Großfamilie –
gemeinsam leben und arbeiten**
Familien haben sich in den letzten hundert Jahren stark verändert. Besonders im ländlichen Bereich gab es zuvor viele Großfamilien. Hier lebten nicht nur mehrere Generationen unter einem
Dach. Auch alleinstehende Tanten und Onkel,
Auszubildende und Mitarbeiter gehörten dazu.
Eine hohe Kinderzahl war erwünscht. Die Kinder
sollten später im Betrieb mitarbeiten und vor
allem für die Altersversorgung der Eltern aufkommen.
Ehepartner kamen nicht unbedingt aus Liebe zusammen. Wichtig waren andere Dinge:
Arbeitsfähigkeit und Besitz an Land oder Geld,
oder Nachbarschaft und Freundschaft von Familien. Das hat sich in den letzten Jahrzehnten
stark verändert.

3. Notiere, welche Vor- und Nachteile des Lebens
in der Großfamilie dir einfallen.

[2] Eine Kleinfamilie heute. *Foto, 2011.*

Die Kleinfamilie
Das heute vorherrschende Familienmodell ist die
Kleinfamilie. Die Partner sind aus Zuneigung
und eigenem Willen zusammengekommen. Sie
wollen möglichst ein ganzes Leben zusammenbleiben. Meistens werden ein oder zwei Kinder
geboren. Für den Lebensunterhalt der älteren Familienmitglieder sorgen heute nicht mehr die
Kinder, sondern Versicherungen (Renten, Le-
bensversicherungen usw.). Das Geld der Familie
wird meist außerhalb verdient. Oft sind beide Eltern berufstätig.

Trotz guter Vorsätze gelingt es nicht immer, die Ehe auf Dauer zu führen. Inzwischen wird rund ein Drittel aller Ehen geschieden.

4. Nenne Unterschiede zwischen der Großfamilie und der Kleinfamilie.
5. Äußert eine Vermutung, warum es heute weniger Kinder in einer Familie gibt als früher.

Verschiedene Lebensgemeinschaften

Kinder und Jugendliche leben heute in unterschiedlichen Gemeinschaften. Da ist an erster Stelle die Familie in verschiedenen Formen. Hinzu kommt das Umfeld der Familie: Mitbürger, Nachbarn, Mitschüler, Freunde usw.

Familientypen

In den letzten Jahren hat sich das Bild der Familie verändert. Es gibt immer seltener die früher typische Vater-Mutter-Kind-Familie.

[3] **Man findet die**
– **Mehr-Generationen-Familie,** wo Großeltern, Eltern und Kinder in einer Familie zusammenleben.
– **Eltern-Kind-Familie**, in der Eltern und Kinder in einem Haushalt leben.
– **Patchwork-Familien** (von engl. patchwork = aus Stücken zusammengesetzt), in der beide Elternteile ein Kind aus einer früheren Beziehung mitgebracht haben. Hinzu können dann noch gemeinsame Kinder kommen. Das war 2013 bei 14 von 100 Familien der Fall.
– **Alleinerziehenden:** Väter oder Mütter, die ihre Kinder ohne Partner erziehen. Ehemalige Partner können ein Besuchsrecht für die Kinder haben.
– **Lebensgemeinschaften:** Bei einem recht kleinen Teil der Familien leben die Kinder bei gleichgeschlechtlichen Lebenspartnern, die manchmal auch Kinder adoptiert haben.

6. Schreibe die verschiedenen Familientypen aus dem Text in dein Heft.
7. Ordne still für dich ein: Zu welchem Typ gehört deine Familie?

Wie schützt der Staat die Familien?

[4] Schutz für die Familien. *Foto, 2013.*

Was das Grundgesetz zur Familie sagt

Im Grundgesetz der Bundesrepublik Deutschland sind die wichtigsten Bestimmungen zur Familie im Artikel 6 festgelegt. Daran orientieren sich auch alle Gerichte und Behörden (z. B. Familiengericht, Jugendamt).

8. Lies den folgenden Text sorgfältig und notiere in Stichworten, was die Absätze (1)–(5) des Artikels 6 des Grundgesetzes aussagen [5].

[5] **Grundgesetz Artikel 6**
(1) Ehe und Familie stehen unter dem besonderen Schutze der staatlichen Ordnung.
(2) Pflege und Erziehung der Kinder sind das natürliche Recht der Eltern und die zuvörderst (wichtigste) ihnen obliegende Pflicht. Über ihre Betätigung wacht die staatliche Gemeinschaft.
(3) Gegen den Willen der Erziehungsberechtigten dürfen Kinder nur auf Grund eines Gesetzes von der Familie getrennt werden, wenn die Erziehungsberechtigten versagen oder wenn die Kinder aus anderen Gründen zu verwahrlosen drohen.
(4) Jede Mutter hat Anspruch auf den Schutz und die Fürsorge der Gemeinschaft.
(5) Den nichtehelichen Kindern sind durch die Gesetzgebung die gleichen Bedingungen für ihre leibliche und seelische Entwicklung zu schaffen wie den ehelichen Kindern.

(Bundesministerium der Justiz, Stand 2015)

Das Umfeld der Familie

Warum ist unsere Clique so wichtig?

Mitbürger, Nachbarn, Bekannte
Mitschüler, Vereinsmitglieder
Freunde, Clique (Peergroup)
Familie
Ich

[1] Das Umfeld eines Menschen. *Schaubild.*

Frau Hafner
(Sozialarbeiterin):
Ich finde, dass die Peergroup für viele Jugendliche eine wichtige Rolle spielt. Allerdings gibt es auch die Gefahr, dass hier krimineller Unsinn gemacht oder Drogen ausprobiert werden. Das ist eine echte Gefahr für Jugendliche.

(Verfassertext)

1. Erkläre, warum der Kontakt mit der Clique (Peergroup) für Mia und Jonas so wichtig ist.
2. Erläutere die Aussage von Frau Hafner.

[2] **Meinungen zu einer Clique**
Mia:
Es ist einfach schön, dass wir uns so gut verstehen. Wir haben in vielen Fällen die gleichen Ansichten. Und wenn einer sich Sorgen macht, können die anderen Tipps geben. Im Augenblick beschäftigen wir uns viel mit Mode. Laura hat letzte Woche von ihrem Yoga-Kurs erzählt. Ich glaube, dazu habe ich auch Lust ...

Jonas:
Eine Gruppe von Freunden macht vieles einfacher, als es mit Lehrern und Eltern ist. Hier kann man ganz offen reden – auch mal seinem Frust Luft machen. Dann sagt einer: „Krieg dich wieder ein, bei mir ist das nicht anders!" Das ist gut. Wenn es so richtig langweilig ist, können wir uns treffen und etwas unternehmen. Wir schicken uns auch kurze Filme und Witze auf das Handy. Und wenn wir mittwochs früher schulfrei haben, treffen wir uns zum Fußballspielen.

Das Umfeld außerhalb der Familie
Keiner lebt für sich allein. Alle sind in die Gesellschaft in irgendeiner Form eingebunden. Das geht von Unbekannten auf der Straße bis zu besten Freunden.

Was in der Clique (Peergroup) passiert
Gleichaltrige treffen sich gern und verbringen Freizeit miteinander. Dabei beeinflussen sie sich gegenseitig in ihren Interessen, Modeideen und Einstellungen zum Elternhaus. Manchmal wird die Gruppe ein Art Zuhause.

3. Werte das Schaubild aus. Schreibe in dein Heft zu jedem „Lebenskreis" als Beispiel eine Person auf, die du kennst.
4. Notiere eigene Erfahrungen zu deiner Clique.

„Wenn einer aus unserer Clique von anderen bedrängt wird, halten wir zusammen."

„Carola und Lukas werden manchmal verspottet."

„Opa Meier ist echt nett. Neulich hat er uns sogar ein Eis spendiert."

„Am Jugendheim gab es Ärger mit einer anderen Clique. Die fühlen sich stark und haben uns sogar bedroht."

„Ben lebt erst seit zwei Jahren hier. Er hat manchmal Probleme, weil er anders aussieht, aber wir verstehen uns gut."

„Unser Treffpunkt ist der Park neben der Schule. Manchmal spielen da auch andere Kinder, aber wir haben das Sagen."

„Die alte Nachbarin mault uns immer an, weil wir angeblich zu laut und frech sind."

[3] Eine Clique. *Zeichnung, 2016.*

Leben in der Öffentlichkeit

Jeden Tag treffen Jugendliche auf Bekannte, Nachbarn, Freunde, andere Jugendliche, aber auch viele Menschen, die sie nicht näher kennen. Oft gibt es sicher interessante Begegnungen. Es kann aber auch zu Missverständnissen und Konflikten kommen.

Ob sich jeder frei bewegen und wohlfühlen kann, hängt auch von dem Respekt ab, den sich Menschen entgegenbringen. Das gilt für das Leben in der Familie, im Freundeskreis und in der Öffentlichkeit.

5. Lies die Äußerungen der Jugendlichen in Bild (3). Hast du so etwas auch schon mal erlebt?

6. Notiere einen Vorschlag, wie man an deiner Schule das friedliche Zusammenleben verbessern könnte, und vergleiche ihn mit anderen Vorschlägen aus der Klasse. Begründe deine Wahl.

7. a) Schreibe die Regeln (5) in dein Heft.
b) Bewerte, welche Regeln du besonders wichtig findest.

(der) Respekt:
Respekt bedeutet, dass sich Menschen gegenseitig achten. Respektvolle Menschen sind fair zueinander und fügen ihren Mitmenschen keinen Schaden zu.

[5] **Regeln für ein friedliches und gewaltfreies Zusammenleben:**
1. Hör anderen erst einmal zu und versuche sie zu verstehen.
2. Vertritt deine Meinung und erkläre sie.
3. Hat jemand eine andere Meinung als du, fühle dich nicht gleich angegriffen.
4. Kommt es zu Missverständnissen, versuche sie aufzuklären.
5. Suche nach „Verhandlungslösungen" und Kompromissen (friedliche Einigung).
6. Versuche, Gesprächsregeln einzuhalten: den anderen ausreden lassen, keine Beleidigungen, nicht herumschreien usw.
7. Sei nicht hinterhältig oder gemein.
8. Verhindere auf jeden Fall Gewalt: Tritt nicht aggressiv auf; schubse und schlage nicht.

Wähle einen der Arbeitsaufträge aus:

◼ Verdeutliche die Regel 5 aus der Liste [5] mit einem Beispiel.

◼ Entwerft ein Rollenspiel mit mehreren Teilen:
a) ein Konflikt auf der Straße wird angriffslustig und wütend ausgetragen,
b) die Streitenden halten die Regeln [5] ein.

Helfen – und Hilfe bekommen

[1] Menschen brauchen Hilfe.

1. Betrachtet die Fotos und berichtet von Situationen, bei denen ihr etwas Ähnliches erlebt habt.

Auf Hilfe angewiesen sein

Bestimmt hast du das auch schon mal erlebt: Bei einer Krankheit oder nach einem Unfall brauchtest du Hilfe. Du lagst im Bett und konntest nicht mehr aufstehen. Du brauchtest Hilfe, um dich zu waschen. Das Essen musste dir ans Bett gebracht werden. Du konntest dich nicht mehr alleine anziehen. Bestimmt fandest du das nach einiger Zeit ziemlich langweilig. Aber deine Eltern oder Geschwister haben dir geholfen. Wenn deine Freunde dich besucht haben, hast du dich sehr gefreut.

Zum Glück vergehen Krankheiten und die meisten Verletzungen heilen. Es gibt aber auch Menschen, bei denen bleiben nach einem Unfall oder einer Krankheit Schäden zurück. Bestimmte Krankheiten heilen nicht, sondern haben Folgen, die immer schlimmer werden. Und alle Menschen werden älter: Sie hören oder sehen immer schlechter, es fällt ihnen immer schwerer, sich zu bewegen oder etwas zu tragen.

Bei Menschen, die durch solche Beeinträchtigungen nicht ohne weiteres am normalen Leben teilnehmen können, spricht man von einer Behinderung.

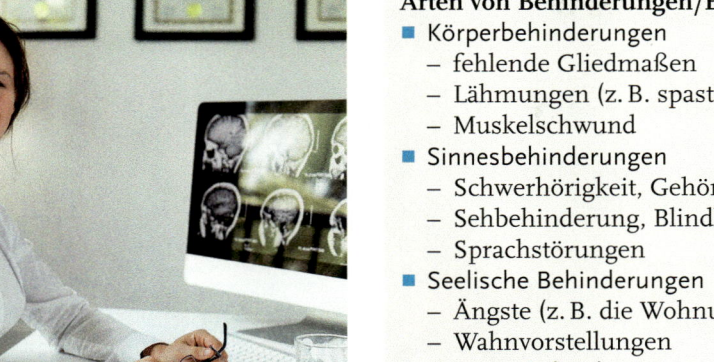

[2] Frau Dr. Menge. *Foto.*

Arten von Behinderungen/Einschränkungen:

- Körperbehinderungen
  - fehlende Gliedmaßen
  - Lähmungen (z. B. spastische Formen)
  - Muskelschwund
- Sinnesbehinderungen
  - Schwerhörigkeit, Gehörlosigkeit
  - Sehbehinderung, Blindheit
  - Sprachstörungen
- Seelische Behinderungen
  - Ängste (z. B. die Wohnung zu verlassen)
  - Wahnvorstellungen
- Geistige Behinderungen
  - Down-Syndrom
  - erhebliche Lernstörung

(Alter und schwere Krankheiten können mehrere der Einschränkungen auslösen)

Wann ist man ein „Mensch mit Behinderung"?

Frau Dr. Menge erklärt:

„Also, die Weltgesundheitsorganisation (WHO) hat das so geklärt, dass immer drei Dinge zusammenkommen:

1. Schädigung

Das heißt, durch ein angeborenes Problem, durch Unfall oder schwere Krankheit, hat ein Mensch einen dauerhaften gesundheitlichen Schaden.

2. Beeinträchtigung

Durch den Schaden kann er nicht mehr alles leisten, was Gesunde können (z. B. Treppensteigen, Töne hören, Lichter sehen, schwierige Dinge verstehen).

3. (soziale) Behinderung

Weil das ungewöhnlich ist, wird der beeinträchtigte Mensch durch die Umwelt behindert, z. B. durch Erschwernisse beim Fortkommen im Haus und auf den Straßen, aber auch dadurch, dass er nicht mehr „normal" am Leben teilnehmen kann (wandern, tanzen, arbeiten usw.)."

Um behinderten Menschen zu helfen, Arbeit zu finden, hat der Bundestag das „Bundesteilhabegesetz" verabschiedet.

4. Tauscht euch über Situationen aus, in denen ihr mit Behinderten in der Öffentlichkeit in Kontakt gekommen seid.

2. Erklärt an einem Fall, wie es von der Beschädigung zur Behinderung kommt (Fall: Lukas hat bei einem Verkehrsunfall mit dem Fahrrad ein Bein verloren. Folge: ...).

3. Forscht nach, ob es an eurer Schule behinderte Mitschülerinnen oder Mitschüler gibt. Welche Behinderung haben sie? Mögen sie auf ihre Behinderung angesprochen werden?

BITTE DRÜCKEN

WC

Wahlseite Konflikte in der Familie

1. Informiere dich auf dieser Seite über typische Konflikte in der Familie.
2. Präsentiere deine Ergebnisse in geeigneter Form in der Klasse.

Meinungsverschiedenheiten sind nichts Ungewöhnliches!
Oft machen sich Eltern Sorgen, ob alles in Schule und Freizeit gut läuft.
Kinder haben aber **eigene Vorlieben und Interessen.**
So gibt es auch in eigentlich funktionierenden Familien hin und wieder Streit.

[1] **Heute wieder nichts als Ärger …**

1 Corinna war mit den Nerven fertig. Dicke Luft
2 war schon die ganze Woche gewesen. Am Diens-
3 tag hatte ihr Vater herumgetobt, als sie die GPG-
4 Arbeit unterschreiben ließ:
5 „Wenn du so weitermachst, ist jeder Ausgang ge-
6 strichen … äh … fangen wir gleich mal mit dem
7 Wochenende an! Wer nicht arbeitet, braucht
8 auch keine Party!"
9 Gestern kam der Streit mit ihrer Mutter dazu:
10 „Wie oft habe ich dir schon gesagt, du sollst frü-
11 her aufstehen! Ich bin es leid, dich überhaupt
12 noch zu wecken! Und im Bad sah es auch wieder
13 aus, als hätte der Blitz eingeschlagen. Wann wirst
14 du endlich mal etwas ordentlicher?"
15 Zu allem Übel hatte ihr blöder Bruder auch noch
16 hämisch gegrinst. Dem erlaubte sie scheinbar
17 alles. Vernünftig reden konnte man hier mit kei-
18 nem mehr. Immer derselbe Krampf! Türknal-
19 lend war sie abgerauscht.

Verfassertext

[2] **Sätze, die du sicher von deinen Eltern schon gehört hast:**

1 – So gehst du mir nicht vor die Tür!
2 – Du könntest ruhig mal was mithelfen!
3 – Solange du nicht mit den Schularbeiten fertig
4   bist, gehst du nirgendwo hin!
5 – Rede nicht in diesem Ton mit mir!
6 – Mit dem/der gehst du nicht weg!
7 – Telefonierst du immer noch?
8 – Solange du die Füße unter meinen Tisch
9   streckst, tust du, was ICH sage!
10 – Um 7 Uhr musst du wieder zu Hause sein!

Tipps zur Erarbeitung
– Notiere Vorschläge, wie man als Kind auf die in [2] genannten Äußerungen reagieren könnte. Versuche dabei, Formulierungen zu finden, die den Konflikt nicht weiter anheizen.

Tipps zur Präsentation
– Trage mit der Klasse Erfahrungen zusammen: Was sind die häufigsten Anlässe für Streitigkeiten in Familien?
– Die Situation [1] als Rollenspiel vortragen.

Wahlseite   Aufgabenteilung im Haushalt

1. Informiere dich auf dieser Seite über Aufgabenteilung in der Familie.
2. Präsentiere deine Ergebnisse in der Klasse.

Wer macht bei uns die Hausarbeit?

	Mutter	Vater	ich	Geschwister
Geschirr spülen	...	...	...	...
einkaufen	...	...	...	...
kochen	...	...	...	...
Wäsche waschen	...	...	...	...
...	...	...	...	...

Tipps zur Erarbeitung
– Zeigt euren Mitschülern die Fotos und fragt sie nach ihren eigenen Erfahrungen.

Tipps zur Präsentation
– Schreibt den Fragebogen ab und fügt weitere Arbeiten hinzu. Füllt ihn dann aus oder lasst ihn von euren Mitschülern ausfüllen.

Wahlseite   Familienförderung

1. Informiere dich auf dieser Seite über Unterstützungsmöglichkeiten für Familien.
2. Präsentiere deine Ergebnisse in geeigneter Form in der Klasse.

Was brauchen Familien?

Gemeint sind hier nicht die Dinge, die mit dem inneren Zustand einer Familie zusammenhängen: Liebe, Zuwendung, Freundlichkeit, ein gutes Verhältnis zwischen allen Familienmitgliedern usw.

[1] Hilfe für Familien. *Foto.*

Um gut leben zu können, müssen noch andere Bedingungen erfüllt sein. Dabei kommt es vor allem darauf an:

a) Welche Art von Familie ist gemeint? (Alleinerziehende, Mutter-Vater-Kind-Familie, Patchwork-Familie usw.)
b) Wie viele Kinder leben in der Familie und wie alt sind diese?
c) Geht es der Familie finanziell gut oder nicht?
d) Haben die Eltern Arbeit?
e) Ist die Wohnung passend für die Familie?
f) Kann sich die Familie Angebote in Urlaub und Freizeit leisten?
g) Unterstützen Verwandte die Familie bei ihren täglichen Anforderungen (Großeltern, Tanten und Onkel, die z. B. die Kinderbetreuung übernehmen oder sonst helfen)?

→ Wenn hier Hilfe nötig ist, hilft in manchen Fällen der Staat.

Welche Hilfen gibt es für Familien?

Schüler haben in der Stadtverwaltung nachgefragt. Der Amtsleiter, Herr Duve, erklärt: „Es gibt verschiedene Leistungen:

- Vor und nach einer Geburt bekommt eine Frau *Mutterschaftsgeld*.

- Eltern können *Elternzeit* beantragen, um ihr kleines Kind zu versorgen – dazu gibt es *Elterngeld*.

- Für alle Kinder bis 18 Jahre wird *Kindergeld* bezahlt. Sind sie in einer Berufsausbildung oder einem Studium wird bis zum 25. Lebensjahr bezahlt.

- Wenn jemand Probleme hat, weil der Unterhalt nicht gezahlt wird, geben wir einen Unterhaltsvorschuss.

- Für Familien, die wenig Geld haben, gibt es noch einen Kinderzuschlag und Unterstützung für Klassenfahrten, Vereinsbeiträge und manches andere mehr.

Es gibt noch einige andere Hilfsangebote ... "

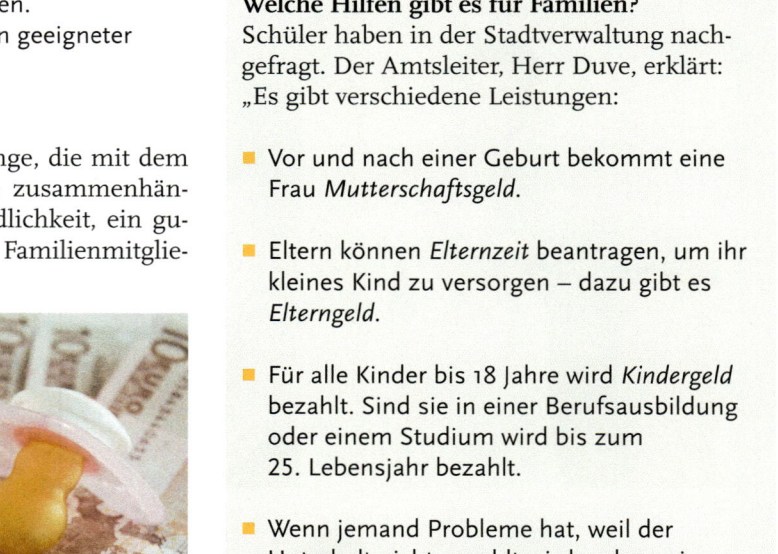

[2] Schutz für Familien. *Foto.*

Tipps zur Erarbeitung
- Macht euch klar, was genau die Bedingungen bedeuten; welche Bedürfnisse findet ihr besonders wichtig?
- Überlegt, warum der Staat Familien unterstützt.

Tipps zur Präsentation
- Fragt die Mitschüler zunächst, was sie für das Leben einer Familie besonders wichtig finden.
- Erklärt ihnen die staatlichen Hilfen.

Familien verändern sich

[1] Ein Kind hat sich und seine Eltern gezeichnet.

1. Informiere dich auf dieser Seite über Veränderungen in der Familie.
2. Präsentiere deine Ergebnisse in geeigneter Form in der Klasse.

Wenn die Liebe verschwindet ...

Fast alle Familien haben mit der liebevollen Zuneigung der beiden Eltern begonnen. Zuversichtlich waren sie in das neue, gemeinsame Leben gestartet.

Bei einem Teil der Ehepaare entwickeln sich mit der Zeit aber auch Probleme: Man versteht sich nicht mehr so gut, die Liebe lässt nach, finanzielle Sorgen quälen, Streit nimmt zu – kurz: das gemeinsame Leben wird als schwierig empfunden. Während manche Paare trotzdem zusammenbleiben, trennen sich andere. Etwa jede dritte Ehe wird geschieden.

Wie sich Familien durch Scheidung verändern

Wenn Eltern sich trennen, stehen große Veränderungen an:

◼ Wohnungswechsel

Ein Elternteil muss aus der gemeinsamen Wohnung ausziehen und sich eine andere Bleibe suchen.

Wenn die Kinder nicht in der alten Wohnung bleiben können, müssen sie sich in dem neuen Umfeld zurechtfinden. Manchmal wohnen sie dann entfernt von ihrer vertrauten Umgebung und ihren Freunden. Vielleicht müssen sie auch eine andere Schule besuchen.

◼ Sorge- und Besuchsrecht

Es muss entschieden werden, ob ein Elternteil das Sorgerecht für das Kind allein bekommt oder ob die Eltern sich das Sorgerecht teilen können. Besuchszeiten müssen vereinbart und eingehalten werden.

◼ Geldknappheit

Statt einem müssen nun zwei Haushalte geführt werden. Das kostet zusätzlich Geld. Es kann auch sein, dass Unterhaltszahlungen fällig werden.

Für alle Beteiligten sind Trennungen und Scheidungen keine einfache Sache. Für Kinder sind sie besonders schwer. Manchmal müssen sie sich zwischen beiden Elternteilen entscheiden.

Einige machen sich auch Vorwürfe, weil sie die Trennung der Eltern nicht verhindern konnten. Das lag aber gar nicht in ihrer Macht.

Wichtig ist zu verstehen, dass Kinder für die Probleme der Erwachsenen nicht verantwortlich sind – und dass sie keinerlei Schuld tragen! Ein Lichtblick könnte sein, dass nach einer Trennung Spannungen und Streit ein Ende haben können.

Tipps zur Erarbeitung
– Macht euch klar, wie es zu einer Trennung kommen kann.
– Versetzt euch in die Lage des Kindes in [1]: Welche Gedanken könnte es haben?

Tipps zur Präsentation
– Schreibt die Überschriften (und die Veränderungspunkte) an die Tafel/auf ein Plakat und unterstützt damit euren Vortrag.

GPG aktiv

1. Gewaltprävention

a) Erstellt eine Ausstellung mit Bildern, Texten und Interviews zu Konfliktsituationen und Möglichkeiten des respektvollen und friedlichen Zusammenlebens.

b) Ladet Fachleute zu Expertengesprächen in die Schule ein (Polizei, Jugendamt usw.). Es gibt Programme, die ihr beim Staatsministerium für Bildung abrufen könnt („Streitschlichterprogramm"/„Faustlos"/„Zammgerauft"/„Mit mir nicht").

2. Familien in aller Welt

[1] Syrische Flüchtlingsfamilie in Deutschland. *Foto, 2015.*

Informiert euch über
- Familien in aller Welt (z. B. Großfamilien in arabischen Ländern; Sippenverbände bei Roma und Sinti; Familien in Thailand).
- Familien in Kriegsgebieten und deren Probleme.

3. Kontakt mit Behinderten und Alten

Informationen sammeln:

a) Gibt es in eurer Gemeinde oder der näheren Umgebung
- Beratungsstellen für Behinderte/einen Behindertenbeirat,
- Behinderteneinrichtungen (Werkstätten, Inklusionsklassen, Behindertensport usw.),
- Selbsthilfegruppen?

b) Adressen für Informationsmaterial:
- Aktion Mensch.
- Die Beauftragte der Bayerischen Staatsregierung für die Belange von Menschen mit Behinderung

Vorhaben/Projekte durchführen:
- Besuch einer Behindertenwerkstatt.
- Einladung von Behinderten in die Klasse.
- Vorlesetag im Pflegeheim.
- Besorgungen machen für ältere und in ihrer Mobilität eingeschränkte Nachbarn.
- Überprüfen, ob es störende Hindernisse für Behinderte im eigenen Umfeld und dem der Schule gibt (Sind z. B. die Gehsteige abgesenkt? Sind Ampelschalter zu erreichen? Ist das Pflaster für einen Rollstuhl geeignet?).

[1] Familie. *Foto.*

[2] Grundriss einer Schule.

Erkenntnisse gewinnen

1. Nenne die Aufgaben von
   a) Klassensprecher
   b) Schülersprecher
   c) Schulforum
2. Nenne Wege zur Konfliktlösung.
3. Welche Art von Familie ist auf Bild [1] zu sehen und welcher Familientyp ist heute vorherrschend?
4. In welchem (gesellschaftlichen) Umfeld lebst du als Einzelperson (Hilfe: Familie, ...)?
5. Zähle Hilfen des Staates für Familien auf.
6. Welche Formen von Behinderungen kennst du?

Beurteilen und bewerten

7. Begründe, warum die Mitverantwortung von Schülern (SMV) und Eltern wichtig ist.
8. Nenne einen typischen Schulkonflikt und mache Vorschläge zu seiner Lösung.
9. Erkläre, wozu Regeln in der Klasse nützlich sein können.

Anwenden und handeln

10. Beschreibe deinen Schulweg in Stichworten und fertige eine Wegeskizze des Schulweges an.
11. Erkläre einem Besucher mithilfe des Grundrisses [2]) den Weg zur Werkstatt des Hausmeisters.
12. Organisiere mit deinen Mitschülern einen Besuch in einer Einrichtung für behinderte oder alte Menschen.

Lebensraum Erde

Ein Planet im Sonnensystem

So wie auf diesem Bild sieht die Erde vom Mond betrachtet aus.
Ein großer Teil der Erdoberfläche ist von Wasser bedeckt und lässt die Erde
blau erscheinen. Deshalb nennt man die Erde auch den „Blauen Planeten".

1. Beschreibe, was du auf dem Bild erkennst.
2. Berichte, was du über die Erde und das Weltall weißt.
3. Erzähle, was dir über die Entstehung des Weltalls und der Erde bekannt ist.

Ein Planet im Sonnensystem

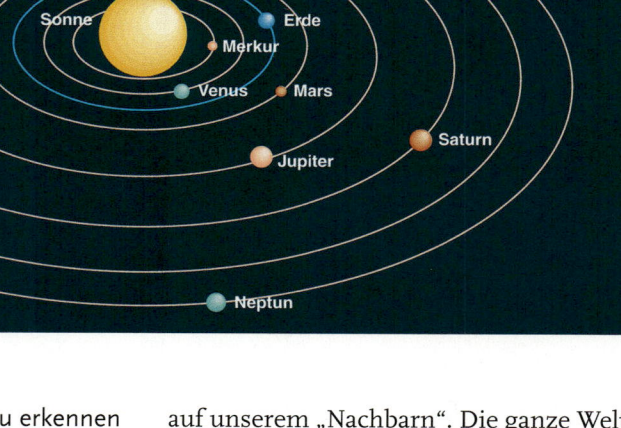

[1] Das Sonnensystem. *Zeichnung.*

1. Erkläre, was auf der Zeichnung [1] zu erkennen ist. Du kannst so beginnen: „In der Mitte ...“

Die Planeten unseres Sonnensystems

Vor etwa 5 Milliarden Jahren entstand aus Staub und heißen Gasen unsere Sonne und unser Sonnensystem. Die Erde ist einer von acht Planeten, die die Sonne umkreisen. Zusammen bilden sie das Sonnensystem. Die Planeten leuchten nicht aus sich selbst heraus, sondern sie erhalten ihr Licht von der Sonne. Die Erde ist der einzige Planet im Sonnensystem, auf dem es Lebewesen gibt. Auf den anderen Planeten ist es zu heiß oder zu kalt.

2. Nenne eine Eigenschaft der Erde, durch die sie sich von den anderen Planeten unterscheidet.
3. Sieh dir die Planeten des Sonnensystems in Bild [3] an. Bilde Sätze wie „Der Planet mit der längsten Umlaufzeit ist ...“, „Der kleinste Planet ist ...“.

Unser „Nachbar", der Mond

Tag und Nacht auf dem Mond dauern jeweils so lange wie 14 Tage auf der Erde.
Tagsüber wird es bis zu +117 °Celsius heiß, nachts fällt das Thermometer auf −173 °Celsius. Lebewesen würde auch Luft zum Atmen fehlen.
Im Jahr 1969 betraten zum ersten Mal Menschen den Mond. Es waren die amerikanischen Astronauten Neil Armstrong und Edwin Aldrin (Bild [2]). Sie landeten mit der Mondfähre „Eagle" auf unserem „Nachbarn". Die ganze Welt verfolgte die erste Mondlandung im Fernsehen.

[2] Edwin Aldrin auf dem Mond. *Foto, 1969.*

Umlaufzeit der Planeten um die Sonne		Durchmesser der Planeten	Entfernung der Planeten von der Sonne
164 Jahre 282 Tage	Neptun	50 000 km	4 496 Mio. km
84 Jahre 8 Tage	Uranus	51 000 km	2 873 Mio. km
29 Jahre 167 Tage	Saturn	120 000 km	1 427 Mio. km
11 Jahre 315 Tage	Jupiter	143 000 km	778 Mio. km
1 Jahr 322 Tage	Mars	6 800 km	228 Mio. km
1 Jahr	Erde	12 756 km	150 Mio. km
225 Tage	Venus	12 000 km	108 Mio. km
88 Tage	Merkur	5 000 km	58 Mio. km
	Sonne		

[3] Planeten unseres Sonnensystems.

4. Führt das Experiment aus Bild [4] durch. Benutzt dabei auch die Angaben aus Bild [3] zur Erläuterung.

Mit diesem Spruch kann man sich die Reihenfolge der Planeten im Sonnensystem gut merken:
„**M**ein **V**ater **e**rklärt **m**ir **j**eden **S**onntag **u**nsere **N**achbarplaneten.“

Die „Sonne“ ist eine Kugel mit etwa 5 cm Durchmesser. Ihr könnt dazu einen Tennisball nehmen, auch wenn der etwas größer ist.

Die „Erde“ ist eine sehr kleine Kugel. Ihr könnt einen Stecknadelkopf nehmen.

Stellt euch auf dem Schulhof im Abstand von 5 m auf.

5 m

Ihr könnt nun „Erde“ und „Sonne“ mit einer Schnur verbinden. Die „Sonne“ steht fest, und die „Erde“ wandert auf einer Kreisbahn um die „Sonne“.

[4] Experiment zur Veranschaulichung unseres Sonnensystems.

Wähle einen der Arbeitsaufträge aus:

■ Fertige eine Zeichnung unseres Sonnensystems nach Abb. [1] an.

■ Erstelle eine Tabelle zu unserem Sonnensystem:

Name (der Größe nach geordnet)	Umlaufzeit um die Sonne	Durchmesser	Enfernung von der Sonne
Saturn	...	...	...

Was du noch tun kannst …

■ Suche im Internet, im Lexikon oder in Büchern nach weiteren Informationen über den Mond und die Planeten unseres Sonnensystems.

■ Besuche ein Planetarium oder eine Sternwarte in deiner Nähe. Berichte über den Besuch in der Klasse.

Orientierung – Kontinente und Weltmeere

[1] Weltkarte mit den Kontinenten und Weltmeeren (Ozeanen).

1. Nenne anhand der Karte [1] die sieben Kontinente und drei Weltmeere.
Erstelle eine Tabelle und trage die Kontinente
und Weltmeere ein.

Kontinente	Weltmeere
...	...

Erkläre, warum auf der Karte oben zweimal
„Pazifischer Ozean" steht.

2. Ordne die Kontinente der Größe nach.

3. Beschreibe die möglichen Wege eines Flug-
zeugs mithilfe der Himmelsrichtungen:
a) von Nordamerika nach Australien,
b) von der Antarktis nach Europa,
c) von Australien nach Südamerika.

4. Denke dir zusammen mit einem Partner
weitere Flugrouten aus und beschreibe sie.

Die Gliederung der Erde

Die Wasserfläche auf unserem Planeten ist viel
größer als die Fläche des Landes.
Wenn man sich die ganze Erdoberfläche als ein
Quadrat mit 100 Kästchen vorstellt, nimmt die
Wasserfläche 71 Kästchen, die Fläche des Landes
nur 29 Kästchen ein.

[2] Landfläche und Wasserfläche der Erde im
Vergleich.

5. Übertrage die Zeichnung [2] auf ein kariertes
Blatt. Erkläre mit eigenen Worten, was man
anhand der Zeichnung erkennen kann.

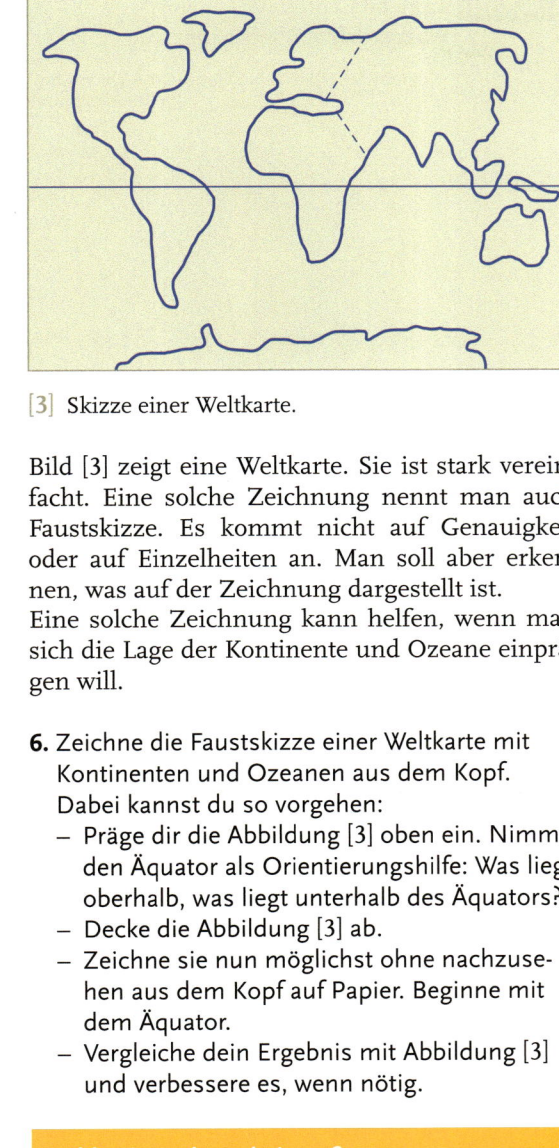

[3] Skizze einer Weltkarte.

Bild [3] zeigt eine Weltkarte. Sie ist stark vereinfacht. Eine solche Zeichnung nennt man auch Faustskizze. Es kommt nicht auf Genauigkeit oder auf Einzelheiten an. Man soll aber erkennen, was auf der Zeichnung dargestellt ist.
Eine solche Zeichnung kann helfen, wenn man sich die Lage der Kontinente und Ozeane einprägen will.

6. Zeichne die Faustskizze einer Weltkarte mit Kontinenten und Ozeanen aus dem Kopf. Dabei kannst du so vorgehen:
   – Präge dir die Abbildung [3] oben ein. Nimm den Äquator als Orientierungshilfe: Was liegt oberhalb, was liegt unterhalb des Äquators?
   – Decke die Abbildung [3] ab.
   – Zeichne sie nun möglichst ohne nachzusehen aus dem Kopf auf Papier. Beginne mit dem Äquator.
   – Vergleiche dein Ergebnis mit Abbildung [3] und verbessere es, wenn nötig.

Wähle einen der Arbeitsaufträge aus:

▣ Fertige mithilfe von Bild [3] eine große Lernskizze auf einem Zeichenblockblatt oder auf Tapete für das Klassenzimmer.

▣ In den Schulatlanten in den USA ist nicht Europa in der Mitte einer Weltkarte abgebildet, sondern Amerika. Entwirf eine Skizze der Erde mit Amerika in der Mitte.

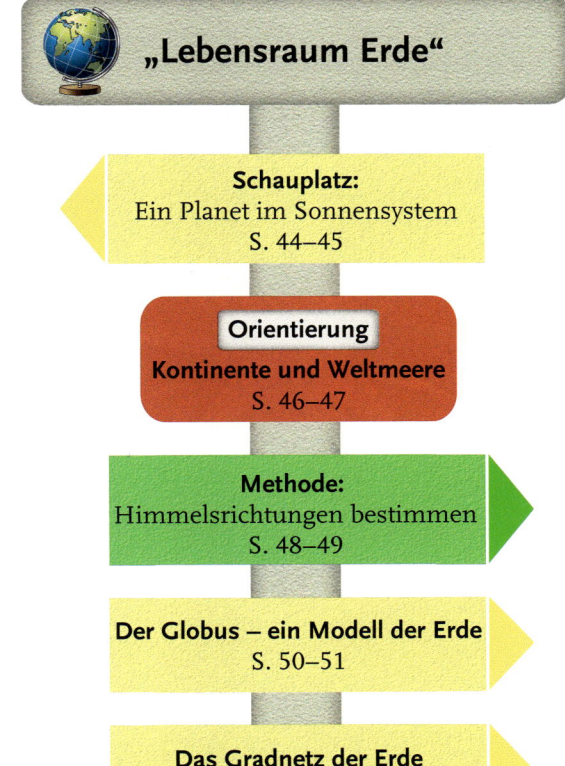

„Lebensraum Erde"

Schauplatz:
Ein Planet im Sonnensystem
S. 44–45

Orientierung
Kontinente und Weltmeere
S. 46–47

Methode:
Himmelsrichtungen bestimmen
S. 48–49

Der Globus – ein Modell der Erde
S. 50–51

Das Gradnetz der Erde
S. 52–53

Arbeiten mit dem Atlas
S. 54

Methode:
Arbeiten mit dem Atlasregister
S. 55

Klimazonen der Erde
S. 56–57

Wahlseiten zu den Klimazonen
S. 58–61

Teste dich!
S. 62–63

Himmelsrichtungen bestimmen

Der Kompass

Wie finden wir die Himmelsrichtungen?

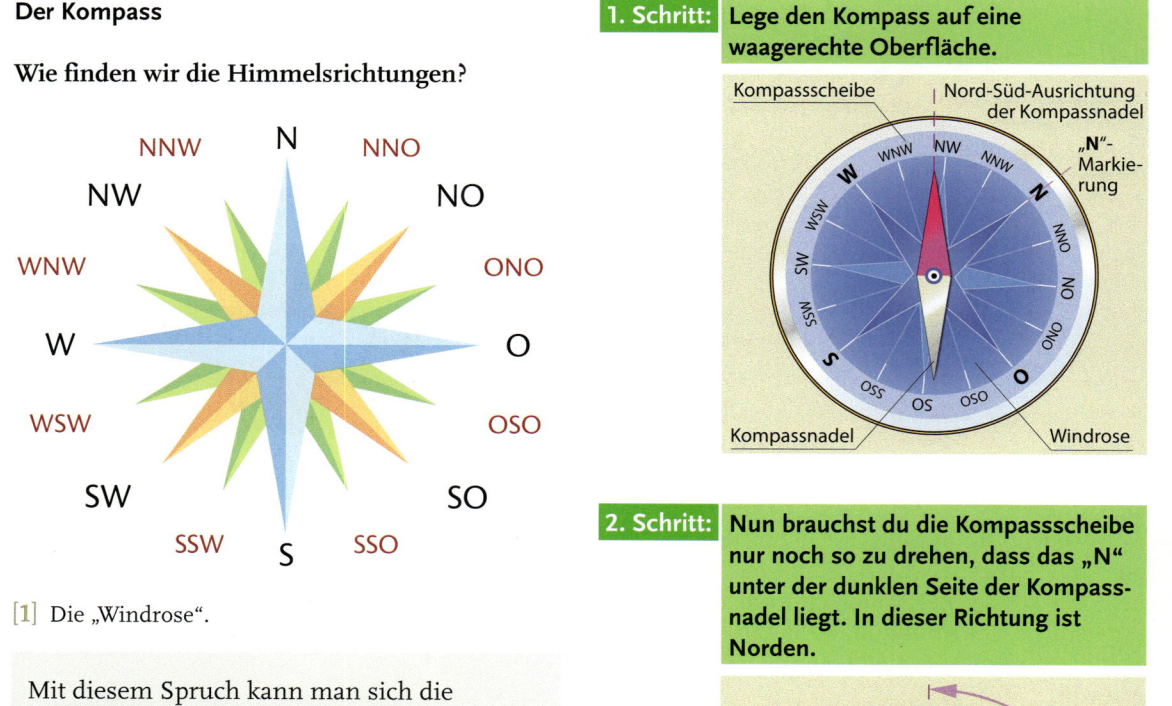

[1] Die „Windrose".

Mit diesem Spruch kann man sich die Reihenfolge der Himmelsrichtungen einprägen: „**N**ie **o**hne **S**eife **w**aschen!"

1. Berichte darüber, was du bereits über Himmelsrichtungen, Windrose und Kompass weißt.

Orientierung mit dem Kompass

Wer wissen will, wo Norden, Süden, Osten und Westen ist, nimmt sich am besten einen Kompass. Der Kompass besteht aus einer Kompassnadel und einer Kompassscheibe, auf der eine Windrose abgebildet ist.

Die Kompassnadel dreht sich von selbst in die Nord-Süd-Richtung. Sie hat eine dunkle und eine helle Seite. Die dunkle Seite zeigt nach Norden.

Die folgenden Schritte zeigen dir, wie du mit dem Kompass die Himmelsrichtungen bestimmen kannst.

1. Schritt: Lege den Kompass auf eine waagerechte Oberfläche.

2. Schritt: Nun brauchst du die Kompassscheibe nur noch so zu drehen, dass das „N" unter der dunklen Seite der Kompassnadel liegt. In dieser Richtung ist Norden.

3. Schritt: Die anderen Himmelsrichtungen kannst du jetzt einfach auf der Kompassscheibe ablesen.

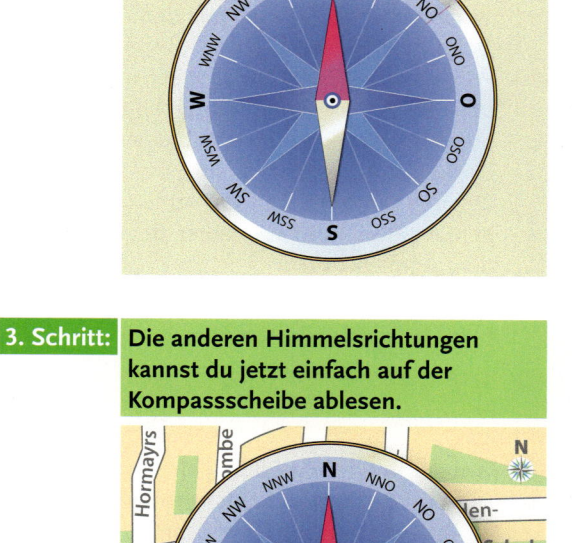

Orientieren ohne Kompass

Versuch 1: Mit der Uhrzeit und der Windrose

- Um 12 Uhr mittags steht die Sonne genau im Süden.
- Gegenüber der Sonne ist also Norden.
- Mit der Windrose lässt sich feststellen, wo Osten und Westen ist.
- Beachte, dass während der Sommerzeit die Uhr eine Stunde vorgestellt ist.
- Vergleiche mit dem Kompass.

Versuch 2: Mit der Uhr und der Windrose

- Auch zu anderen Zeiten kannst du mithilfe der Uhr feststellen, wo Süden ist.
- Richte wie auf der Zeichnung den kleinen Zeiger in Richtung der Sonne.
- Zwischen dem kleinen Zeiger und „12" auf der Uhr ist Süden.
- Die anderen Himmelsrichtungen kannst du mithilfe der Windrose ermitteln.
- Vergleiche mit dem Kompass.

Versuch 3: Mit einem Stock und der Windrose

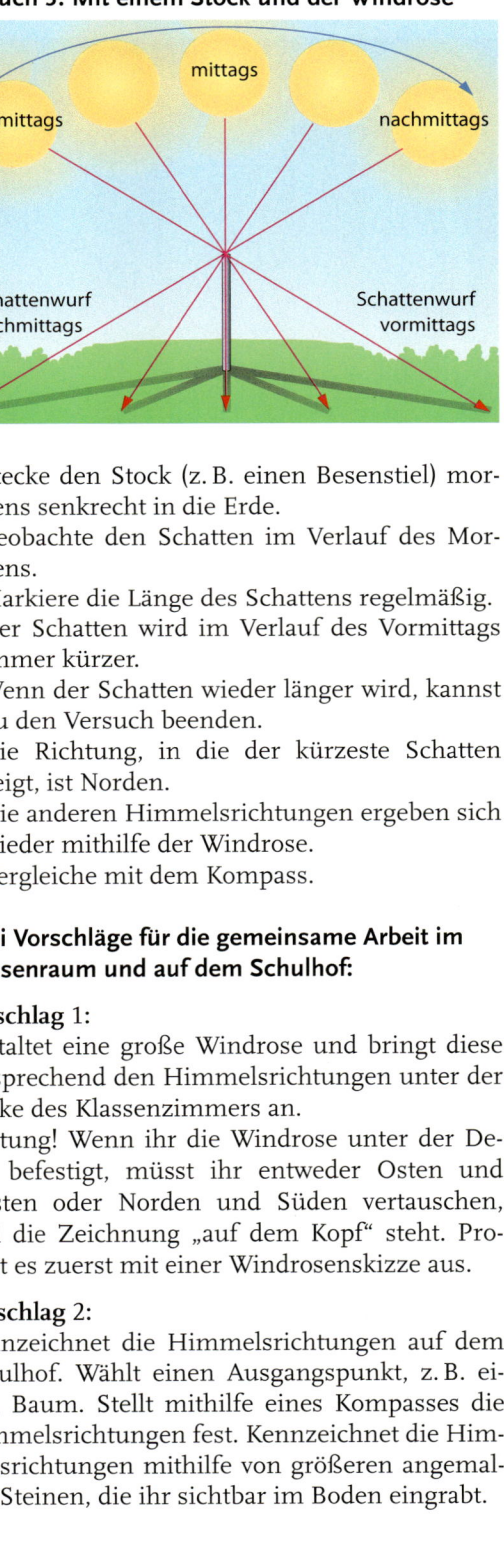

- Stecke den Stock (z. B. einen Besenstiel) morgens senkrecht in die Erde.
- Beobachte den Schatten im Verlauf des Morgens.
- Markiere die Länge des Schattens regelmäßig.
- Der Schatten wird im Verlauf des Vormittags immer kürzer.
- Wenn der Schatten wieder länger wird, kannst du den Versuch beenden.
- Die Richtung, in die der kürzeste Schatten zeigt, ist Norden.
- Die anderen Himmelsrichtungen ergeben sich wieder mithilfe der Windrose.
- Vergleiche mit dem Kompass.

Zwei Vorschläge für die gemeinsame Arbeit im Klassenraum und auf dem Schulhof:

Vorschlag 1:

Gestaltet eine große Windrose und bringt diese entsprechend den Himmelsrichtungen unter der Decke des Klassenzimmers an.
Achtung! Wenn ihr die Windrose unter der Decke befestigt, müsst ihr entweder Osten und Westen oder Norden und Süden vertauschen, weil die Zeichnung „auf dem Kopf" steht. Probiert es zuerst mit einer Windrosenskizze aus.

Vorschlag 2:

Kennzeichnet die Himmelsrichtungen auf dem Schulhof. Wählt einen Ausgangspunkt, z. B. einen Baum. Stellt mithilfe eines Kompasses die Himmelsrichtungen fest. Kennzeichnet die Himmelsrichtungen mithilfe von größeren angemalten Steinen, die ihr sichtbar im Boden eingrabt.

Der Globus – ein Modell der Erde

Was kann man mithilfe eines Globus erkennen?

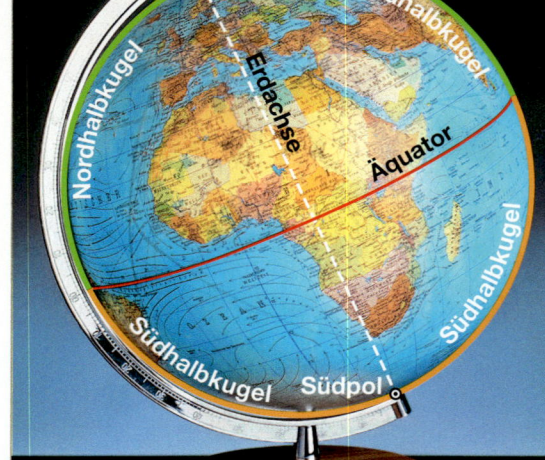

[1] Der Globus.

1. Skizziere Bild [1] und präge dir die Bezeichnungen ein.

2. Vergleiche den Globus mit einer Wandkarte der Erde. Zeige, wo auf der Wandkarte der Nordpol, die Nordhalbkugel usw. zu finden sind.

Eine verkleinerte Erde

Der Globus gibt unsere Erde in einem verkleinerten Abbild wieder. Um den Äquator einmal zu umrunden, müsste man in der Wirklichkeit eine Strecke von 40 075 Kilometern zurücklegen. Die Größenverhältnisse sowie die Formen der Kontinente und der Meere stimmen mit der Wirklichkeit überein.

3. Übertrage die Tabelle [3] in dein Heft und fülle sie mithilfe von Bild [1] aus:

Er teilt den Globus in eine Nordhalbkugel und eine Südhalbkugel:	
Er befindet sich genau gegenüber vom Nordpol:	
Diese gedachte Linie verläuft mitten durch den Globus von Pol zu Pol:	
Sie ist das Gegenstück zur Nordhalbkugel:	
Dieser Punkt ist am weitesten vom Südpol entfernt:	
Wenn man sich genau hier befindet, gibt es nur eine Himmelsrichtung. Diese Himmelsrichtung ist Norden:	

[3] Aussagen zur Erde.

4. Beantworte die folgenden Fragen und zeige an einem Globus:
- Welche drei Kontinente befinden sich vollständig auf der Nordhalbkugel?
- Welche beiden Kontinente befinden sich vollständig auf der Südhalbkugel?
- Welche beiden Kontinente befinden sich sowohl auf der Nordhalbkugel als auch auf der Südhalbkugel?

5. Sammelt weitere Fragen zum Thema Globus und beantwortet sie. Beispiel: *„Welcher Ozean/ Kontinent liegt…"*

[2] Der griechische Forscher Eratosthenes (276–194 v. Chr.) beobachtete, wie Schiffe am Horizont „abtauchen". Er folgerte daraus, dass die Erde eine Kugel ist. *Illustration.*

Tag und Nacht

„Die Erde dreht sich in 24 Stunden einmal um ihre eigene Achse."

[4] Die Erde im Laufe eines Tages – ein Versuch im Klassenraum. *Illustration.*

Es ist **2 Uhr nachts** in **Mexiko**. Juan Carlos träumt, dass Mexiko eines Tages Fußballweltmeister wird.

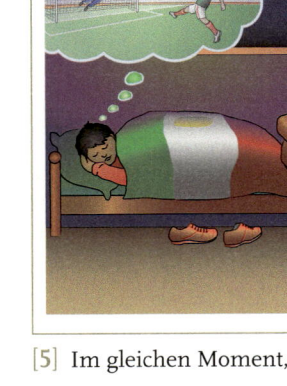

In Deutschland ist es jetzt **8 Uhr morgens**. Paula ist noch müde, denn sie ist erst vor einer Stunde aufgestanden.

Zur gleichen Zeit ist es in **China** bereits **14 Uhr**. Hung ist gerade aus der Schule nach Hause gekommen. Sein Vater ist noch bei der Arbeit.

Währenddessen würde Susan in **Neuseeland** gern noch einen Film sehen, der in 15 Minuten beginnt. Es ist aber schon **20 Uhr**. Ihre Mutter sagt, dass sie spätestens in einer halben Stunde im Bett liegen muss.

[5] Im gleichen Moment, aber zu anderen Uhrzeiten.

6. Beschreibe, was in Bild [2] zu sehen ist.
7. Erkläre, warum in [5] Juan Carlos noch schläft, während Paula müde in der Schule sitzt, Hung zu Mittag isst und Susan schon wieder ins Bett gehen soll.
8. Stelle einen Zusammenhang mit Bild [4] her.
9. Markiere auf einem großen Globus die Länder Mexiko, Deutschland, China und Neuseeland.

Wähle einen der Arbeitsaufträge aus:

◼ Zeichne nach Bild [1] ein großes, beschriftetes Lernplakat für euer Klassenzimmer.

◼ Stelle selbst ein „Modell der Erde" her. Verwende dazu einen möglichst runden weißen Luftballon oder eine große, weiße Styroporkugel.

Das Gradnetz der Erde

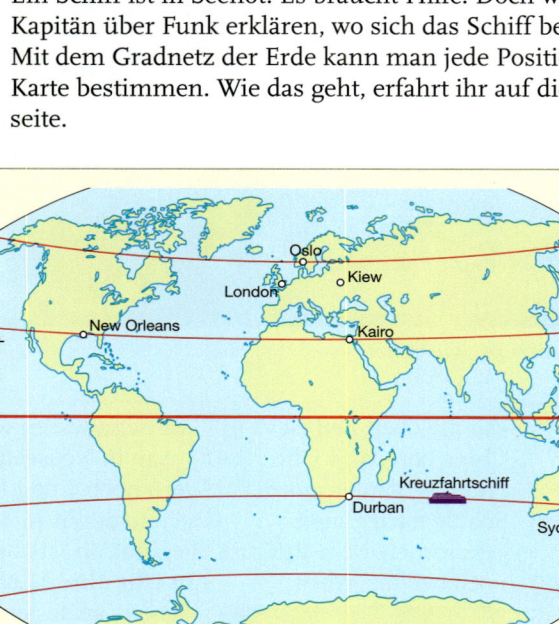

Wie findet man jede Stelle auf einer Landkarte?

Ein Schiff ist in Seenot! Es braucht Hilfe. Doch wie kann der Kapitän über Funk erklären, wo sich das Schiff befindet? – Mit dem Gradnetz der Erde kann man jede Position auf einer Karte bestimmen. Wie das geht, erfahrt ihr auf dieser Doppelseite.

Auf der Karte [1] sind die Breitengrade rot eingezeichnet. Sie verlaufen waagerecht. Die Breitengrade oberhalb des Äquators heißen nördliche Breitengrade. Die Breitengrade unterhalb des Äquators heißen südliche Breitengrade. Kairo liegt 30° Nord (gesprochen: 30 Grad Nord). Das Kreuzfahrtschiff befindet sich 30° Süd.

1. Bestimme den jeweiligen Breitengrad von New Orleans und Oslo.

[1] Weltkarte mit Breitengraden.

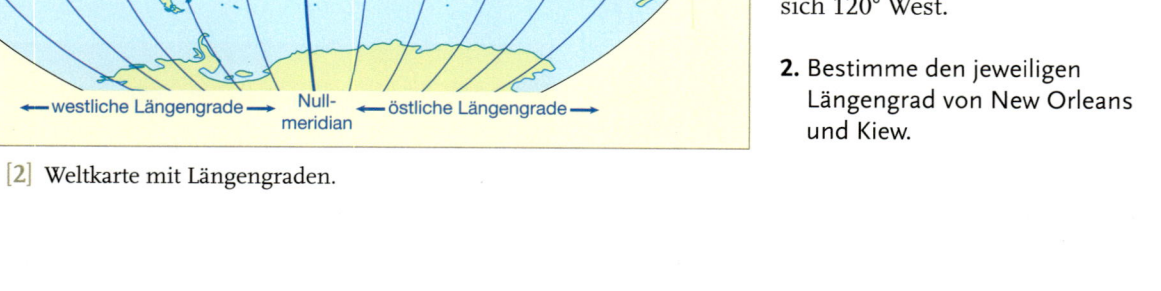

Auf der Karte [2] sind die Längengrade (Meridiane) blau eingezeichnet. Sie verlaufen senkrecht. Der Längengrad null läuft durch London. Es ist der Nullmeridian. Die Längengrade rechts vom Nullmeridian heißen östliche Längengrade. Die Längengrade links vom Nullmeridian heißen westliche Längengrade. Kairo liegt etwa 31° Ost (gesprochen: 31 Grad Ost). Das Containerschiff befindet sich 120° West.

2. Bestimme den jeweiligen Längengrad von New Orleans und Kiew.

[2] Weltkarte mit Längengraden.

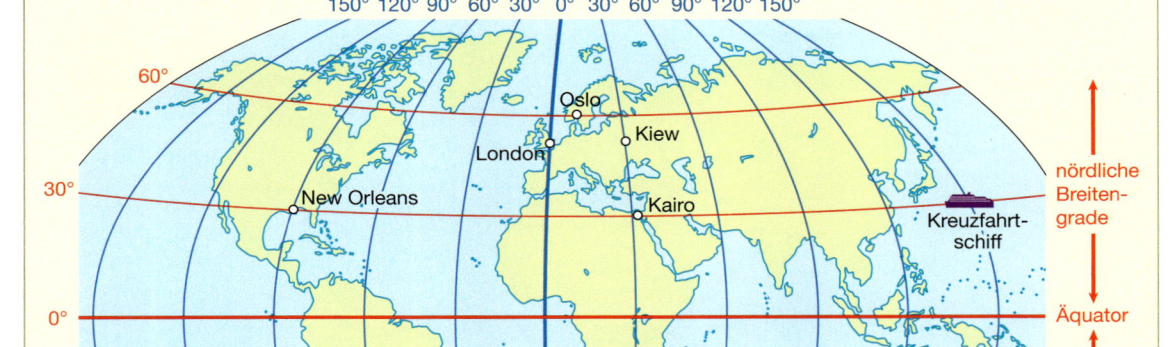

[3] Weltkarte mit Breitengraden und Längengraden.

In [3] sind rote Breitengrade und blaue Längengrade auf einer Karte eingezeichnet. Mithilfe von Breitengrad und Längengrad zusammen lässt sich die Position eines Schiffes genau bestimmen.

Dabei nennt man immer zuerst den Breitengrad (rot), dann den Längengrad (blau).

Kairo liegt also 30° Nord (rot), 31° Ost (blau) (gesprochen: 30 Grad Nord, 31 Grad Ost). Das Kreuzfahrtschiff befindet sich 30° Nord, 150° Ost (gesprochen: 30 Grad Nord, 150 Grad Ost).

Das Gradnetz der Erde findet ihr auch auf einer Weltkarte oder auf dem Globus.

3. Bestimme mithilfe der Karte [3] jeweils die Position, also Breitengrad und Längengrad, der Städte Sydney und London.

4. Übe die Bestimmung von Positionen in Partnerarbeit ein. Fragt euch gegenseitig ab:
a) Zeige 30° Süd,
   zeige 60° Süd
   usw.
b) Was liegt 30° Nord, 90° West?
   Was liegt etwa 30° Süd, 30° Ost?

5. Sieh dir die Klappenkarte C an und beschreibe mithilfe des Gradnetzes die Positionen von Bayern, München, Augsburg, Würzburg und Nürnberg.

6. Zeige in etwa die Position deines Heimatortes auf der Klappenkarte C und beschreibe seine Position mithilfe des Gradnetzes.

Wähle einen der Arbeitsaufträge aus:

🎲 Zeichne mithilfe einer Weltkarte im Atlas auf deiner Faustskizze der Erde (Seite 43) die Breitengrade und Längengrade ein. Trage nun Kairo ein und schreibe die entsprechenden Breitengrade und Längengrade auf. Mach dasselbe mit anderen Städten.

🎲 Suche auf einem Globus die Breitengrade und Längengrade. Zeige die Städte aus den Aufgaben 1 bis 3 auf dem Globus und benenne die Breitengrade und Längengrade. Stelle der Klasse das Gradnetz der Erde am Globus vor.

53

Arbeiten mit dem Atlas

Wie findet man etwas im Atlas?

[1] Atlaskarte von Spanien (Ausschnitt).

Suche im Atlas

Wo liegt eigentlich ...? – Diese Frage hast du dir sicher schon einmal gestellt. Die Antwort findest du in deinem Schulatlas. Um ein Land, eine Stadt, einen Fluss, einen Berg oder eine Insel zu finden, benutzt du am besten das Register. Das Register findest du hinten im Atlas. Es ist wie ein Wörterbuch alphabetisch geordnet. Auf der rechten Seite lernst du, wie du im Atlas etwas findest, indem du das Register benutzt.

1. Beschreibe die Karte [1]. Was kannst du alles erkennen?
2. Nenne Städte, die sich in dem Planquadrat „E 2" befinden.
3. Zeige die Planquadrate „F 3", „H 2" und „E 1" auf der Karte und nenne Städte, die dort zu finden sind.
4. Zeige die Städte „Algier", „Marbella" und „Cordoba". Nenne die Planquadrate, in denen diese Städte zu finden sind.

Methode · Arbeiten mit dem Atlasregister

Hinten im Atlas ist das **Register**.
Hier findest du fast alles, was du suchst:
Länder, Städte, Flüsse, Berge oder Meere, Seen und Inseln.
Das Register ist alphabetisch geordnet.
Beispiel: Du suchst die Insel **Mallorca**. Also schaust du im Atlasregister wie in einem Wörter-buch nach.

2. Schritt: Die richtige Seite aufschlagen

Neben „**Mallorca**" findest du die **Angaben „74/H3"**
Du schaust dir zunächst die Zahl „**74**" an. Sie sagt dir, dass du Mallorca auf der Seite **74** findest.

3. Schritt: Die richtige Stelle auf der Karte finden

Im Register liest du nun neben der „74" die Angabe „**H3**". „**H3**" sagt dir, dass du Mallorca in dem Planquadrat „**H3**" findest. Auf der abgebil-deten Atlaskarte links ist das Planquadrat „**H3**" rot umrandet.

5. Suche im Atlas nach den Schritten 1 bis 3:
München, Augsburg, Inn, Gardasee, Zugspitze, Südtirol, Tegernsee, London, Nil, Kapstadt, Tokio, Rhein, Donau, Kuba, Tahiti, Galapagos-Inseln, Borkum, Mississippi, Helgoland, Würzburg, Amazonas, Hof, Augsburg, Berlin

Begriff	Registereintrag	Was ist das?
München	38/39 G 4	Stadt
Nil	...	...
...	...	...

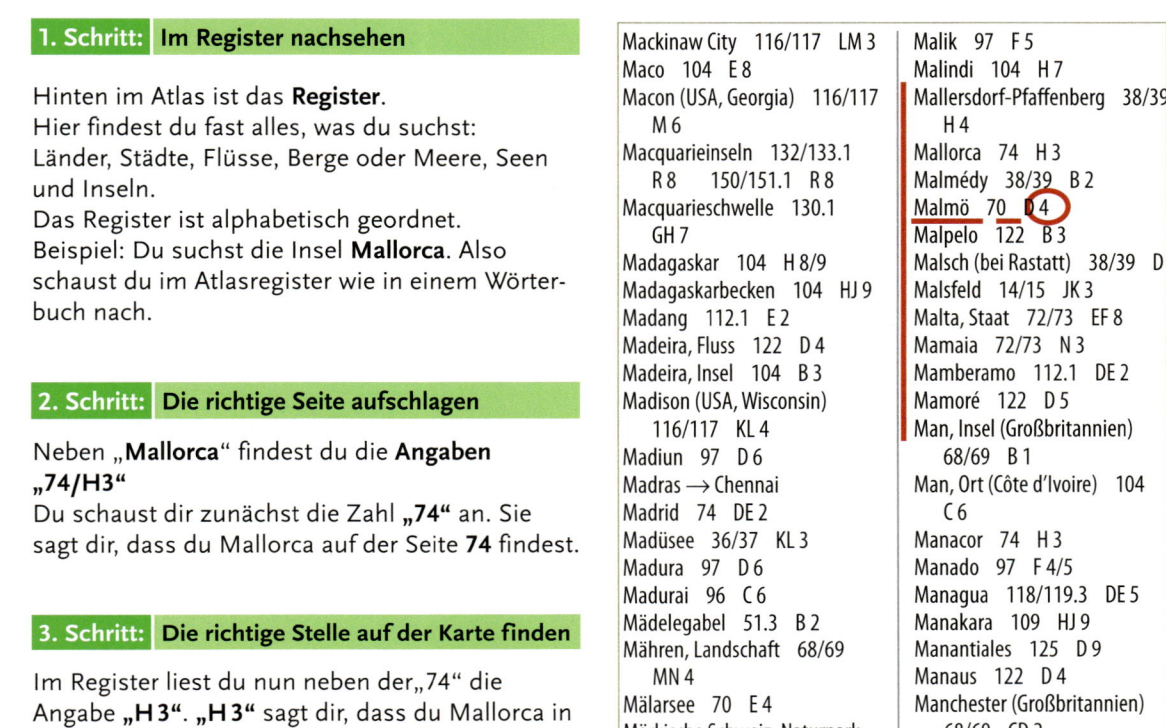

Mackinaw City 116/117 LM 3
Maco 104 E 8
Macon (USA, Georgia) 116/117 M 6
Macquarieinseln 132/133.1 R 8   150/151.1 R 8
Macquarieschwelle 130.1 GH 7
Madagaskar 104 H 8/9
Madagaskarbecken 104 HJ 9
Madang 112.1 E 2
Madeira, Fluss 122 D 4
Madeira, Insel 104 B 3
Madison (USA, Wisconsin) 116/117 KL 4
Madiun 97 D 6
Madras → Chennai
Madrid 74 DE 2
Madüsee 36/37 KL 3
Madura 97 D 6
Madurai 96 C 6
Mädelegabel 51.3 B 2
Mähren, Landschaft 68/69 MN 4
Mälarsee 70 E 4
Märkische Schweiz, Naturpark 50.1 F 2
Märkischer Kreis, Landkreis 13.1
Magadan 86/87 R 4
Magangué 118/119.3 FG 6
Magdagatschi 98/99 O 1
Magdeburg-Cochstedt, Flughafen 46.1 D 3
Magdeburg, Stadt 36/37 G 4
Magdeburger Börde, Landschaft 36/37 G 4
Magellanstraße 122 CD 9
Mageröy 70 FG 1
Magnetischer Pol (Nord) 131.3

Malik 97 F 5
Malindi 104 H 7
Mallersdorf-Pfaffenberg 38/39 H 4
Mallorca 74 H 3
Malmédy 38/39 B 2
Malmö 70 D 4
Malpelo 122 B 3
Malsch (bei Rastatt) 38/39 D
Malsfeld 14/15 JK 3
Malta, Staat 72/73 EF 8
Mamaia 72/73 N 3
Mamberamo 112.1 DE 2
Mamoré 122 D 5
Man, Insel (Großbritannien) 68/69 B 1
Man, Ort (Côte d'Ivoire) 104 C 6
Manacor 74 H 3
Manado 97 F 4/5
Managua 118/119.3 DE 5
Manakara 109 HJ 9
Manantiales 125 D 9
Manaus 122 D 4
Manchester (Großbritannien) 68/69 CD 2
Manching 38/39 G 4
Mandalay 96 G 3
Mandschuli 98/99 MN 2
Mandschurei 98/99 N-P 2
Manfort, Leverkusen- 25.6 CD 1
Manfredonia 72/73 FG 5
Mangalur 96 B 5
Mangistau 76/77 K 5
Mangole 97 G 5
Manhattan, New York- 126.1 AB 2
Manheim 22.1 C 3
Manhuaçu 127.3 DE 2

[2] Auszug aus dem Register des Atlas.

Klimazonen der Erde

Welche Klimazonen gibt es?

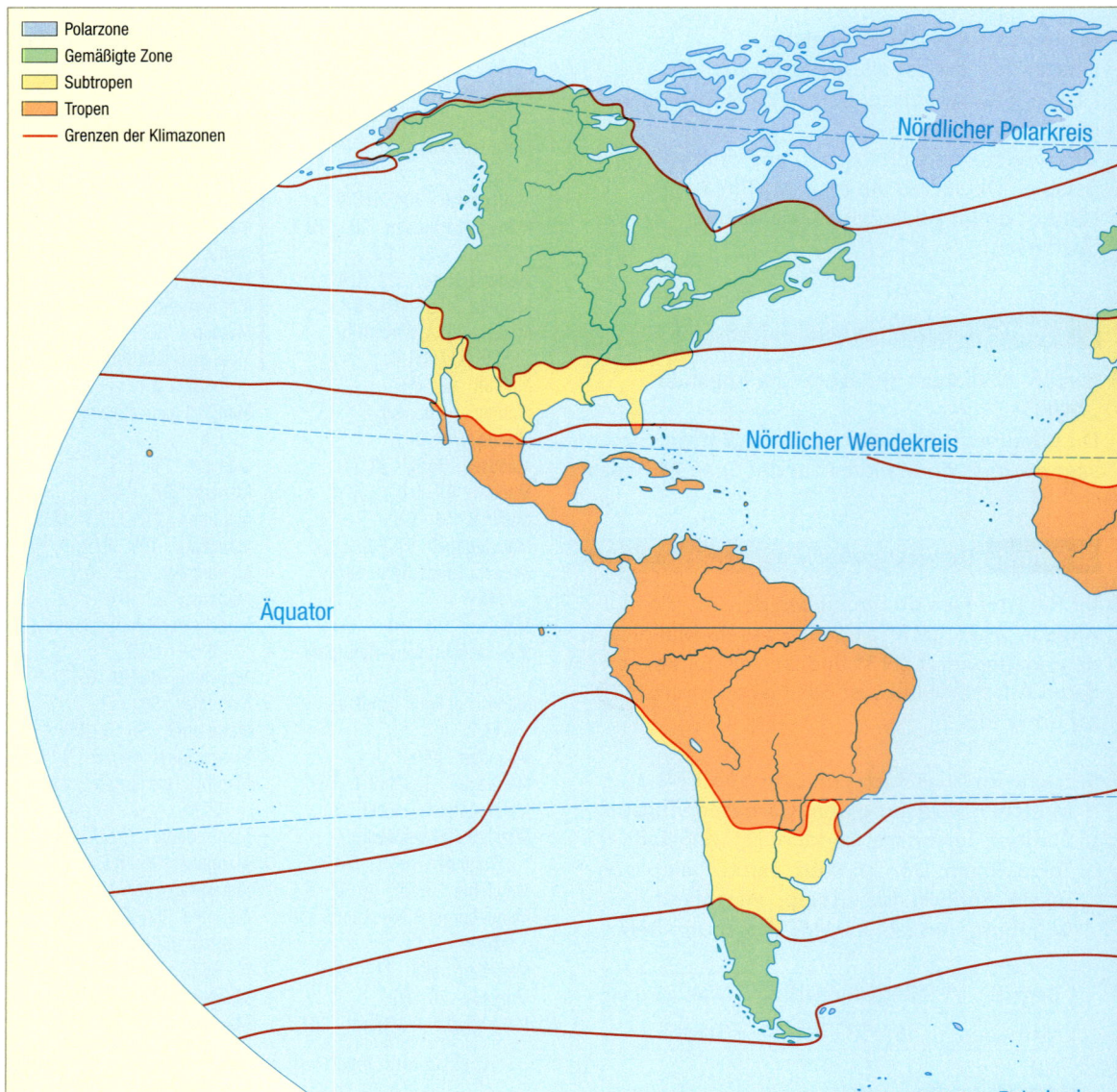

Polarzone
Gemäßigte Zone
Subtropen
Tropen
Grenzen der Klimazonen

Nördlicher Polarkreis

Nördlicher Wendekreis

Äquator

Südlicher Polarkreis

2000 km

Was sind Klimazonen?

Das Wetter kann sich täglich ändern. Der Begriff „Klima" beschreibt dagegen Niederschlag und Temperatur in einem bestimmten Gebiet über einen langen Zeitraum.

Gebiete, in denen in etwa die gleichen Temperaturen herrschen und ungefähr gleich viel Niederschlag fällt, nennt man Klimazonen.

1. Benenne
- die vier abgebildeten Klimazonen.
- Kontinente, die du innerhalb der jeweiligen Klimazonen erkennst.
- Länder, die du den Klimazonen zuordnen kannst.

Nimm eine Weltkarte zu Hilfe, wenn du sie brauchst.

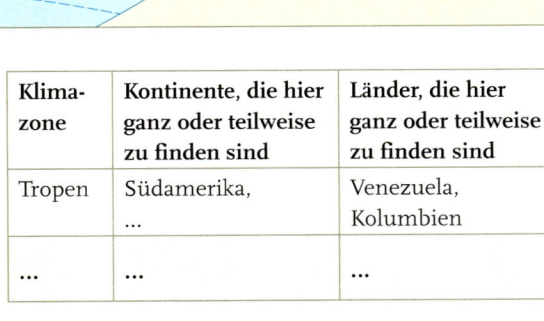

Südlicher Wendekreis

57

Wähle einen der Arbeitsaufträge aus:

▣ Erstelle eine Liste, welche Klimazonen du bei einem Flug von Pol zu Pol überfliegst.

▣ Fertige eine Tabelle an, nimm einen Atlas zu Hilfe, wenn nötig:

Klima-zone	Kontinente, die hier ganz oder teilweise zu finden sind	Länder, die hier ganz oder teilweise zu finden sind
Tropen	Südamerika, ...	Venezuela, Kolumbien
...	...	...

Wahlseite In der Polarzone

1. Sammle mit den Materialien der Seite Informationen zur „Polarzone".
2. Präsentiere deine Ergebnisse in geeigneter Form in der Klasse.

[1] Eisbären auf einer Eisscholle in der nördlichen Polarzone. *Foto.*

[2] Kaiserpinguine in der südlichen Polarzone. *Foto.*

Leben in Eiseskälte

Die tiefste Temperatur, die jemals in der Polarzone gemessen wurde, lag bei minus 93,2 Grad Celsius. Die Besonderheiten der Polarzone sind neben der Kälte, dem Schnee und dem Eis die Polarnacht und der Polartag. Die Polarnacht im Winter dauert fast ein halbes Jahr. Während dieser Zeit ist die Sonne nicht zu sehen. Im Sommer, der auch Polartag genannt wird, geht die Sonne sogar um Mitternacht nicht unter. In den Randbereichen der Polarzone wachsen Moose, Flechten und Gräser.

Menschen, die ursprünglich hier leben, nennt man „Inuit". Sie ernährten sich früher fast ausschließlich von Säugetieren und Fischen. Erst seit der Versorgung durch Schiffe oder Flugzeuge gibt es Gemüse und Obst.

Auch die Tiere in der Polarzone sind nahezu vollständig auf Beutetiere als Nahrung angewiesen. Eisbären leben ausschließlich in der nördlichen Polarzone, wo sie sich hauptsächlich von Robben ernähren.

[3] Hundeschlittengespann. *Foto, 2011.*

Die Antarktis

In der südlichen Polarzone befindet sich die Antarktis, ein mit Eis bedeckter Kontinent. Bis auf wenige Forscher leben hier keine Menschen. In der Polarzone auf der Südhalbkugel leben Kaiserpinguine. Pinguine und Eisbären begegnen sich daher in der Natur nie.

Tipps zur Erarbeitung

– Erarbeite den Inhalt der Seite unter folgenden Stichwörtern: Temperatur, Polartag und Polarnacht, Tiere, Menschen.

Tipps zur Präsentation

– Zeige der Klasse auf einer Wandkarte, wo die Polarzone verläuft.
– Nenne einige Länder und Kontinente, die sich ganz oder teilweise in der Polarzone befinden.

In der gemäßigten Zone

1. Sammle mit den Materialien der Seite Informationen zur „gemäßigten Zone".
2. Präsentiere deine Ergebnisse in geeigneter Form in der Klasse.

Der Wechsel der Jahreszeiten

Die gemäßigte Zone ist stark vom Wechsel der Jahreszeiten geprägt. Die Winter sind oft kalt und es fällt Schnee. Im Sommer kann es sehr warm werden. Frühling und Herbst bilden die Übergänge zwischen Sommer und Winter. Die Natur verändert sich sehr im Verlauf eines Jahres.

Pflanzen und Tiere sind angepasst

Laubbäume lassen vor dem Winter die Blätter fallen. Denn die Laubbäume würden vertrocknen, wenn über die Blätter weiterhin Wasser verdunstet. Bei gefrorenem Boden könnten die Wurzeln den Baum nicht mehr mit Wasser versorgen. Außerdem würden die Äste unter der Schneelast brechen.

Während der Wintermonate wachsen die Pflanzen nicht. Einige Pflanzen verschwinden bis zum Frühjahr ganz von der Erdoberfläche und treiben erst im Frühjahr wieder aus.

Viele Tiere haben ein Sommer- und ein Winterfell bzw. ein Sommer- und ein Wintergefieder, um die winterliche Kälte zu überstehen.

Frösche, Molche, Eidechsen oder Schlangen brauchen die Sonne, um voll bewegungsfähig zu sein. Sie fallen in eine sogenannte „Winterstarre". Dabei ziehen sie sich an frostfreie Orte in der Erde oder im Wasser zurück und bewegen sich so gut wie gar nicht, um mit ihren Reserven durch den Winter zu kommen.

Einige Säugetiere wie der Igel oder die Fledermaus fallen in einen Winterschlaf, weil sie in der kalten Jahreszeit sonst verhungern würden.

Storche, Kraniche, Mauersegler oder Schwalben fliegen in wärmere Gebiete wie Afrika, weil sie im Winter in der gemäßigten Zone zu wenig oder gar keine Nahrung finden.

[1] Kastanienbaum im Frühjahr, Sommer, Herbst und Winter. *Fotos.*

Tipps zur Präsentation

– Nimm die Karte mit den Klimazonen zu Hilfe und zeige der Klasse auf einer Wandkarte, wo die gemäßigte Zone verläuft.

– Nenne Kontinente und Länder, die sich in der gemäßigten Zone befinden.

Wahlseite   In der Subtropenzone

[1]–[4] Tiere in der Wüste: Namib-Gecko, Wüstenteufel, Erdmännchen, Wüstenfuchs. *Fotos*.

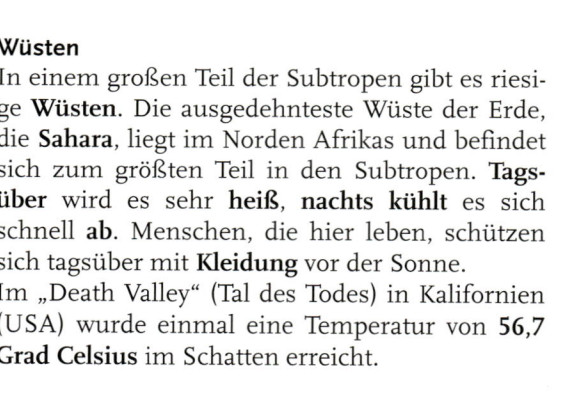

Erst bei 41 °C beginnt das Dromedar zu schwitzen.

Lederartige Gaumen vermeiden Verletzungen beim Fressen von Dorngestrüpp.

Im Höcker wird Fett gespeichert. Das Dromedar kann drei Wochen ohne Nahrung überstehen.

Doppelte Augenlider und verschließbare Nasenlöcher verhindern das Eindringen von Sand.

Die langen Beine schaffen Abstand zum heißen Wüstenboden.

Das Dromedar kann 150 Liter Wasser im Magen speichern.

Tellerartige, beschwielte Hufe ermöglichen das Laufen im Sand.

[5] Dromedare sind gut an die Hitze und Trockenheit der Wüsten angepasst. *Collage*.

Heiße Sommer, kühle Winter

Im Sommer kann es in der subtropischen Zone sehr **warm** und **trocken** werden. Im Winter fällt die Temperatur und es gibt auch **Niederschläge**. Aber es **friert** und **schneit** nur **selten**.

Wüsten

In einem großen Teil der Subtropen gibt es riesige **Wüsten**. Die ausgedehnteste Wüste der Erde, die **Sahara**, liegt im Norden Afrikas und befindet sich zum größten Teil in den Subtropen. **Tagsüber** wird es sehr **heiß**, **nachts kühlt** es sich schnell **ab**. Menschen, die hier leben, schützen sich tagsüber mit **Kleidung** vor der Sonne. Im „Death Valley" (Tal des Todes) in Kalifornien (USA) wurde einmal eine Temperatur von **56,7 Grad Celsius** im Schatten erreicht.

Tiere und Pflanzen

In dem warmen Klima können Eidechsen und Schlangen gut leben. Diese Tiere erreichen ihre volle Beweglichkeit erst mithilfe der Sonnenwärme. Aber auch viele Säugetiere und Vögel sind in den Subtropen verbreitet. Eine an die Subtropen gut angepasste Pflanze ist die **Palme**.

Tipps zur Erarbeitung

– Achte beim Lesen auf die fett gedruckten **Schlüsselwörter**.
– Beschreibe, wie Tiere und Menschen sich an die Hitze anpassen.

Tipps zur Präsentation

– Zeige der Klasse auf einer Wandkarte, wo die Subtropenzone verläuft.
– Nenne Kontinente und Länder, die sich in der Subtropenzone befinden.

In der Tropenzone

1. Sammle mit den Materialien der Seite Informationen zur „Tropenzone".
2. Präsentiere deine Ergebnisse in geeigneter Form in der Klasse.

Keine Jahreszeiten am Äquator

In der Tropenzone machen sich Sommer- und Winterhalbjahr kaum bemerkbar. Einen Jahreszeitenwechsel wie bei uns in der gemäßigten Zone gibt es nicht. Tage und Nächte sind gleich lang: Gegen 6 Uhr morgens geht die Sonne sehr schnell auf. Etwa um 18 Uhr geht sie genauso schnell wieder unter.

Ein Tag im tropischen Regenwald

Die Wettervorhersage im tropischen Regenwald würden sich die Menschen, die dort leben, vermutlich nicht ansehen. Denn jeder Tag verläuft nahezu gleich:
Morgens steigt dichter Nebel auf. Gegen Mittag wird die Temperatur immer höher. Am frühen Nachmittag wird es für Menschen fast unerträglich schwül, die Wolken am Himmel verdichten sich. Wenige Stunden später begleiten Blitz und Donner einen wolkenbruchartigen Regen. Der Regen hört so plötzlich auf, wie er gekommen ist. Abends bilden sich schon wieder erste Nebelfelder. Nachts wird es relativ kühl: Die Temperaturen sinken auf etwa 21 Grad Celsius.

Tiere und Pflanzen in den Tropen

Im feucht-warmen Klima im tropischen Regenwald gibt es die verschiedensten Pflanzen und Tiere. Neben Säugetieren und Vögeln sind Insekten und Reptilien wie Schlangen und Eidechsen verbreitet. Viele der Pflanzen und Tiere dort sind noch gar nicht erforscht. Man geht davon aus, dass es hier sogar viele Lebewesen gibt, die die Menschen bisher nicht entdeckt haben.

Das Volk der Yanomami

Im Grenzgebiet zwischen Brasilien und Venezuela lebt das Urvolk der Yanomami. Diese Menschen leben noch wie vor Jahrtausenden mitten im Urwald. Ein Mädchen könnte erzählen: „Wir Yanomami tragen keine Kleidung.

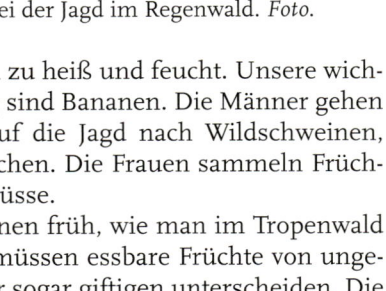

[1] Yanomami bei der Jagd im Regenwald. *Foto.*

Dazu ist es viel zu heiß und feucht. Unsere wichtigste Nahrung sind Bananen. Die Männer gehen jedoch auch auf die Jagd nach Wildschweinen, Affen oder Fischen. Die Frauen sammeln Früchte, Pilze und Nüsse.
Wir Kinder lernen früh, wie man im Tropenwald überlebt. Wir müssen essbare Früchte von ungenießbaren oder sogar giftigen unterscheiden. Die Jungen üben sich früh in der Jagd mit Pfeil und Bogen. Wir Mädchen helfen bei der Nahrungssuche und der Erziehung der Kinder."

Tipps zur Erarbeitung
– Vergleiche den Ablauf der Jahreszeiten und den Verlauf eines Tages in der Tropenzone mit dem Ablauf der Jahreszeiten und dem Verlauf eines Tages in der gemäßigten Zone.

Tipps zur Präsentation
– Zeige der Klasse auf einer Wandkarte, wo die Tropenzone verläuft.
– Nenne Kontinente und Länder, die sich in der Tropenzone befinden.

Teste dich!

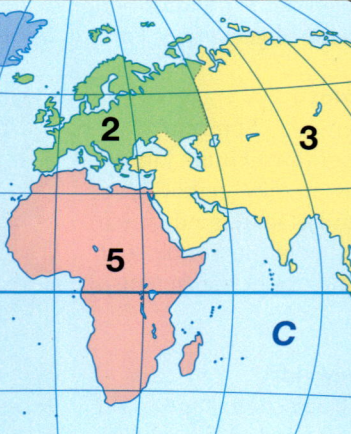

[1] Stumme Weltkarte: Ozeane und Kontinente.

[2] Die Erde im Gradnetz.

[3] Fotos aus den vier Klimazonen.

A) Polarzone	1) Im Sommer wird es oft sehr heiß. Im Winter fällt nur selten Schnee.
B) gemäßigte Zone	2) Im Winter ist die Sonne mehrere Monate nicht zu sehen.
C) subtropische Zone	3) Tag und Nacht sind fast genau gleich lang.
D) tropische Zone	4) Hier gibt es große Unterschiede zwischen den Jahreszeiten Frühling, Sommer, Herbst und Winter.

[4] Merkmale der Klimazonen.

[5] **Richtig oder falsch?**
– Die Erde ist der größte Planet unseres Planetensystems.
– Der Jupiter ist der größte Planet unseres Sonnensystems.
– Die Venus ist der Sonne am nächsten.
– Australien ist der kleinste Kontinent.
– Der Atlantische Ozean ist größer als der Pazifische Ozean.
– Nur die Kontinente Australien und die Antarktis befinden sich vollständig auf der Südhalbkugel.
– Man kann nur mithilfe eines Stockes herausfinden, wo Norden liegt.
– In der tropischen Zone bemerkt man den Wechsel der Jahreszeiten besonders deutlich.
– Pinguine gehören zu den wichtigsten Beutetieren der Eisbären.

Erkenntnisse gewinnen
1. Zähle die Planeten unseres Sonnensystems auf. Beginne mit dem Planeten, der der Sonne am nächsten ist. Du kannst dazu den Spruch von Seite 41 zu Hilfe nehmen.
2. Nenne die Klimazonen der Erde und ordne sie den Fotos in [3] zu.
3. Nenne jeweils mindestens drei Länder für jede Klimazone.
4. Ordne in [4] den Klimazonen A)–D) die richtigen Aussagen 1)–4) zu.
5. Entscheide, ob richtig oder falsch [5].

Beurteilen und bewerten
6. Nenne unterschiedliche Methoden zur Bestimmung der Himmelsrichtungen. Beurteile die verschiedenen Methoden: Wie gut lassen sie sich in der Praxis anwenden?

Anwenden und handeln
7. Benenne anhand der Karte [1] die Kontinente und Weltmeere. Zeichne dazu eine Faustskizze aus dem Kopf und beschrifte sie.
8. Zeige an einem Globus Nordpol, Südpol, Erdachse, Nordhalbkugel, Südhalbkugel und Äquator.
9. Zeige mit einem Globus und einer Lichtquelle (z. B. mit einem Projektor), warum es Tag und Nacht gibt.
10. Bestimme mithilfe des Gradnetzes der Erde die Positionen (Breitengrad und Längengrad) von New Orleans, Hongkong, London und Kairo auf Karte [2].
11. Arbeite mit dem Register und finde im Atlas folgende Orte: Berlin, Paris, Kapstadt, Havanna und Tunis.

Vor- und Frühgeschichte

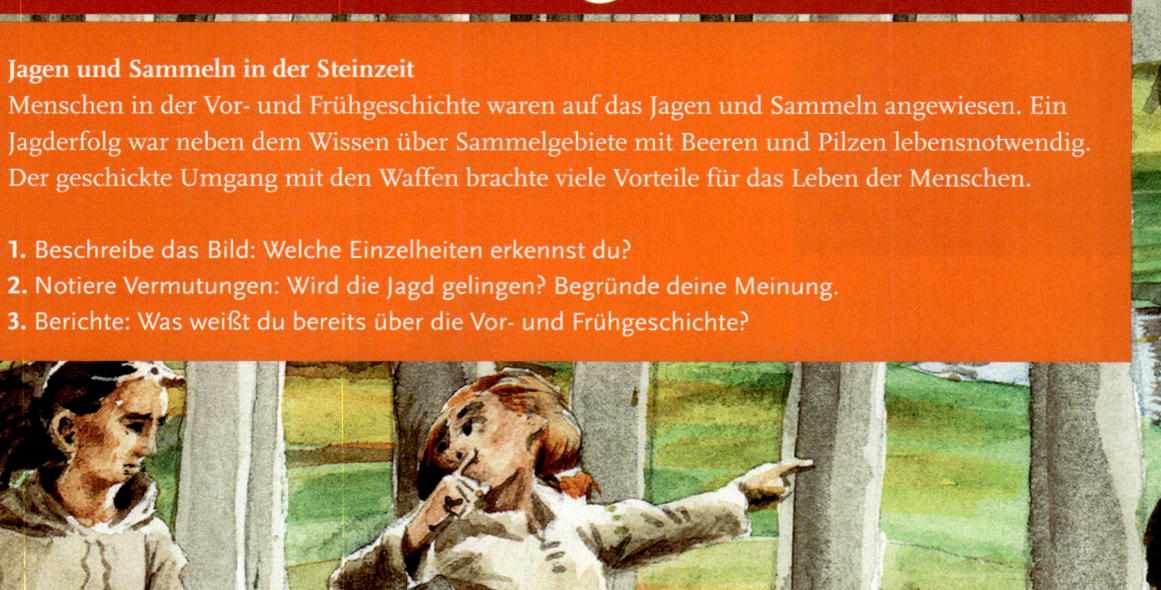

Jagen und Sammeln in der Steinzeit

Menschen in der Vor- und Frühgeschichte waren auf das Jagen und Sammeln angewiesen. Ein Jagderfolg war neben dem Wissen über Sammelgebiete mit Beeren und Pilzen lebensnotwendig. Der geschickte Umgang mit den Waffen brachte viele Vorteile für das Leben der Menschen.

1. Beschreibe das Bild: Welche Einzelheiten erkennst du?
2. Notiere Vermutungen: Wird die Jagd gelingen? Begründe deine Meinung.
3. Berichte: Was weißt du bereits über die Vor- und Frühgeschichte?

[1] Am Lagerplatz der Horde. *Rekonstruktionszeichnung, 2001.*

1. Werte Abbildung [1] aus:
– Wie viele Menschen sind auf der Abbildung zu sehen?
– Welche Tätigkeiten werden ausgeführt?
– Welche Personen fehlen auf der Abbildung? Was könnten diese gerade tun?
2. Fasse zusammen, welche lebenswichtigen Aufgaben die Horde bewältigen musste.

Schwierige Lebensbedingungen

Das Leben der Frauen, Männer und Kinder in der Vorgeschichte* muss sehr hart gewesen sein. Sie mussten Lösungen für viele Probleme finden, die auch euch vor große Schwierigkeiten gestellt hätten. Wer dabei nicht klug, geschickt und gesund war, verlor schnell sein Leben.

Die Gruppe als Stütze

Weil Einzelne wenig Chancen hatten, war die Gruppe eine wichtige Stütze. Sie sorgte für ihre Mitglieder und bot Zusammenarbeit und Zusammenhalt, Hilfe und Schutz. Überleben konnten die Menschen in Gruppen von 20–30 Mitgliedern. Die Gruppen werden „Horden" genannt.

Anpassung

Das Leben war bestimmt von der täglichen Beschaffung von Nahrung. Der Großteil der Nahrung wurde gesammelt. Vermutlich waren auch Männer beim Sammeln beteiligt. Hauptsächlich erledigten aber Frauen diese Arbeit.

Anpassung nötig

Während der vorgeschichtlichen Zeit änderte sich das Klima mehrfach. Essbare Pflanzen und die Lebensgebiete der Jagdtiere veränderten sich mit. Die Menschen mussten sich ihrer Umwelt anpassen, wenn sie nicht zugrunde gehen wollten.
Es gibt heute noch wenige Naturvölker, die ähnlich leben wie die Menschen in der Steinzeit. Durch Beobachtung ihres Alltagslebens versuchen Wissenschaftler Rückschlüsse auf das Leben der Menschen in der Vorzeit zu ziehen.

Gerade habe ich etwas zu essen gefunden. Aber oft habe ich Hunger. ... Vor ein paar Monaten hatten wir lange gar nichts zu essen, weil alle Jagdtiere weg waren ... Und Beeren oder Pilze gab es auch nicht. Da habe ich viel geweint vor Hunger. Auch die Erwachsenen waren krank vor Hunger.

Wir müssen unbedingt eine Lösung finden: Wenn wir durch die Büsche streifen, um Nahrung zu finden, zerkratzen wir uns immer die nackte Haut. Wenn es kalt ist, frieren wir, bei Regen werden wir klitschnass! Wir brauchen etwas, was uns schützt und wärmt. Und wenn es schön aussieht und schmückt – umso besser ...

In der letzten Zeit hat es sehr viel geregnet, und ein kalter Wind hat uns ganz fertiggemacht. ... Wir haben aber auch Angst vor wilden und giftigen Tieren, die sich an unsere Schlafplätze heranschleichen. So unter freiem Himmel leben ist oft ein ziemliches Problem. Besonders für unsere Kleinkinder ...

Wir machen uns Sorgen, dass wir überleben können. Es gibt nur noch wenig Wild, dass wir jagen können. Und fremde Menschen haben schon einmal versucht, uns zu überfallen.

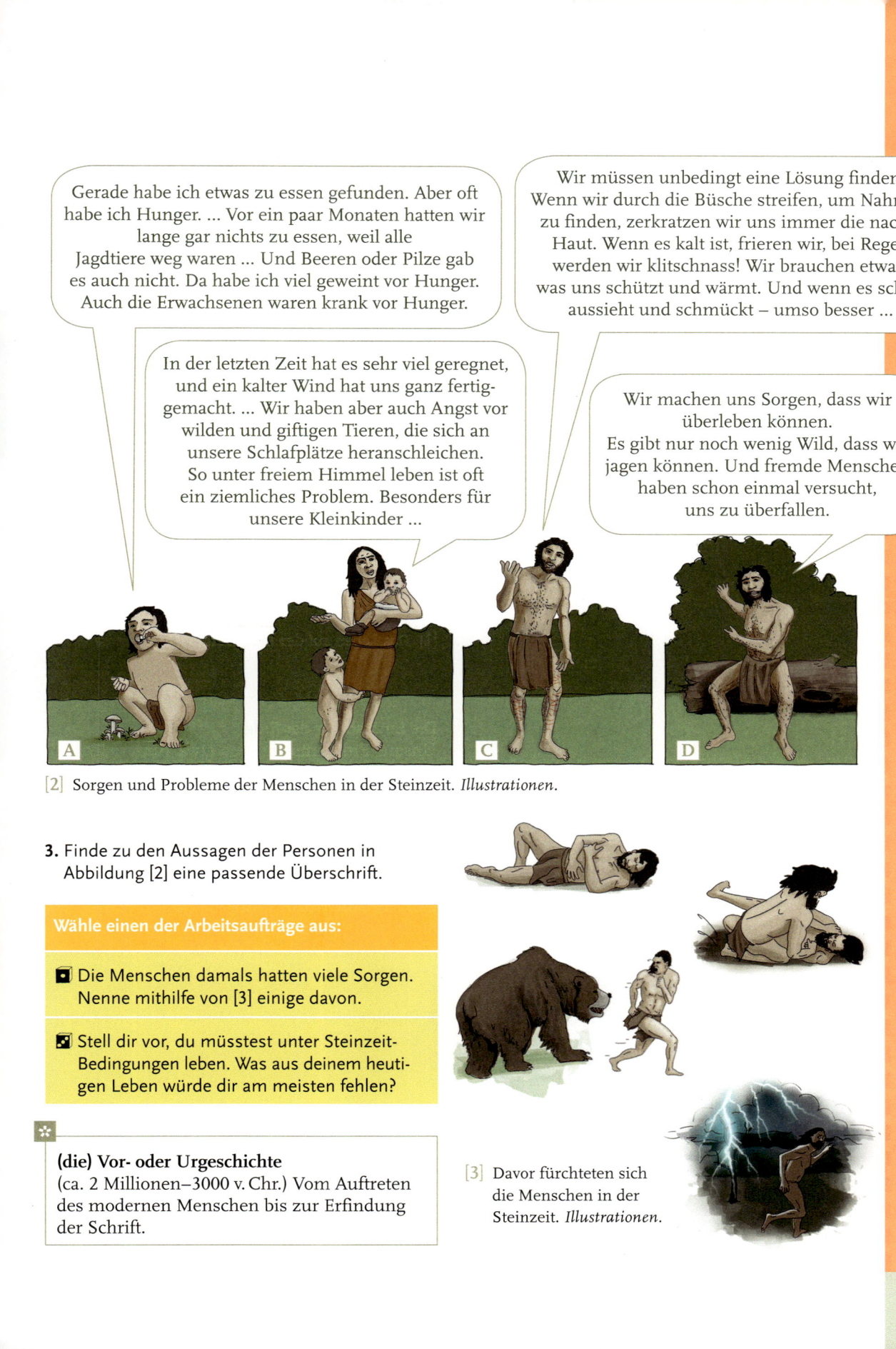

A B C D

[2] Sorgen und Probleme der Menschen in der Steinzeit. *Illustrationen.*

3. Finde zu den Aussagen der Personen in Abbildung [2] eine passende Überschrift.

Wähle einen der Arbeitsaufträge aus:

◪ Die Menschen damals hatten viele Sorgen. Nenne mithilfe von [3] einige davon.

◪ Stell dir vor, du müsstest unter Steinzeit-Bedingungen leben. Was aus deinem heutigen Leben würde dir am meisten fehlen?

❋
(die) Vor- oder Urgeschichte
(ca. 2 Millionen–3000 v. Chr.) Vom Auftreten des modernen Menschen bis zur Erfindung der Schrift.

[3] Davor fürchteten sich die Menschen in der Steinzeit. *Illustrationen.*

Orientierung – die Entwicklung des Menschen

seit ca. 4 bis 7 Millionen Jahren

Entwicklung des Menschen
auf der Erde

**begann vor ca. 65 Millionen
Jahren und dauert noch an**
Es gibt bereits:
Gletscher, Wüsten, Vögel,
Mammut, Bison, Säbelzahn-
tiger, Insekten…

**dauerte von ca. 230 bis 65 Millionen
Jahren v. Chr.**
Es gibt bereits:
Saurier, Amphibien, Farne, Gräser,
Bäume, Wasser, Felsen, Wälder …

**dauerte von ca. 570 bis 230 Millionen
Jahren v. Chr.**
Es gibt bereits:
Korallen, Tintenfische, Farne, Algen,
Einzeller, Wasser, Glut, Feuer,
Vulkane…

**Vor etwa 5 Milliarden Jahren
ist die Erde entstanden.**

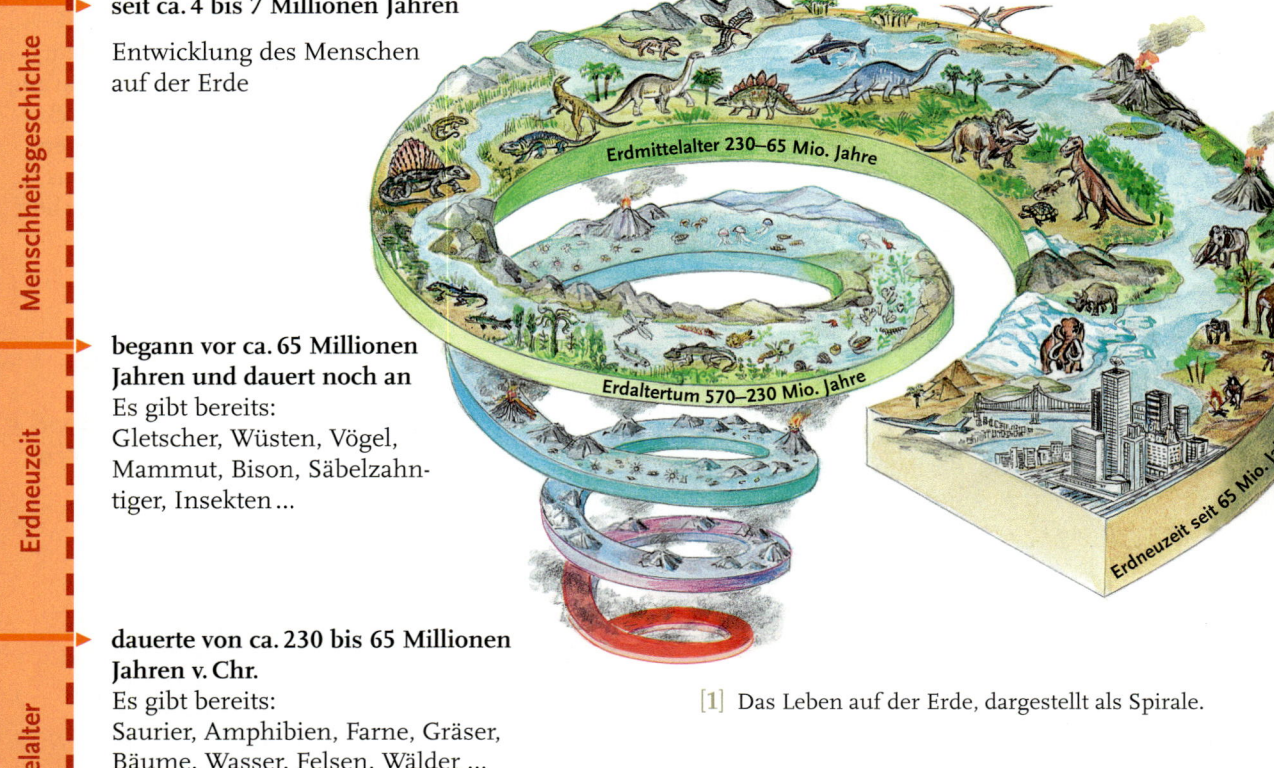

[1] Das Leben auf der Erde, dargestellt als Spirale.

Die Entstehung der Erde

Unsere Erde entstand vor etwa fünf Milliarden
Jahren. Die Erde war eine Kugel aus flüssiger
Lava. Sie hatte noch keine Kontinente und Weltmeere. Vor etwa vier Milliarden Jahren begann
sich die Erde abzukühlen. Meere entstanden in
denen erste Lebewesen lebten. Es dauerte noch
lange, bis Pflanzen und Tiere das Land besiedelten. Die Erde wurde grün.
Stellt man sich die Entwicklung der Erde auf einer Uhr vor, erscheint der Mensch erst wenige
Minuten vor zwölf (siehe Abb. [2]).

1 Beschreibe mit eigenen Worten die Entstehung
der Erde (Text; Abb. [1]).

[2] Das Leben auf der
Erde, dargestellt
als Uhr.

[3] Zeitleiste der menschlichen Entwicklung.

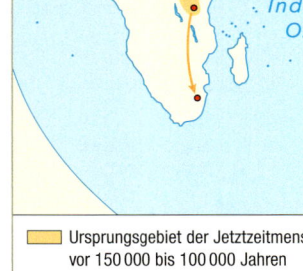

☐ Ursprungsgebiet der Jetztzeitmenschen vor 150 000 bis 100 000 Jahren • Fundstätten von Jetztzeitmenschen → Verbreitungs- richtung ☐ Verbreitungsgebiet des Neandertalers

[4] Bedeutende Fundstätten und Ausbreitung des Jetztzeitmenschen.

Afrika – Wiege der Menschheit

Vieles deutet darauf hin, dass die ersten Menschen in Afrika lebten. Dort lernten sie erst langsam aufrecht zu gehen. Der *homo erectus* konnte schon mit dem Feuer umgehen. Von Afrika aus breiteten sich die frühen Menschen in entfernte Teile der Welt aus.

2. Skizziert anhand der Karte [4], wohin sich die Menschen im Laufe der Zeit ausbreiteten.

[5] Schädel eines Vormenschen aus Afrika, ungefähr 2 bis 2,5 Millionen Jahre alt. *Foto, 2015.*

Orientierung – Kalt- und Warmzeiten

Keine leichten Lebensbedingungen

Die Menschen mussten sich immer schon an die Bedingungen ihrer Umwelt anpassen. Im Laufe der Erdgeschichte gab es Kaltzeiten und Warmzeiten. Während der Kaltzeiten gab es in Europa nur kurze, kühle Sommer. Im eisfreien Bereich wuchsen wenige Pflanzen wie Moose und Flechten. Regionen mit solchem Pflanzenwuchs nennt man Kältesteppe oder Tundra. Tiere wie das Mammut, Rentiere und Schneehasen kamen mit diesen Klimabedingungen zurecht. Sie zu jagen, sicherte das Überleben der Menschen.

Das Eis bewegte sich von seinen mächtigsten Stellen in Richtung der Eisränder vor. Es drang so aus Nordeuropa auch bis in das heutige Deutschland vor. Es begrub Norddeutschland bis zu den Mittelgebirgen unter sich. Im Süden Deutschlands bewegten sich Gletscher aus den Alpen nach Norden.

Die Eismasse schob wie eine riesige Planierraupe Gesteine und lockeres Material vor sich her. Die meisten Gesteine wurden beim Transport zu Kies und Sand zerkleinert.

1. Finde auf der Karte [1] und dem Atlas heraus, welche Gebiete Europas vom Eis bedeckt waren.

weiteste Vergletscherung während der Riß-Kaltzeit

weiteste Vergletscherung während der Würm-Kaltzeit

Süßwasserseen

Landflächen

heutige Küstenlinien, Flüsse und Seen

Grenze des heutigen Bayern

Atlantischer Ozean

Hamburg
Berlin
Köln
München

500 km

Mittelmeer

[1] Europa während der letzten beiden Kaltzeiten.

Fragen sammeln mit dem „Fragenbaum"

1. Vorbereitung:
Malt auf ein großes Stück Papier (Packpapier, Tapetenrolle) einen Baum mit vielen Ästen; in diesem Fall würden wir ihn den „Urgeschichtsbaum" nennen.

2. Hauptthemen vorläufig festlegen:
Äste werden mit Unterthemen beschriftet, z.B. Menschen, Tiere, Umwelt, Überlebensprobleme, Technik (Werkzeuge und Waffen, Hausbau) Kunst usw.

3. Karten beschreiben:
Jeder notiert auf zwei Kärtchen, was ihn am meisten interessiert.

4. Karten anheften:
Die Kärtchen werden am Baum sortiert und angeheftet (doppelte oder ähnliche Ideen eng aneinander- oder übereinanderheften).

5. Erweiterung der Übersicht:
Man darf auch neue Äste ergänzen, wenn neue Themen auftauchen. Für interessante Unterthemen können an die dicken Hauptäste auch Zweige mit neuen Unterpunkten gezeichnet werden.

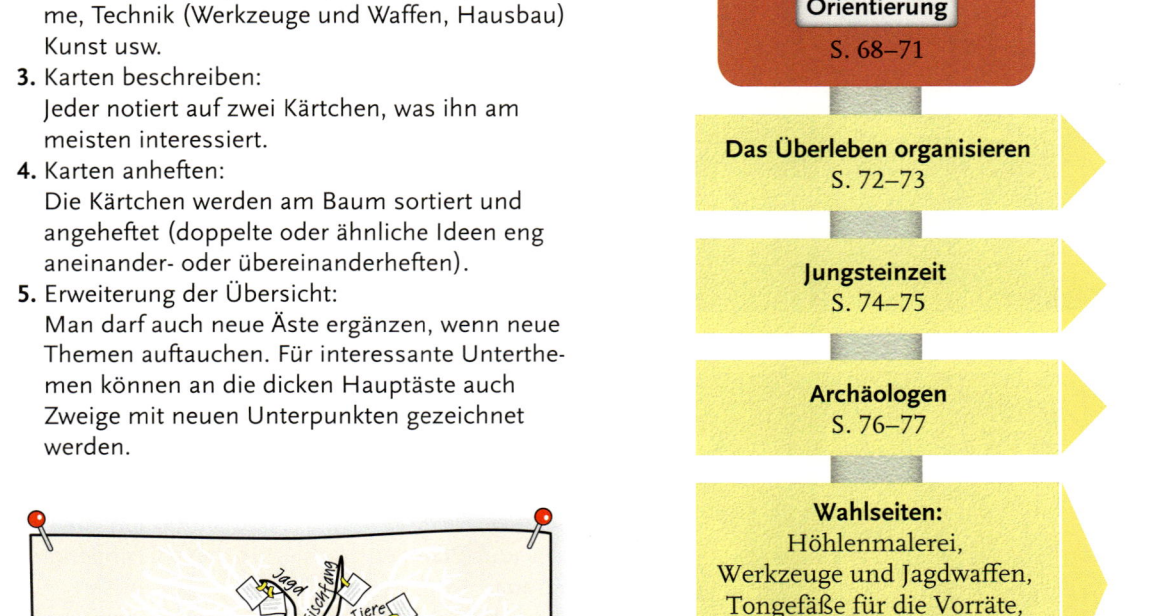

[2] Fragenbaum.

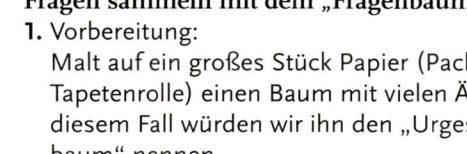

„Vor- und Frühgeschichte"

Schauplatz:
Am Lagerplatz
S. 66–67

Orientierung
S. 68–71

Das Überleben organisieren
S. 72–73

Jungsteinzeit
S. 74–75

Archäologen
S. 76–77

Wahlseiten:
Höhlenmalerei,
Werkzeuge und Jagdwaffen,
Tongefäße für die Vorräte,
Spinnen und Weben
S. 78–81

Methode:
Ein Rollenspiel durchführen
S. 82–83

Metallzeiten
S. 84–85

Spezialisierung
S. 86–87

Teste dich!
S. 88–89

Das Überleben organisieren

Warum lebten die Menschen nicht an einem Ort?

[1] Elefantenjagd in der Altsteinzeit. *Illustration.*

[2] Sammler und Sammlerinnen. *Illustration.*

Nahrung finden

Vermutlich verbrachten die Menschen in der Altsteinzeit den größten Teil des Tages mit der Nahrungsbeschaffung. Dazu boten sich ihnen zwei Möglichkeiten: Sie konnten in der Umgebung des Lagerplatzes Früchte, Beeren, Körner, Samen, Nüsse, Wurzeln, Pilze, Eier, Honig oder auch Insekten sammeln. Oder sie konnten auf die Jagd nach Tieren gehen und Fische fangen.

Gemeinsam unterwegs

Für die Jagd auf große oder schnelle Tiere war die Zusammenarbeit in der Gruppe (Horde, siehe S. 66) lebenswichtig. Die Sammler und Jäger haben deshalb vermutlich in Gruppen von 25 bis 30 Menschen gelebt.

Wissenschaftler fanden zum Beispiel heraus, dass in einer Höhle vorübergehend etwas mehr als 20 Menschen gelebt haben: je 5 bis 6 jüngere Männer und Frauen, 6–9 Kinder und 4 alte Menschen.

Die Horde legte sich ein Lager an und lebte dort mehrere Wochen. Ihre tägliche Nahrung beschaffte sie sich vermutlich aus einer Umgebung von etwa 10 Kilometern. Das Vorkommen an Tieren und Pflanzen reichte für diese Gruppengröße aus.

Fanden die Menschen kaum noch Nahrung, wurde das Lager abgebrochen und an anderer Stelle wieder aufgeschlagen. Diese Jäger und Sammlerinnen lebten deshalb als Nomaden*.

> **(die) Nomaden**
> Menschen ohne dauerhaften Wohnort.

1. Betrachte die Abbildungen [1] und [2] und notiere Vermutungen:
   a) Wie konnte es den Menschen gelingen, so gewaltige Tiere zu erlegen? Nenne mehrere Möglichkeiten.
   b) Welche andere Art der Nahrungsbeschaffung war noch wichtig?

2. Gib mit eigenen Worten wieder, welchen Problemen die Menschen der Urgeschichte bei der Nahrungsbeschaffung begegneten.
   Ihr könnt so beginnen:
   Um Nahrung zu finden, waren viele Leute den ganzen Tag unterwegs, bei der Jagd ...
   Andere sammelten ....
   Gab es nicht mehr genug Nahrung, ...

Aufgaben müssen verteilt werden

3. Schau dir die Beispiele für besondere Aufgaben an (Abb. [3]).
   a) Wie wird jemand zum Fachmann/zur Fachfrau?
   b) Auf welche Weise bleibt ihr Wissen erhalten?
   c) Welche Bedeutung hat ihre besondere Aufgabe für die Gruppe?

Zwei Erklärungsmodelle zur Arbeitsteilung

In Abbildung [3] ist nicht genau zu erkennen, wodurch Menschen zu Fachleuten für bestimmte Aufgaben wurden. Das ist kein Zufall. Auch unter Altertumsforschern ist umstritten, wie die notwendige Arbeit aufgeteilt wurde. Es gibt zwei Ansichten:

A. Aufteilung nach „Männer- und Frauenarbeit"

Frauen waren demnach zuständig für Kinderbetreuung, Sammeln von Nahrungsmitteln, Zubereitung des Essens, Herstellung von Kleidung und Hüten des Feuers. Männer dagegen gingen auf die Jagd und zum Fischen. Ihre Aufgabe war auch der Bau von Hütten und Zelten.

B. Teilung der Arbeit nach Leistungsvermögen

Die Arbeit wurde (bis auf die Betreuung der Säuglinge) nicht nach Geschlechtern aufgeteilt, sondern nach dem Leistungsvermögen:
Kräftige und schnelle Mitglieder der Horde waren für schwere Arbeiten und die Jagd zuständig, ältere Menschen und Kinder für das Sammeln von Nahrung, Feuerholz, Wasserholen usw.

4. Vermute, ob auch Mischformen möglich gewesen sein könnten.

5. Diskutiert die Erklärungsmodelle. Entscheidet euch für eines und begründet jeweils eure Entscheidung.

Wähle einen der Arbeitsaufträge aus:

▣ Schreibe auf, welche besonderen Kenntnisse du – z. B. bei einer Projektarbeit zur Urgeschichte – einbringen kannst (z. B. gut im Zeichnen).

▣ Berichte über die heutige Aufgabenverteilung in Familie, Klasse oder Verein.

Kleidung aus Leder herstellen

Erfolgreich jagen

Gräber errichten

Wunden versorgen, heilen

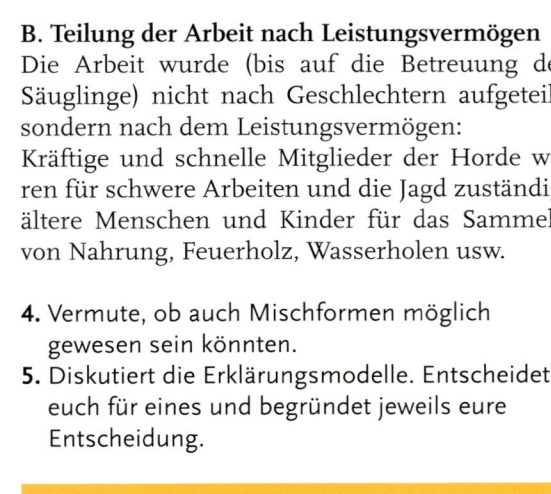

Tiere abhäuten und Fleisch zerlegen

Beste Steingeräte herstellen

Farben herstellen, Bilder malen

[3] Spezialaufgaben der Steinzeit. *Illustration.*

Eine neue Zeit beginnt

Wodurch veränderte sich das Leben der Menschen?

[1] Ackerbau in der Jungsteinzeit. *Illustration.*

1. Beschreibe die Abbildung genau: Womit sind die Menschen beschäftigt – was unterscheidet ihr Leben von dem der Jäger und Sammler?

Klimaerwärmung verändert das Leben der Menschen

Vor etwa 12 000 Jahren erwärmte sich das Klima in Europa. Die Eismassen, die große Teile des Kontinents bedeckt hatten (siehe S. 70), schmolzen ab. Die Lebensbedingungen veränderten sich:

– Tiere zogen nicht mehr weiter, sondern blieben häufiger in festen Gebieten.
– Die Menschen lernten, Pflanzen im Ackerbau heranzuziehen, statt sie nur einzusammeln.
– Es gelang, wilde Tiere zu Haustieren zu machen und mit ihnen Viehzucht zu betreiben.
– Der Anbau von Getreide brachte jetzt höhere Erträge.

Zusammenfassend: Die meisten Menschen mussten bei der Nahrungsbeschaffung nicht mehr weiterziehen. Sie hatten einen festen Wohnsitz.

– Es lohnte sich jetzt, feste Hütten und Häuser zu bauen.
– Mehr Menschen fanden in einer Siedlung ihr Auskommen.
– Die verbesserten Lebensumstände wirkten sich aus: Die Bevölkerungszahl stieg.

Eine neue Zeit: Die Jungsteinzeit

Auf die Altsteinzeit folgte die Jungsteinzeit. Dieser Übergang war ein langer Prozess von mehreren tausend Jahren, der nicht in allen Teilen der Welt gleichmäßig ablief. Während dieser Zeit trafen vermutlich „Jäger- und Sammlergruppen" immer mal wieder auf Menschen, die bereits sesshaft geworden waren. Diese nach vielen Jahrtausenden eintretende Veränderung der Lebensumstände war sehr bedeutsam.

Besonders wichtig wurde eine neue Vorstellung vom Eigentum. Die Jäger und Sammler hatten noch fast alles gemeinsam besessen. Das änderte sich in den Siedlungen der Jungsteinzeit. Grund und Boden, Geräte und die Ernte-Erträge wurden nicht mehr mit jedem geteilt. Bei guten Ernten wurden Teile davon zurückgelegt. Wissenschaftler sprechen daher von der Neolithischen Revolution*.

2. Notiere in Stichworten die wichtigsten Punkte, die die Neolithische Revolution ausmachten.

(das) **Neolithikum:** Jungsteinzeit.

(die) **Revolution:** Starke Veränderung der Lebensumstände.

[2] Ausbreitung des Ackerbaus nach Europa.

8. und 7. Jahrtausend v. Chr.
6. und 5. Jahrtausend v. Chr.
4. Jahrtausend v. Chr.
→ Ausbreitungsrichtungen
⬭ Verbreitung von Wildgetreide
▲ wichtige Fundorte
---- ungefährer ehemaliger Küstenverlauf

Ausbreitung des Ackerbaus

Im Gebiet um die Flüsse Euphrat und Tigris und im östlichen Mittelmeerraum war das Klima für den Ackerbau günstiger als weiter im Norden. Deshalb konnte sich in diesen Regionen die Landwirtschaft früher entwickeln.

3. Werte die Karte [2] aus: Wo – und zu welchen Zeiten – verbreiteten sich Ackerbau und Viehzucht?

4. Vermute, wie die Ausbreitung des Ackerbaus „funktioniert" haben könnte.

Die Ernährungslage bessert sich

Durch die neuen Möglichkeiten, Getreide anzubauen und Vieh zu züchten, waren die Menschen weniger als vorher vom Jagdglück abhängig. Die Getreidekörner konnten aufbewahrt werden, die Viehherden stellten „lebende Vorräte" dar.
Im Gegensatz zur Altsteinzeit konnten die Menschen jetzt daran denken, an einem Ort zu bleiben und feste Wohnungen zu errichten. Die ersten Dörfer und kleineren Städte entstanden.

[3] So viele Menschen konnten von der Jagd, der Viehzucht und dem Ackerbau ernährt werden. Dargestellt ist die Zahl der ernährten Menschen pro Quadratkilometer.

Wähle einen der Arbeitsaufträge aus:

⬛ Fertige eine Liste von Neuerungen in der Landwirtschaft an, von denen du gehört hast (z. B. Traktoren als Zugmaschinen, ...).

⬛ Schreibe einen kurzen Zeitungsartikel darüber, wie heute Landwirtschaft betrieben wird.

Ackerbau

Viehzucht

Jagd

Wie arbeiten Archäologen?

[1] Archäologen bei der Arbeit. *Foto.*

Archäologie

Woher kommt unser Wissen aus der Vergangenheit – vor allem aus Zeiten, als es noch keine Schrift gab?

Wenn Fundgegenstände z. B. bei Bauarbeiten zum Vorschein kommen, ruft man Fachleute für Archäologie zu Hilfe. Die Archäologie ist die Wissenschaft vom Altertum. Mit wissenschaftlichen Methoden bringen Archäologen die Funde „zum Sprechen" und gewinnen so ein Bild über das Leben in vergangenen Zeiten.

Das Problem, die richtige Erklärung zu finden

Ohne schriftliche Quellen die richtigen Schlüsse zu ziehen, ist schwierig. Das war auch bei der ältesten Kopfbedeckung Bayerns [2] so. Zunächst waren nicht alle Archäologen der Meinung, dass es sich um eine Kopfbedeckung handelt. Durch weitere Forschungen und einen Test mit der Nachbildung konnte die Vermutung aber bestätigt werden.

1. Schreibe einen kurzen Informationstext (mit Skizzen) zum Thema „Archäologie".

Schritte bei einer Ausgrabung

1. Fundstelle sichern.
2. Ausgrabung sorgfältig schichtweise beginnen.
3. Lage der Funde dokumentieren (ausmessen, zeichnen, fotografieren).
4. Funde sichern (konservieren).
5. Funde bestimmen (erklären, zeitlich einordnen).
6. Später: Funde vorsichtig zusammensetzen und – wenn nötig – ergänzen (rekonstruieren).

Was ihr noch tun könnt ...

- Stellt eine Ausgrabung nach (Sandkasten) und zeigt in einer Ausstellung, wie Gegenstände rekonstruiert werden (Holzscheibe mit Jahresringen; nur zum Teil vorhandenes Bild ergänzen; zerbrochene Vase kitten usw.).
- Sucht im Internet Fotos von Luftbild-Archäologie und Ausgrabungen.
- Eine Aufgabe für junge „Wissenschaftler": Schlagt in Lexika nach oder recherchiert im Internet zu einem der archäologischen Begriffe: z. B. Dendrochronologie, Pollenanalyse, Radiokarbon-Methode.

[2] Ein Mann führt die Nachbildung der ältesten Kopfbedeckung vor, die jemals in Bayern gefunden wurde. Bei Ausgrabungen in Pestenacker (Landkreis Landsberg) wurde das 5500 Jahre alte Original geborgen. *Foto.*

[3] Ein jungsteinzeitliches Dorf. *Rekonstruktionszeichnung.*

[4] **Ein Archäologe beschreibt ein Grabungsbeispiel:**

1930 fand man bei Bauarbeiten zufällig Verfärbungen im Boden, die wesentlich dunkler waren als das sie umgebende Erdreich. Um eine Erklärung für diese dunklen Flecken zu erhalten, begannen Archäologen mit Grabungen.

Es stellte sich heraus, dass die sichtbaren Verfärbungen Überreste von verrotteten Balken und Pfosten von etwa 50 rechteckigen Häusern waren. Diese Häuser waren durchschnittlich 25 Meter lang und 5 bis 6 Meter breit. Die Wissenschaftler waren auf eine ganze Siedlung gestoßen. Ihre Entstehungszeit konnte auf etwa 5000 v. Chr. datiert werden.

(Verfassertext)

2. Beschreibe die Dorfanlage. Welche Funktion hatten Wassergraben, Zaun und Teich?

Außerdem fanden die Archäologen:
– Knochen von Wildtieren (z. B. von Wisent, Hirsch, Wildschwein, Elch, Reh, Bär),
– Knochen von Haustieren (z. B. von Hunden, Ziegen, Schafen und Schweinen),
– Pflanzenreste (von Gerste, Emmer, Dinkel, Flachs, Mohn, Erbsen und Linsen),
– Tongefäße.

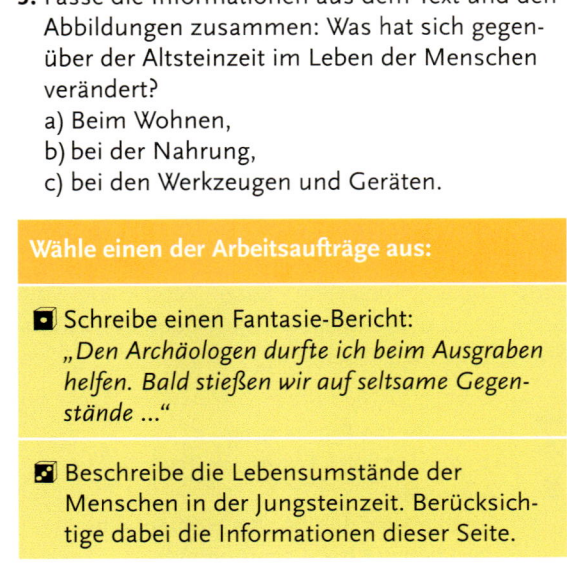

[5] Jungsteinzeitlicher Fund aus Köln-Lindenthal. *Foto.*

3. Fasse die Informationen aus dem Text und den Abbildungen zusammen: Was hat sich gegenüber der Altsteinzeit im Leben der Menschen verändert?
a) Beim Wohnen,
b) bei der Nahrung,
c) bei den Werkzeugen und Geräten.

Wähle einen der Arbeitsaufträge aus:

☐ Schreibe einen Fantasie-Bericht:
„Den Archäologen durfte ich beim Ausgraben helfen. Bald stießen wir auf seltsame Gegenstände …"

☐ Beschreibe die Lebensumstände der Menschen in der Jungsteinzeit. Berücksichtige dabei die Informationen dieser Seite.

Wahlseite   Höhlenmalerei

[1] Löwenmensch, geschnitzt aus einem Mammut-Stoßzahn. Fundort: Lonetal, Alb-Donaukreis.

1. Informiere dich auf dieser Seite über die Höhlenmalerei.
2. Präsentiere deine Ergebnisse in geeigneter Form vor der Klasse.

Geheimnisvolle Höhlenmalerei

1 **Höhlenmalereien** und **kleine Figuren** sind die äl-
2 testen uns bekannten Kunstwerke. Sie stammen
3 aus dem letzten Abschnitt der Altsteinzeit. Die
4 ältesten Höhlenmalereien sind ca. 30 000 Jahre
5 alt, die ältesten Schnitzereien ca. 38 000 Jahre.
6 Weil es in den Höhlen ja dunkel war, wurde **Licht**
7 **benötigt.** Die Menschen benutzten ein mit **Fett**
8 **gefülltes Gefäß**, in das ein **Docht** aus Tierdarm
9 gehängt wurde. Viele solcher flachen Steingefäße
10 mit einer Vertiefung hat man in den Höhlen ge-
11 funden.
12 Zum Malen benutzte man Holzkohle für
13 Schwarz und Pflanzensaft, Blut oder Pulver aus
14 Steinen für die Farben.

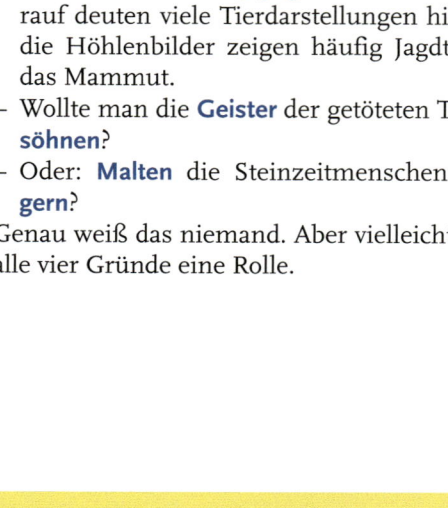

[2] Höhlenmalerei. *Rekonstruktionszeichnung.*

Was war der Grund für die Kunstwerke?

Die Wissenschaftler rätseln noch:
– Wurden mit den Malereien **Kultstätten** (heilige Orte) **verschönert**?
– Wollte man so das **Jagdglück beschwören**? Darauf deuten viele Tierdarstellungen hin: Denn die Höhlenbilder zeigen häufig Jagdtiere wie das Mammut.
– Wollte man die **Geister** der getöteten Tiere **versöhnen**?
– Oder: **Malten** die Steinzeitmenschen **einfach gern**?
Genau weiß das niemand. Aber vielleicht spielen alle vier Gründe eine Rolle.

Tipps für die Erarbeitung
Du kannst beim Lesen den Textknacker anwenden.
Erzähle, was du über die Höhlenbilder der Steinzeit herausgefunden hast.

Tipps für die Präsentation
– Selbst Höhlenbilder malen.
– Aus Seife kleine Figuren schnitzen (Vorsicht mit dem Messer!).
– Dich im Internet über Höhlenbilder informieren.

Wahlseite — Werkzeuge und Jagdwaffen

1. Informiere dich auf dieser Seite über die Werkzeuge und Waffen in der Steinzeit.

2. Präsentiere deine Ergebnisse in geeigneter Form vor der Klasse.

Während der Steinzeiten waren viele Werkzeuge noch aus Holz, Knochen und Stein. Aber die Menschen nutzten ihre Erfahrung, um die Werkzeuge zu verbessern.

Ein besonderer Fortschritt war z. B. die Erfindung der Steinbohrmaschine, mit der nun Löcher in Steine gebohrt werden konnten.

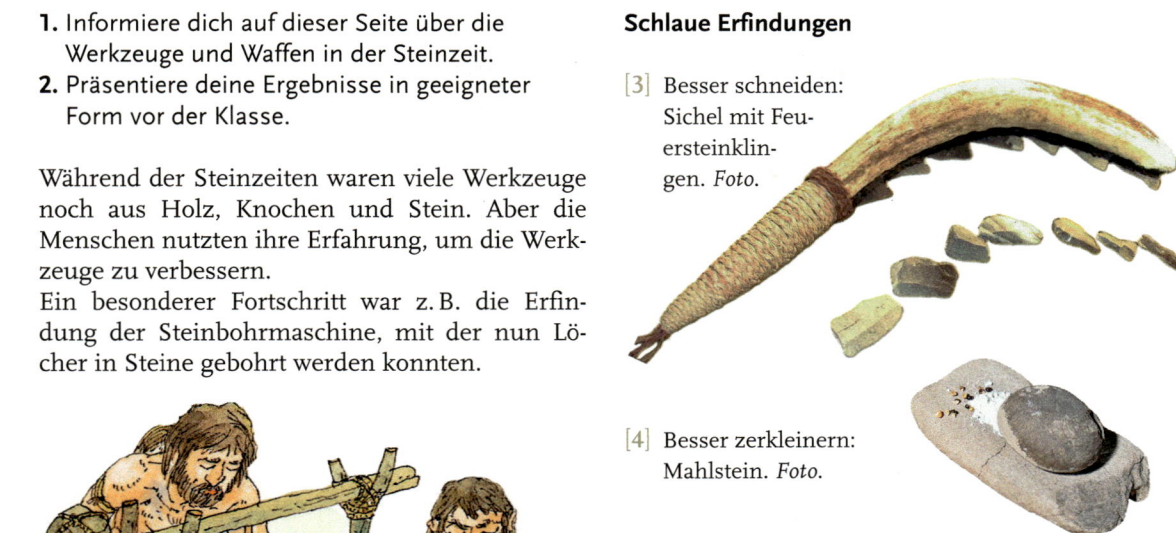

[1] Steinbohrer. *Illustration.*

a) **an Schaft gebunden**

b) **ins Schaftloch des Holzgriffs gesteckt, verkeilt und geklebt**

c) **Schaft in durchbohrtem Stein befestigt**

[2] Äxte. *Zeichnung.*

Schlaue Erfindungen

[3] Besser schneiden: Sichel mit Feuersteinklingen. *Foto.*

[4] Besser zerkleinern: Mahlstein. *Foto.*

[5] Besser werfen: Speer mit Schleuder. *Illustration.*

[6] Faustkeil. *Foto.*

Tipps zur Erarbeitung
- Wie funktionieren die Geräte?
- Worin liegt die Verbesserung z. B. gegenüber einem Faustkeil?

Tipps zur Präsentation
- Die Klasse diese Buchseite aufschlagen und die Entwicklung der Axt [2] beschreiben lassen.

Wahlseite   Tongefäße für die Vorräte

1. Informiere dich auf dieser Seite über die Töpferei in der Steinzeit.
2. Präsentiere deine Ergebnisse in geeigneter Form vor der Klasse.

Ton für Gefäße

Die Menschen der Altsteinzeit lebten als Nomaden. Als Jäger und Sammler mussten sie zudem häufig den Ort wechseln. Deshalb war das Lagern von Vorräten kaum möglich. Die gesammelten Mengen z. B. an Körnern, Nüssen oder Pilzen reichten gerade für die Verpflegung der nächsten Tage. Ihre Aufbewahrungsmittel (Körbe, Ledersäcke) konnten Schädlinge wie Mäuse, Käfer oder Würmer nicht fernhalten.

Ein großer Fortschritt in der Jungsteinzeit war deshalb die Verwendung von Ton für Gefäße aller Art. Ton war leicht zu finden und gut zu formen. Im offenen Feuer wurde der Ton hart wie Stein.

[1] Töpferwaren aus der Jungsteinzeit. *Foto.*

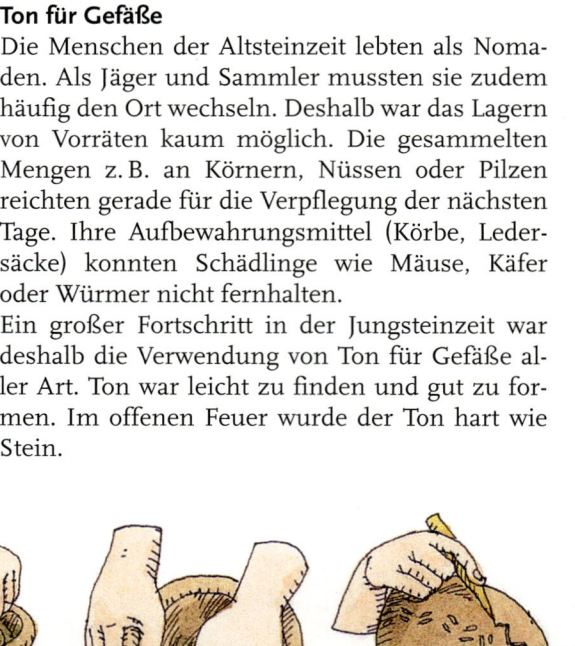

[2] Formen von Gefäßen. *Illustration.*

Die Tongefäße wurden zunächst ausgiebig getrocknet und dann im offenen Feuer gebrannt (Feldbrand). Das Feuer muss eine große Hitze entwickeln (ca. 950 °C) und diese über eine bestimmte Zeit halten.

Noch heute werden bei manchen Völkern die Gefäße auf die gleiche Art hergestellt.

[3] Brennen von Tongefäßen wie in der Jungsteinzeit. *Foto, 2011.*

Tipps zur Erarbeitung
– Nenne die Arbeitsschritte bei der Herstellung von Tongefäßen.
– Welchen Nutzen bringen Tongefäße?

Tipps zur Präsentation
– Stelle zunächst der Klasse die Frage, wie in der Altsteinzeit Nahrung aufbewahrt werden konnte.
– Frage dann nach dem Nutzen der Tongefäße und erkläre deren Herstellung.

Wahlseite Spinnen und Weben

1. Informiere dich auf dieser Seite über die Techniken der Textilherstellung in der Steinzeit.
2. Präsentiere deine Ergebnisse in geeigneter Form vor der Klasse.

Die Erfindung der Stoffherstellung

Das Flechten von Körben mag die Menschen auf den Gedanken gebracht haben, diese Technik auch mit anderem Material zu erproben. So könnte das Weben von Stoffen, also die Textilherstellung, begonnen haben. Die hierfür benötigten Fäden mussten erst gesponnen werden. Dabei drehte man beispielsweise Wollfasern fest zusammen und wickelte sie auf ein Holzstäbchen.

[2] Webgewichte und Spinnwirtel aus der Jungsteinzeit. *Foto.*

> Die geschorene Wolle habe ich über den Arm gelegt. Meine Spindel hängt frei am Faden und dreht sich mit Schwung. Am unteren Ende habe ich nämlich ein Gewicht, den Spinnwirtel, befestigt.

> Die Wolle ist ordentlich gesponnen. Das haben wir im Winter gemacht. Aber leider sind die Webgewichte zu leicht. Die Fäden müssten straffer sein. Mein Bruder sollte mal dickere Steine durchbohren, doch darauf werde ich wohl noch eine Weile warten müssen!

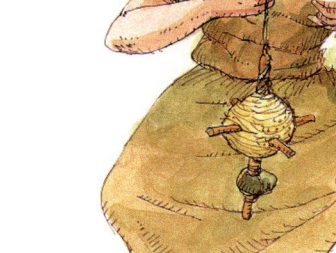

[1] Mit Wolle und Spindel. *Illustration.*

[3] Webstuhl. *Illustration.*

Tipps zur Erarbeitung
– Mach dir klar, wie das Spinnen und Weben funktionierte.
– Überlege, aus welchen Materialien außer Wolle Produkte gewebt werden konnten.

Tipps zur Präsentation
– Erkläre, wie zunächst ein Faden (Spinnen), dann ein Textilstück (Weben) hergestellt werden.

Methode | Ein Rollenspiel durchführen

Ein Rollenspiel soll euch helfen, die Situationen und Probleme von Menschen besser zu verstehen, die vor langer Zeit gelebt haben. Lasst euch nicht abschrecken, wenn Leute sagen, man könne gar nicht wissen, wie sich z. B. Menschen der Steinzeit gefühlt haben. Genau weiß das niemand. Es genügt, wenn ihr euch – so gut es geht – in die Lage der damaligen Menschen versetzt. Ob dieser Versuch auch wissenschaftlich stimmt, könnt ihr anschließend im Unterricht besprechen.

Begegnung zwischen Menschen der Alt- und der Jungsteinzeit

Manche Gruppen zogen noch als Nomaden (Jäger und Sammler) umher, während andere sich bereits als Bauern und Viehzüchter in festen Siedlungen niedergelassen hatten.

Ihr könnt euch denken, dass bei einer Begegnung der beiden Gruppen Angst und Misstrauen, aber auch Überraschung und Neugier eine große Rolle spielten.

1. Schaut euch die Abbildung unten an: Die Zeichnung soll den ersten Kontakt zwischen Gruppen mit unterschiedlicher Lebensweise zeigen.
2. Spielt die Begegnung mit ihren verschiedenen Möglichkeiten, lest dazu die Situationskarte unten und die Rollenkarten auf der rechten Seite. (Ihr könnt auch Personen hinzuerfinden; vielleicht teilt sich die Klasse in zwei Gruppen, um die Begegnung nachzuspielen. Fühlt euch frei, die vorgeschlagenen Situationen durch eigenes Spielszenen zu ergänzen.).

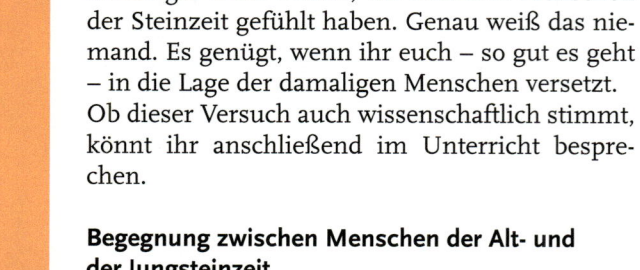

Situationskarte
An einem Nachmittag im Frühjahr herrscht große Aufregung. Eine Gruppe von Nomaden nähert sich dem Dorf. Sie machen einen wilden und verhungerten Eindruck.

So könnt ihr vorgehen:

1. Schritt: **Rollen- und Situationskarten**

- Ziel des Spiels bestimmen:
  - ◻ Nur eine Situation darstellen?
  - ◻ Eine Lösung finden?
- Verständnisschwierigkeiten klären.
  - ◻ Sollen die Kartenvorschläge leicht abgeändert werden?

2. Schritt: **Rollen verteilen, Spiel vorbereiten**

- Rollen können blind verlost oder offen gewählt werden.
- Das Mitspielen ist immer freiwillig.
- Jungen und Mädchen spielen auch Rollen des anderen Geschlechts.
- Die Spieler besprechen sich kurz und planen den Verlauf.

3. Schritt: **Spielen und beobachten**

- Beim Spiel muss die Rolle deutlich werden („Ich bin Urk, der Hüter des Feuers").
- Die Beobachter merken sich:
  - ◻ Welche Argumente wurden genannt?
  - ◻ Wie entwickelte sich die Handlung?

4. Schritt: **Auswerten und besprechen**

- Die Spieler äußern sich als Erste:
  - ◻ Wie haben sie sich gefühlt?
  - ◻ Ist das Spiel so verlaufen, wie sie sich das vorgestellt hatten?
- Einzelkritik an „schauspielerischen Fähigkeiten" unterbleibt.
- Abschließendes Gespräch: Welche Probleme wurden deutlich? Welche offenen Fragen müssen noch geklärt werden?

Altsteinzeit
Du bist **Irja** – eine junge, ängstliche Mutter. Deinem Kind geht es nicht gut. Du bist das ewige Herumziehen leid. Am liebsten würdest du bei den Leuten im Dorf bleiben. Ob sie dich aufnehmen würden?

Jungsteinzeit
Du bist **Ria** – eine ungeduldige, aufbrausende Bäuerin mit Ziegen und einer Kuh. Die Altsteinzeitleute ärgern dich! Wer weiß, was sie vorhaben. Dir ist schon einmal ein Tier gestohlen worden. Mit den „Herumtreibern" gibt's doch nur Ärger.

Altsteinzeit
Du bist **Urk** – ein junger Mann, der immer auf Abenteuer aus ist. Du willst dir noch einen Namen als großer Jäger machen. Das Leben in einem Dorf findest du langweilig. Du willst dich frei fühlen. Sollte die Gruppe sich niederlassen, wirst du dich anderen Jägern anschließen. Du drängst alle, weiterzuziehen.

Jungsteinzeit
Du bist **Spado** – ein misstrauischer Dorfältester, der sich vor allen Neuerungen fürchtet. Du findest, es soll alles bleiben, wie es ist. Neue sind nicht erwünscht. Wenn die Nomaden bleiben wollen, sollen sie die schlechten Äcker am Berg bekommen und stets die Hälfte ihrer Ernte an die Dorfgemeinschaft abgeben.

Altsteinzeit
Du bist **Goda** – die Schamanin (Priesterin) der Gruppe. Du spürst, dass eine wichtige Entscheidung bevorsteht. Du versuchst, in Gesprächen mit allen eine gute Lösung für deine Gruppe zu finden. Vor allem willst du einen Kampf zwischen den Gruppen vermeiden.

Jungsteinzeit
Du bist **Winda** – eine freundliche, offene Weberin. Du findest, neue Kräfte könnten dem Dorf gut tun. Im vergangenen Winter sind einige Bewohner gestorben. Warum sollen neue Ansiedler dem Dorf nicht helfen? Spados Ansichten findest du schlecht und schädlich für die Gemeinschaft.

Schmelzende Steine

Was geschah in den Metallzeiten?

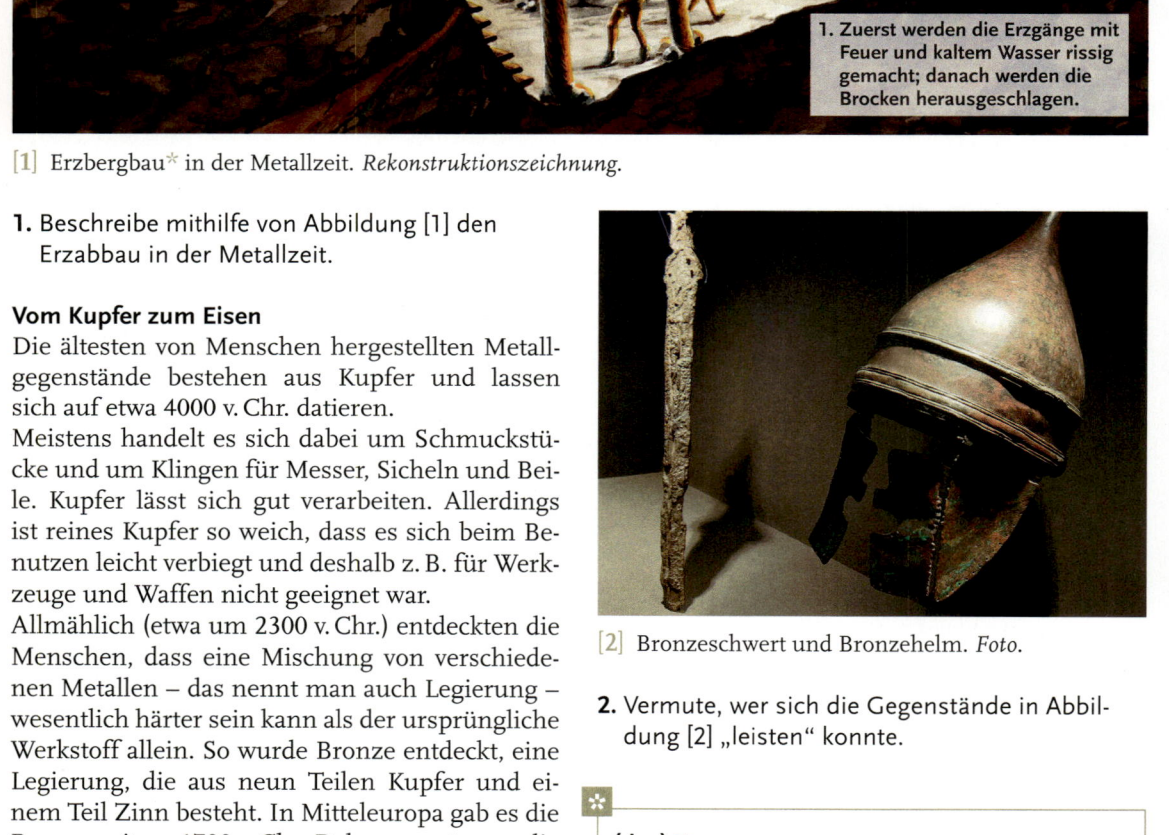

3. Das Erz wird vom minderwertigen Gestein getrennt.

2. Die Erzbrocken werden in Körben nach oben transportiert.

1. Zuerst werden die Erzgänge mit Feuer und kaltem Wasser rissig gemacht; danach werden die Brocken herausgeschlagen.

[1] Erzbergbau* in der Metallzeit. *Rekonstruktionszeichnung.*

1. Beschreibe mithilfe von Abbildung [1] den Erzabbau in der Metallzeit.

Vom Kupfer zum Eisen
Die ältesten von Menschen hergestellten Metallgegenstände bestehen aus Kupfer und lassen sich auf etwa 4000 v. Chr. datieren.

Meistens handelt es sich dabei um Schmuckstücke und um Klingen für Messer, Sicheln und Beile. Kupfer lässt sich gut verarbeiten. Allerdings ist reines Kupfer so weich, dass es sich beim Benutzen leicht verbiegt und deshalb z. B. für Werkzeuge und Waffen nicht geeignet war.

Allmählich (etwa um 2300 v. Chr.) entdeckten die Menschen, dass eine Mischung von verschiedenen Metallen – das nennt man auch Legierung – wesentlich härter sein kann als der ursprüngliche Werkstoff allein. So wurde Bronze entdeckt, eine Legierung, die aus neun Teilen Kupfer und einem Teil Zinn besteht. In Mitteleuropa gab es die Bronze seit ca. 1700 v. Chr. Daher nennt man die Zeit von da an bis ca. 1200 v. Chr. Bronzezeit.

Ein noch härteres Metall ist das Eisen. Mit seiner Gewinnung und Verarbeitung begann ab 800 v. Chr. die Eisenzeit. Die Kelten brachten das Eisen erstmals ins Gebiet des heutigen Bayern.

[2] Bronzeschwert und Bronzehelm. *Foto.*

2. Vermute, wer sich die Gegenstände in Abbildung [2] „leisten" konnte.

❖
(das) Erz
Gestein, das Spuren von Metall aufweist. Das Metall kann durch Erhitzen aus dem Gestein geschmolzen werden. Metalle sind z. B. Kupfer, Zinn, Eisen, Gold und Silber.

[3] Schmelzen von Erz. *Rekonstruktionszeichnung.*

Aus Metallen werden Werkzeuge, Waffen und vieles mehr geschaffen

Zum Schmelzen von Erz sind Temperaturen von 1100 °C nötig. Diese hohen Temperaturen erreichte man durch das Verbrennen von Holzkohle und eine verstärkte Luftzufuhr. Deshalb errichteten die Erzschmelzer besondere Schmelzöfen, in die Luft eingeblasen werden konnte. Das flüssige Metall wurde in einer Kuhle aufgefangen und konnte danach weiterverarbeitet werden.

3. Werte [3] aus und notiere, welche Arbeitsschritte notwendig sind, um Eisen zu erhalten.
4. Beschreibe mithilfe von Abbildung [4] die unterschiedlichen Techniken beim Bronzeguss.

Drei Gusstechniken sind wichtig:
A Der offene Herdguss: In eine offene Stein- oder Tonform wird die Bronze gegossen. Die in solchen Formen gegossenen Geräte sind nur auf einer Seite geformt.
B Der Schalenguss: Zwei gleiche Formen werden aneinandergefügt, die Bronze wird oben eingegossen, Luft entweicht durch eine zweite Öffnung. Diese Technik ermöglicht eine Formung auf beiden Seiten des Gerätes.
C Gießen in der verlorenen Form: Aus Wachs wird ein Modell des Gegenstands geformt und mit Ton umkleidet. Dabei lässt man für das Eingießen der Bronze und den Luftaustritt Öffnungen im Ton. Dann wird die Form erhitzt, das Wachs ausgegossen und die Form gebrannt, damit sie fest wird. In diese Form wird die Bronze gegossen. Nach dem Abkühlen muss man die Form zerschlagen, um das Bronzestück zu erhalten.

Wähle einen der Arbeitsaufträge aus:

▣ Veranstaltet ein Rollenspiel:
Ein Bauer möchte ein Werkzeug erwerben und sieht, dass die Bronzebeile viel teurer sind als die Steinbeile.

▣ Schreibe eine Geschichte: Die Bronzeaxt erzählt, wer alles mit ihrer Herstellung und ihrem Verkauf zu tun hatte.

[4] Techniken beim Bronzeguss. *Rekonstruktionszeichnung.*

Spezialisierung als Fortschritt

Weshalb entwickelten sich neue Berufe?

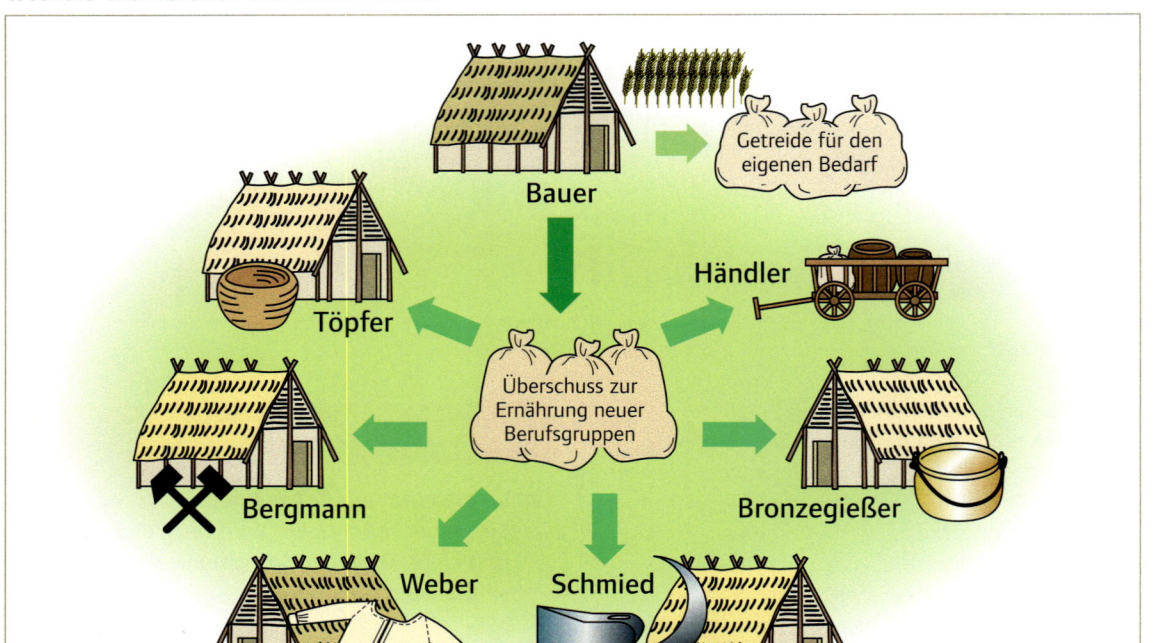

Bauer

Getreide für den eigenen Bedarf

Händler

Töpfer

Überschuss zur Ernährung neuer Berufsgruppen

Bergmann

Bronzegießer

Weber

Schmied

[1] Überschüsse in der Produktion ermöglichen Spezialisierung. *Schaubild.*

Wie sich Spezialisierung entwickelte

In der Altsteinzeit mussten die Menschen viele Mühen auf sich nehmen, um ihre Ernährung sicherzustellen. Große Teile ihres Alltags waren der Beschaffung von Lebensmitteln gewidmet.

In der Jungsteinzeit konnten die Erträge aus der Feldwirtschaft (Getreide, Gemüse) und der Fleischgewinnung (Viehzucht) so gesteigert werden, dass in der Regel nicht alles von den Erzeugern selbst verbraucht wurde. Mit den Überschüssen konnte man Handel treiben, zum Beispiel Tontöpfe, Textilien oder Lederwaren kaufen oder Güter aus Metall und Schmuck bei fahrenden Händlern erwerben.

Die Hersteller der Waren wurden zu Spezialisten, die ihr Handwerk besser beherrschten als die Bauern und Viehzüchter, die sich ja hauptsächlich um ihre Landwirtschaft kümmern mussten.

Als in der Folgezeit die Nutzung von Metallen entdeckt und immer weiter verbessert wurde, waren Fachleute noch wichtiger. Sie hatten wiederum kaum Zeit, sich bei ihrer schweren und komplizierten Arbeit noch zusätzlich um die Be-schaffung von Nahrungsmitteln zu kümmern. Die Lösung: Überschüssige Waren wurden gegen andere Produkte getauscht!

1 Beschreibe die Aussage des Schaubildes oben mit eigenen Worten.

2. Schreibe auf, welche „Ware" zum Beispiel ein Schamane (Medizinmann) oder Häuptling zum „Tausch" anbieten konnte.

3. Stelle eine Liste von Aufgaben zusammen, die heute meistens Spezialisten übertragen werden. (Denke dabei z. B. an die Bereiche Gesundheit, Elektrotechnik, Unterricht, Beschaffung von Lebensmitteln oder Bautechnik.)

Vor- und Nachteile der Spezialisierung

4. Trage Vor- und Nachteile der Spezialisierung in einer kleinen Tabelle zusammen.

Vorteile	Nachteile
...	...
...	...

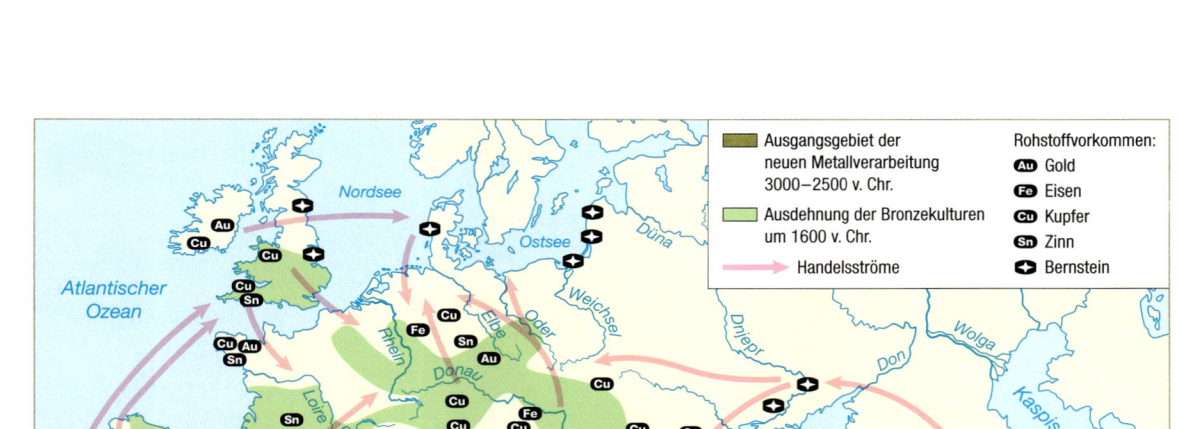

[2] Bodenschätze und Handelswege in der Jungsteinzeit.

Handel verbindet Kulturen

Seit die Menschen auch in Nord- und Mitteleuropa Metall verarbeiten konnten, brauchten sie die dafür notwendigen Rohstoffe. Allerdings gibt es Kupfer und Zinn nicht überall auf der Welt. Daher erlangte der Handel eine besondere Bedeutung. Kupfer und Zinn wurden gegen Bernstein, Salz, Felle und fertige Bronzegeräte eingetauscht. Die jungsteinzeitlichen Handelswege lassen sich durch Funde belegen: Händler vergruben wahrscheinlich einen Teil ihrer Waren, damit sie nicht immer alles mit sich herumtragen mussten. Bei Bad Homburg wurde ein solches Versteck, ein sogenannter Hort, ausgegraben, der Hunderte von Sicheln, Speerspitzen, Armbändern und Ähnliches aus Bronze enthielt. Ein anderer Hortfund am Bodensee enthielt über einen Zentner Bernstein. In Südengland fand man Perlen aus Nordafrika.

5. Untersuche mithilfe der Karte [2] und dem Text „Handel verbindet Kulturen", wie Perlen aus Nordafrika nach Südengland gekommen sein könnten.

[3] Goldbecher aus Fritzdorf bei Bonn. In Griechenland wurde der Becher hergestellt und in der Nähe von Bonn gefunden. *Foto.*

Wähle einen der Arbeitsaufträge aus:

◼ Schreibe einige Ideen auf: Du wärst als Händler/Händlerin in der Jungsteinzeit unterwegs gewesen. Was hättest du erlebt? (Begleiter? Dauer der Reise? Gefahren? usw.).

◼ Stelle in einer Liste zusammen, aus welchen Ländern Produkte kommen, die du im Alltag benutzt. Achte auf die Herkunftsbezeichnungen „Made in ..." auf Verpackungen oder auf Etiketten von Kleidungsstücken.

[1] Leben auf der Erde, dargestellt als Uhr.

[2] Überschüsse in der Produktion ermöglichen Spezialisierung. *Schaubild.*

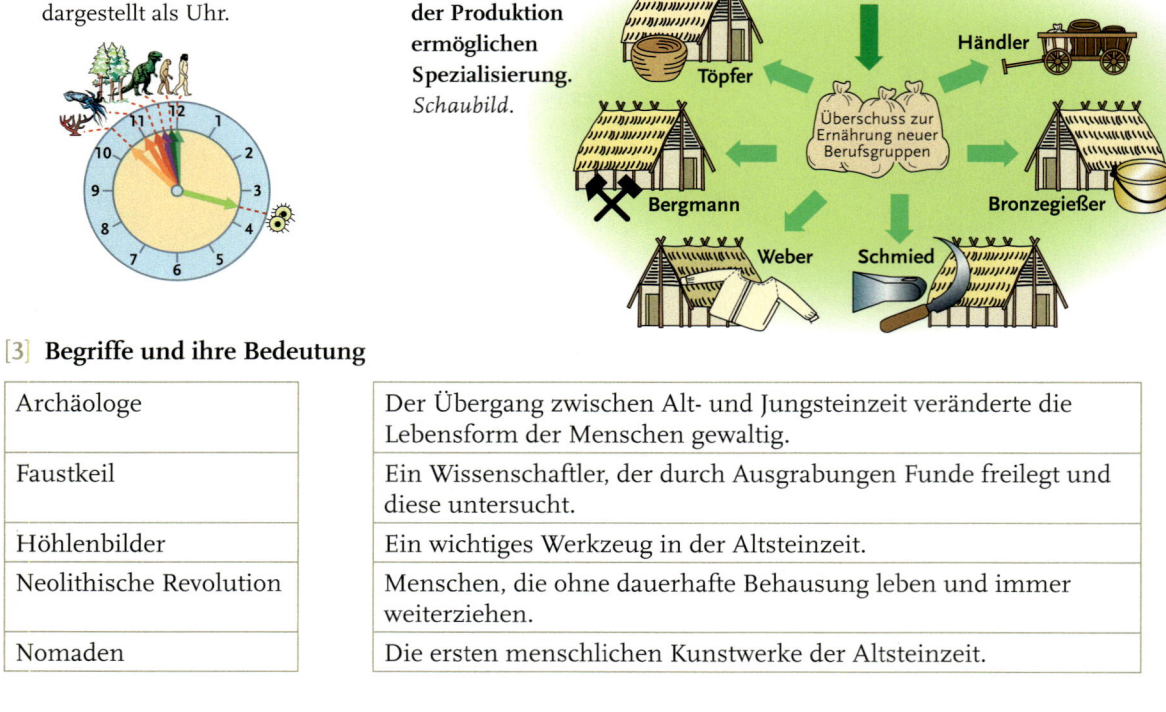

[3] **Begriffe und ihre Bedeutung**

Archäologe	Der Übergang zwischen Alt- und Jungsteinzeit veränderte die Lebensform der Menschen gewaltig.
Faustkeil	Ein Wissenschaftler, der durch Ausgrabungen Funde freilegt und diese untersucht.
Höhlenbilder	Ein wichtiges Werkzeug in der Altsteinzeit.
Neolithische Revolution	Menschen, die ohne dauerhafte Behausung leben und immer weiterziehen.
Nomaden	Die ersten menschlichen Kunstwerke der Altsteinzeit.

[4] Spuren zur Vor- und Frühgeschichte in Bayern. *Karte.*

[5] Leben im Dorf der Jungsteinzeit. *Illustration.*

	Jung-steinzeit	Alt-steinzeit
Nahrung	[1]	
Kleidung		
Wohnung		

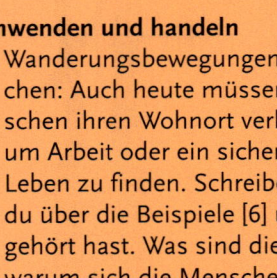

[6] Pendler in der Münchner U-Bahn. Einige von 800 000 Menschen aus dem Münchner Großraum, die täglich „pendeln" müssen. *Foto, 2015.*

[7] Flüchtlinge auf dem Weg nach Europa. *Foto, 2015.*

Erkenntnisse gewinnen

1. Erkläre am Beispiel der „Erduhr" [1], wann im Verlauf der Entwicklung der Mensch auf der Erde erschien.
2. Nenne den Kontinent, auf dem die ersten Menschen vermutlich lebten.
3. Ordne die Begriffe in [3] richtig zu (Lösung ins Heft).
4. Stelle die unterschiedlichen Lebensweisen in der Alt- und Jungsteinzeit gegenüber (Abb. [5]; Lösung ins Heft).

Beurteilen und bewerten

5. Begründe, wieso die Veränderung des Klimas zwischen Alt- und Jungsteinzeit zur Entstehung von Dörfern führte.
6. Bewerte die Bedeutung des Ackerbaus für die Ernährung der Menschen in der Frühzeit.
7. Betrachte [2] und erkläre, wieso ein Überschuss an Nahrungsmitteln eine Spezialisierung möglich machte (Bauern, Handwerker, Händler usw.).

Anwenden und handeln

8. Wanderungsbewegungen vergleichen: Auch heute müssen Menschen ihren Wohnort verlassen, um Arbeit oder ein sichereres Leben zu finden. Schreibe auf, was du über die Beispiele [6] und [7] gehört hast. Was sind die Gründe, warum sich die Menschen von ihrem Wohnort entfernen müssen?
9. Mache Vorschläge, wie man Begegnungen mit der Vor- und Frühgeschichte organisieren könnte (Karte [4]).

Die Hochkultur Ägyptens

Der Nil

Der Nil ist mit einer Länge von mehr als 6 600 km der längste Fluss der Erde. Im Sommer und Herbst kommt es in vielen Regionen um die Nilquellen zu starken Regenfällen. Noch vor etwa 100 Jahren wurde das Land – wie im Bild zu sehen – entlang des Flusses mit Wasser und fruchtbarem Nilschlamm überschwemmt.

1. Beschreibe das Bild und vermute, welche Gefühle die Menschen im Boot hatten.
2. Erzähle, was du vom Alten Ägypten schon gehört hast.
3. Notiere Fragen, die dir zum Thema einfallen.

Schauplatz   Der Nil

[1] Landwirtschaft am Nil. *Malerei aus dem Grab des Beamten Nacht, um 1425 v. Chr.*

1. Beschreibe die Tätigkeiten der Bauern in Bild [1] und beurteile, ob es sich um eine schwere oder leichte Arbeit handelt.

Der Nil

In Ägypten ist es sehr warm und es regnet fast nie. Große Teile des Landes sind Wüsten. Warum konnte man hier dennoch von der Landwirtschaft leben?

In den Gebieten um die Quellen des Nils kam es regelmäßig ab dem Monat Mai zu starken Regenfällen. Der Nil trat daher nach einigen Wochen in Ägypten über die Ufer und überzog das überschwemmte Niltal mit einer fruchtbaren Schlammschicht. Nach ungefähr drei Monaten ging der Wasserstand zurück und hinterließ fruchtbares Ackerland.

Landwirtschaft

Um das Wasser des Nils nutzen zu können, schlossen sich die Menschen zu dörflichen Gemeinschaften zusammen. Gemeinsam bauten sie Wasserbecken, Erdwälle (Dämme) und Kanäle. Mit einfachen Hebewerken und Pumpen wurde das Wasser auf die höher gelegenen Felder geleitet. Die Arbeit der Bauern war sehr hart: Bei großer Hitze mussten sie Wasser schöpfen und Kanäle reinigen. Hinzu kamen noch die üblichen Arbeiten eines Bauern: hacken, pflügen, säen, ernten und das Korn dreschen. Auf den Feldern am Nil wuchsen Getreide, Bohnen, Linsen, Zwiebeln, Trauben oder Feigen. Die Vielzahl an Fischen im Fluss sorgte für Abwechslung auf dem Speiseplan.

[2] Querschnitt durch das Niltal. *Rekonstruktionszeichnung.*

Handel, Verkehr, Versorgung

Auf dem Nil fuhren Segelschiffe, die Menschen und Handelsgüter beförderten. Hier wurden schwere Steine transportiert, die man zum Bau von Pyramiden, Tempeln und Gräbern verwendete. Der Nil gab den Menschen täglich das Wasser zum Trinken und Waschen.

2. Erläutere die Bedeutung des Nils für die Menschen. Warum kann man von einem „vielseitigen Fluss" sprechen?

3. Beschreibe die Nillandschaft und das Bewässerungssystem nach Abbildung [2].

[3] **Im 5. Jahrhundert v. Chr. schrieb der griechische Geschichtsschreiber Herodot, nachdem er Ägypten besucht hatte:**
Heute freilich gibt es kein Volk auf der Erde ..., wo die Früchte des Bodens so mühelos gewonnen werden wie hier. Sie haben es nicht nötig, mit dem Pfluge Furchen* in den Boden zu ziehen, ihn umzugraben und die anderen Feldarbeiten zu machen, mit denen die übrigen Menschen sich abmühen. Sie warten einfach ab, bis der Fluss kommt, die Äcker bewässert und wieder abfließt. Dann bringt er das Saatkorn auf seinem Feld aus und treibt die Schweine darauf, um die Saat einzustampfen, wartet ruhig die Erntezeit ab, drischt das Korn mithilfe der Schweine und speichert es auf ... Ägypten ist ein Geschenk des Nils.

(Herodot. Historien. Stuttgart, 4. Aufl. 1971, S. 104 f.)

4. Erkläre den Ausdruck „Ägypten ist ein Geschenk des Nils" mit eigenen Worten.

Wähle einen der Arbeitsaufträge aus:

▣ Zeichne nach Abbildung [1] und [4] eine Skizze der Nillandschaft.

▣ Schreibe als ägyptischer Bauer einen Brief an Herodot. Der Brief könnte so beginnen: *„Sehr geehrter Herr Herodot! Es stimmt, wir sind dankbar, dass wir den Nil haben. Aber von der Landwirtschaft haben Sie keine Ahnung ..."*

Was du noch tun kannst ...
- Erkundige dich im Lexikon oder im Internet über den Geschichtsschreiber Herodot.
- Beschreibe die Funktionsweise der in der Abb. [2] erkennbaren Wasser-Hebewerke.

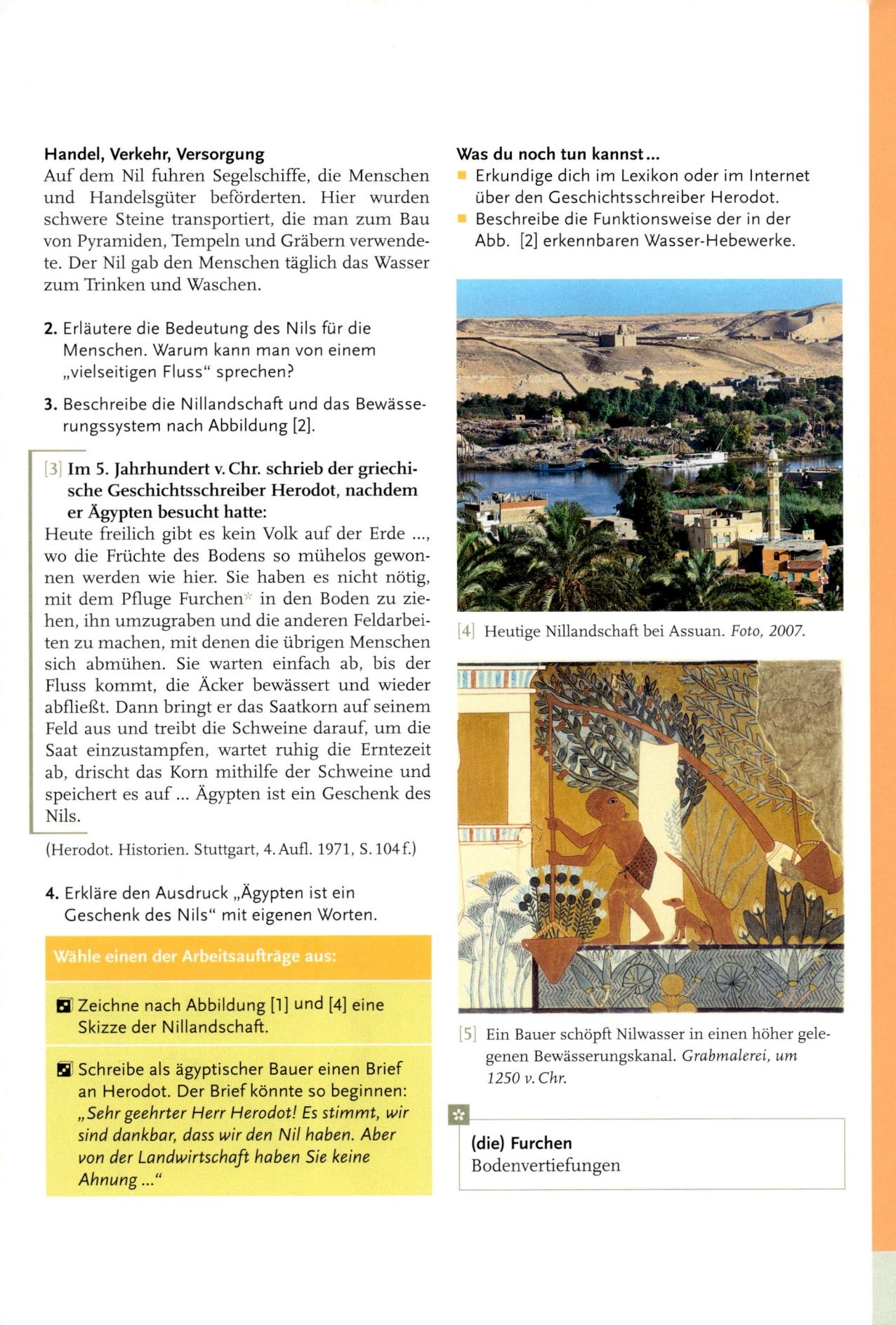

[4] Heutige Nillandschaft bei Assuan. *Foto, 2007.*

[5] Ein Bauer schöpft Nilwasser in einen höher gelegenen Bewässerungskanal. *Grabmalerei, um 1250 v. Chr.*

✲
(die) Furchen
Bodenvertiefungen

Orientierung – frühe Hochkulturen

Altes Reich

3000 v. Chr.
Ober- und Unterägypten werden zu
einem Reich vereint. Hauptstadt: Memphis.
Erfindungen: Schrift, Kalender

2500 v. Chr.
2600–2100: In Ägypten werden
Pyramiden gebaut.

Mittleres Reich

2000 v. Chr.
Ägypten wird zur Großmacht.
Hauptstadt: Theben.
Blütezeit von Kunst und Kultur

Neues Reich

1500 v. Chr.
1550–1070: In dieser Zeit regieren die Pharaonen:
Hatschepsut – Tutanchamun – Ramses.
Ab 1070: Das große ägyptische Reich zerfällt in Teilreiche.

1000 v. Chr.

500 v. Chr.
332 v. Chr.: Alexander der Große erobert Teile Ägyptens.
30 v. Chr.: Ägypten wird Teil des Römischen Reiches.

Geburt Christi

Um 200: Ägypten wird christlich.

500 n. Chr.

641: Ägypten wird von Muslimen erobert.

1000 n. Chr.

[1] Zeittafel zum Alten Ägypten.

1. Suche auf der Karte Unter- und Oberägypten
und beschreibe die Lage. Wo liegen die Städte?
2. Finde heraus, wann und wo Pyramiden gebaut
wurden.
3. Ermittle, wie viele Jahre folgende Ereignisse
zurückliegen: Vereinigung von Ober- und
Unterägypten, Ägypten wird Großmacht,
Eroberung durch Alexander d. Gr., Ägypten wird
christlich, muslimische Eroberung.

[2] Altägypten.

[3] Karte: Frühe Hochkulturen in Europa, Afrika und Asien.

Flussoasen, die Ausgangsgebiete von Hochkulturen wurden

frühe Hochkulturen, die nicht an Flussoasen entstanden sind

Frühe Hochkulturen in Europa, Afrika und Asien

Zwischen 3500 und 1500 v. Chr. entstanden an den großen Flüssen Euphrat und Tigris, am Nil, Indus und Hwangho unabhängig voneinander frühe Hochkulturen. Die Menschen blieben hier dauerhaft an einem Ort wohnen. Sie wurden sesshaft. Durch gemeinschaftliche Arbeit lernten sie, die Naturgewalt „Wasser" zu beherrschen und nutzbar zu machen. Wer den Wasserstand oder den Getreidevorrat berechnen und aufschreiben oder das Land vermessen konnte, errang eine besondere Stellung im Dorf. Bald übernahmen Könige die Herrschaft über das Volk. Zum ersten Mal in der Geschichte nutzten die Menschen die Schrift, um Informationen über Dinge, Vorgänge oder Gefühle festzuhalten. Wissenschaft, Kunst und Architektur erreichten einen noch heute bewunderten Stand. Solche Gebiete nennen wir „Hochkulturen".

Wähle einen der Arbeitsaufträge aus:

▣ Suche in einem Atlas (Methode S. 55) die Gebiete der Hochkulturen an Flüssen und schreibe auf, wie die Staaten heute heißen.

▣ Schreibe aus dem Text oben Begriffe heraus, die zu einer Hochkultur gehören.

▣ Formuliere eine Erklärung des Begriffs „Hochkultur".

Was du noch tun kannst…

■ Sammle Informationen zu einem der heutigen Staaten, die am Euphrat und Tigris, Indus oder Hwangho liegen und stelle deine Ergebnisse (Name, Einwohner, Religion, Regierungsform, Landschaft usw.) in einem Kurzreferat vor.

„Die Hochkultur Ägyptens"

Schauplatz: Der Nil S. 92–93

Orientierung Frühe Hochkulturen S. 94–95

Macht und Herrschaft S. 96–97

Vom Glauben der Ägypter S. 98–99

Wissenschaft und Technik S. 100–101

Die Pyramiden S. 102–103

Methoden: Bilder „lesen", Modellbau S. 104–105

Wahlseiten: Kindheit, Handwerk, Hieroglyphen, Schreiber S. 106–109

Ägypten und der Nil heute S. 110–111

GPG aktiv S. 112

Teste dich! S. 113

Macht und Herrschaft

Wer hatte etwas „zu sagen" in Ägypten?

[1] Goldmaske des Pharao Tutanchamun.
Um 1330 v. Chr.

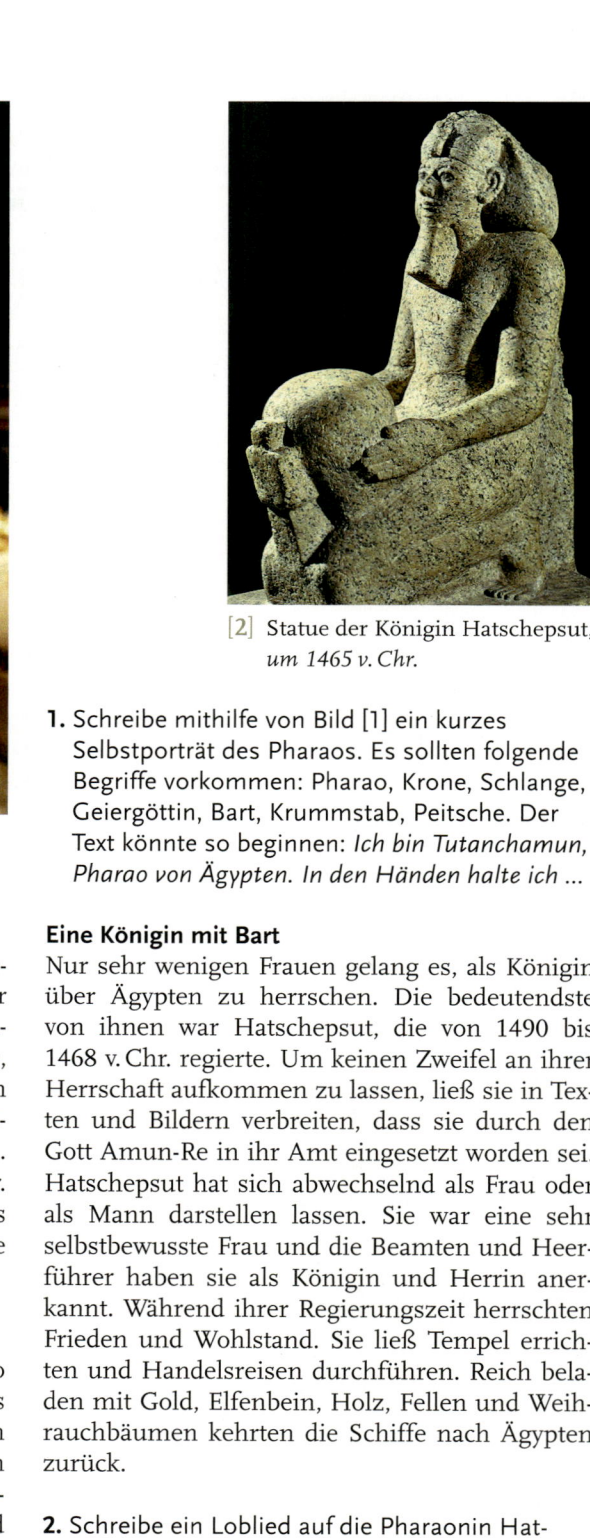

[2] Statue der Königin Hatschepsut,
um 1465 v. Chr.

1. Schreibe mithilfe von Bild [1] ein kurzes
Selbstporträt des Pharaos. Es sollten folgende
Begriffe vorkommen: Pharao, Krone, Schlange,
Geiergöttin, Bart, Krummstab, Peitsche. Der
Text könnte so beginnen: *Ich bin Tutanchamun,
Pharao von Ägypten. In den Händen halte ich ...*

Der Pharao* – König und Gott

Etwa 3000 v. Chr. wurden Unter- und Oberägypten zu einem Staat* vereinigt. Als Herr „beider
Länder" stand der Pharao an der Spitze des Staates. Seine Macht war unbegrenzt. Er bestimmte,
welche Felder jedes Jahr besät wurden, welchen
Teil der Ernte die Bauern abzugeben hatten, welche Kanäle, Tempel und Gräber zu bauen waren.
Er war oberster Heerführer, Priester und Richter.
Die Ägypter verehrten ihren König als Sohn des
Sonnengottes Re, der die Welt erschaffen hatte
und täglich am Himmel erschien.

Zeichen der Herrschaft

Als Zeichen seiner Herrschaft trug der Pharao
eine Krone. Die Schlangengöttin des Nordens
und die Geiergöttin des Südens an seiner Stirn
sollten ihn vor Feinden beschützen. Am Kinn
war ein künstlicher Bart befestigt. In den Händen hielt er einen Krummstab (Hirtenstab) und
eine kleine Peitsche mit drei Bändern. Solche
Herrschaftszeichen nennt man Insignien.

Eine Königin mit Bart

Nur sehr wenigen Frauen gelang es, als Königin
über Ägypten zu herrschen. Die bedeutendste
von ihnen war Hatschepsut, die von 1490 bis
1468 v. Chr. regierte. Um keinen Zweifel an ihrer
Herrschaft aufkommen zu lassen, ließ sie in Texten und Bildern verbreiten, dass sie durch den
Gott Amun-Re in ihr Amt eingesetzt worden sei.
Hatschepsut hat sich abwechselnd als Frau oder
als Mann darstellen lassen. Sie war eine sehr
selbstbewusste Frau und die Beamten und Heerführer haben sie als Königin und Herrin anerkannt. Während ihrer Regierungszeit herrschten
Frieden und Wohlstand. Sie ließ Tempel errichten und Handelsreisen durchführen. Reich beladen mit Gold, Elfenbein, Holz, Fellen und Weih-
rauchbäumen kehrten die Schiffe nach Ägypten
zurück.

2. Schreibe ein Loblied auf die Pharaonin Hatschepsut. Du könntest so beginnen: *Unsere
Herrscherin wurde von Amun-Re persönlich ...*

96

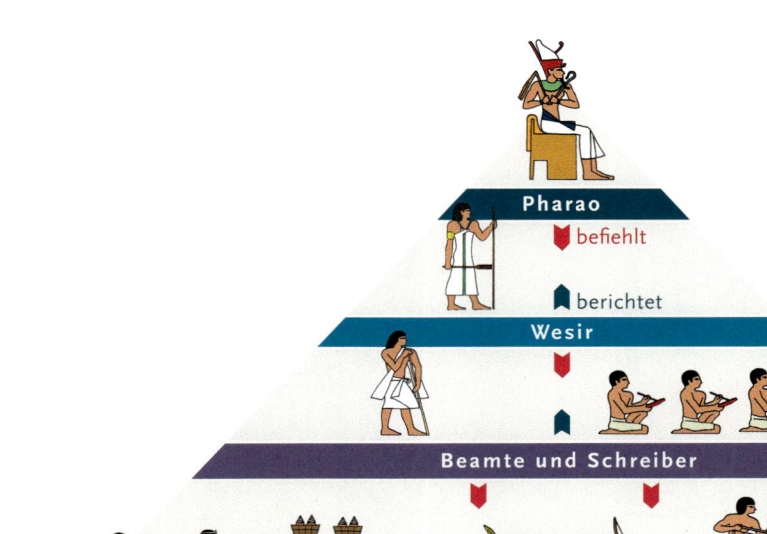

[3] Der Aufbau der ägyptischen Gesellschaft. *Schaubild.*

Pharao

befiehlt

berichtet

Wesir

Beamte und Schreiber

| Händler | Arbeiter | Soldaten | Handwerker | Bauern |

Die Macht der Beamten und Schreiber

Die Befehle des Pharaos wurden vom Wesir entgegengenommen. Die Beamten oder Schreiber beaufsichtigten die Arbeiten an den Bewässerungsanlagen, Tempeln und Gräbern. Die Beamten hatten dafür zu sorgen, dass die Bauern pünktlich das Getreide in den königlichen Vorratskammern ablieferten und dass das Vieh gezählt wurde. Die meisten Menschen waren Bauern, Handwerker oder Kaufleute. Eine solche von oben nach unten aufgebaute Gesellschaft wird als Hierarchie bezeichnet.

3. Erläutere das Schaubild [3]. Du kannst so beginnen: *An der Spitze steht der Pharao. Er erteilt Befehle an ...*

4. Besprecht, ob es auch heute noch Hierarchien gibt (z. B. in der Schule, in Betrieben).

5. Prüfe, warum man den Pharao mit einem heutigen Staatsoberhaupt vergleichen kann: Was ist ähnlich und was ist ganz anders?

Was du noch tun kannst ...

■ Im Internet oder in der Bücherei nach heutigen Königinnen oder Regierungschefinnen suchen und ein Kurzporträt schreiben.

Wähle einen der Arbeitsaufträge aus:

▧ Zeichne zwei der im Text erwähnten Insignien des Pharaos, male sie farbig aus und schreibe eine kurze Erklärung darunter.

▨ Zeichne das Schaubild [3] in vereinfachter Form ab und schreibe stichwortartige Erläuterungen an den Rand.

▩ Entwirf Rollenkarten für ein Rollenspiel (Methodenseite 82/83): Ein Beamter soll Steuern erheben. Bauern und Handwerker wollen möglichst wenig bezahlen.

(der) Pharao
Bezeichnung für die ägyptischen Könige. Das Wort heißt „großes Haus", womit zunächst der Palast, später der König selbst bezeichnet wurde.

(der) Staat
Politische Einheit, in der Menschen – das Volk – in einem bestimmten Gebiet zusammenleben und eine oberste Gewalt anerkennen.

Vom Glauben der Ägypter

Gibt es ein Leben im Jenseits?

[1] Der Pharao opfert vor dem Gott Amun-Re.
Wandrelief im Tempel des Pharaos Thutmosis III.
in Deir-el-Bahari, um 1440 v. Chr.

1. Beschreibe Abbildung [1] und erkläre, welche Bedeutung das Wort „Opfer" hier hat.

Viele Götter

Die Ägypter verehrten nicht nur einen Gott, sondern viele Götter. Die Götter wurden oft in Menschen- oder Tiergestalt und sehr häufig auch in Mischformen (Menschenkörper und Kopf eines Tieres) dargestellt. So erscheint Horus als Schutzgott der Pharaonen mit einem Falkenkopf: Wie der Falke im Flug kann der Pharao alles überblicken, er hat scharfe Augen und die Kraft des Raubvogels. Als Schöpfer- und Sonnengott galt für viele Jahrhunderte Amun-Re („der Verborgene"), der die „Maat" (sprich: Ma-at) garantierte. Maat bedeutete für die Ägypter: Wahrheit, Gerechtigkeit, Ordnung.

Nach dem Glauben der Ägypter waren die Götter verantwortlich für viel oder wenig Wasser, gute oder schlechte Ernten, Glück oder Unglück. Um die Götter gnädig zu stimmen, sah es jeder Pharao als seine Pflicht an, neue Tempel zu errichten oder bestehende Anlagen zu erweitern. Beim täglichen Gebet und Opfer ließ sich der Pharao von den Priestern vertreten. Aber auf den Bildern ist es immer nur der König, der mit den Göttern spricht und ihnen Opfergaben darbringt.

2. Erläutere, warum es für die Ägypter so wichtig war, die Götter gnädig zu stimmen.

[2] Priester gehen durch die Säulenhalle des Tempels in das Allerheiligste.

Priester im Dienst der Götter

Die ägyptischen Priester gingen täglich in den Tempel. Sie gingen an den Standbildern der Götter oder Pharaonen vorbei in den offenen Innenhof, durchschritten einen Säulensaal und kamen schließlich in einen kleinen Raum, das Allerheiligste. Dort brachten sie Opfergaben dar.

Der christliche Glaube unterscheidet sich deutlich vom Glauben im Alten Ägypten. Aber in der Architektur der Kirchen oder manchen Gebräuchen kann man Ähnlichkeiten entdecken.

3. Vergleiche die Abbildungen [2] und [3]. Was ist ähnlich und was ist unterschiedlich?

[3] Stiftskirche St. Peter in Bad Waldsee im Allgäu.
Foto 2015.

[4] Das Totengericht. *Papyrus aus dem Grab des Schreibers Hunefer, ca. 1300 v. Chr.*

Ich habe nicht Unrecht getan

Wie die Ägypter sich den Ablauf eines Totengerichts vorstellten, zeigt das Bild [4] aus dem Totenbuch des Schreibers Hunefer:

Der Verstorbene kniet vor 14 Göttern und erzählt aus seinem Leben (oben). Im Hauptteil des Bildes führt der Totengott Anubis den Verstorbenen zur Waage der Gerechtigkeit. Dort wiegt er das Herz gegen eine Feder. Die Feder steht für Wahrheit und Gerechtigkeit. Da die Feder schwerer ist, wird Hunefer nicht von dem krokodilköpfigen Totenfresser verschlungen. Der Schreibergott Thot notiert das Ergebnis. Der Gott Horus führt Hunefer vor Osiris. Der grüngesichtige Gott des Totenreiches nimmt den Toten in sein Reich auf.

[5] **Erst wenn der Verstorbene sein Unschuldsbekenntnis abgelegt hatte, wurde er in das Reich der Toten aufgenommen:**

Ich habe nicht Unrecht getan gegen die Menschen. Ich habe nicht Sünde getan ...

Ich habe keinen Diener bei seinem Vorgesetzten schlecht gemacht.

Ich habe nicht getötet.

Ich habe nicht zu töten befohlen.

Ich habe gegen niemanden schlecht gehandelt ...

Ich bin rein, ich bin rein, ich bin rein.

(Hugo Gressmann (Hrsg.), Altorientalische Texte und Bilder zum Alten Testament. Berlin/Leipzig (de Gruyter) 1926, S. 9 f.)

4. Formuliere die Unschuldsbekenntnisse aus Text [5] zu Geboten um (Beispiel: Du sollst nicht Unrecht tun ...).
5. Beschreibe die Abbildungen [4] und [6]. Worum geht es in beiden Darstellungen?

[6] Weltgerichtsaltar von Hans Memling (1433–1494). *Gemälde.*

Wähle einen der Arbeitsaufträge aus:

☑ Notiere, was du über den Glauben in einer heutigen Religion weißt.

☑ Schreibe eine Sprechszene: Hunefer steht vor dem Gott Osiris und muss auf die Frage nach Schuld oder Unschuld antworten.

☑ Beschreibe das Bild [6] mithilfe der Methode Bilder „lesen" (Seite 104) und trage das Ergebnis in der Klasse vor.

Was du noch tun kannst ...

■ Erkunden, wie es in einer heutigen Religionsgemeinschaft bei Begräbnissen zugeht.

Wissenschaft und Technik

Was haben wir von den Ägyptern gelernt?

1. Betrachte die Abbildung [1] und finde heraus, wozu das Gerät verwendet wird und wie es funktioniert.

Bewässerung

Um das Nilwasser für die Landwirtschaft nutzen zu können, legten die Ägypter Kanäle, künstliche Seen und Dämme (Erdaufschüttungen) an. Um das Wasser auf höher gelegene Felder zu befördern, benutzte man zunächst nur einfache Schöpfgeräte. Später wurde ein von Tieren angetriebenes Wasserschöpfgerät, die „Sakiya" erfunden. Die Arbeitstiere bewegten ein Schöpfrad, an dem Tonkrüge befestigt waren. Wenn es gedreht wurde, entleerten sich die mit Wasser gefüllten Tonkrüge auf dem höher gelegenen Gelände.
Um die Höhe der Nilüberschwemmung vorausberechnen zu können, wurden „Nilometer" errichtet. Hier konnte man den Wasserstand an Markierungstafeln ablesen.

2. Beschreibe die „Wassertechnik" (Kanäle, Schöpfgeräte, Nilometer) mit eigenen Worten.

Geometrie

Der bei der Nilüberschwemmung mitgeführte Nilschlamm verwischte immer wieder die Grenzen der Felder. Speziell ausgebildete Landvermesser besaßen Kenntnisse der Geometrie und konnten mithilfe von Seilen exakt die Flächen der einzelnen Felder neu bestimmen. Jetzt war man auch in der Lage, den Ertrag der Ernte vorauszuberechnen.

3. Beschreibe und erläutere Abbildung [3].

Zählen, Messen und Wiegen

Um das Vieh zu zählen, die Felder abzumessen oder das Gewicht von Kornabgaben zu notieren, erfanden die Ägypter ein System von Zahlen, Maßen und Gewichten.
Von der Länge des Unterarms (Abstand zwischen Ellbogen und Fingerspitzen) leiteten die Ägypter das Ellenmaß ab. Die Elle gilt als ältestes Längenmaß der Welt und entspricht sieben Handbreiten = 52,5 cm.

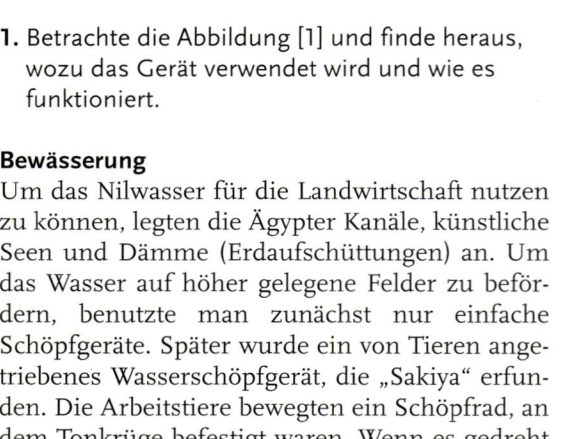

[1] Wasserschöpfgerät „Sakiya" im heutigen Ägypten. *Foto, 2014.*

[2] „Nilometer" bei Assuan. *Foto, 2014.*

[3] Feldvermesser bei der Arbeit. *Aus einem Grabbild um 1400 v. Chr.*

Schrift: Die Hieroglyphen

Die ägyptische Schrift hat sich schon vor mehr als 5000 Jahren entwickelt. Sie besteht aus Bildern und Zeichen für ganze Wörter, einzelnen Buchstaben oder Lauten. Die Griechen nannten sie später „Hieroglyphen" (heilige Einkerbungen).

4. Notiere, was man heute ohne Schrift alles nicht machen könnte. Beispiel: Bücher lesen ...

Kalender

Die Ägypter beobachteten sehr aufmerksam den Lauf der Sonne, die Sterne und das Steigen und Fallen des Nilwassers. Wenn der Stern Sirius erschien und der Nil die Felder überschwemmte, begann für die Ägypter ein neues Jahr. Den Tag teilten sie in 24 Stunden ein. Ein Monat hatte 30 Tage. In einem Jahr gab es 12 Monate. Am Ende eines Jahres wurden 5 Tage hinzugefügt.

5. Vergleiche den ägyptischen Kalender mit unserem Kalender. Was stellst du fest?

Medizin

Schon vor 3000 Jahren waren die ägyptischen Ärzte in der Lage, Knochenbrüche zu schienen, Verbände anzulegen oder Zahnlöcher zu füllen. Sie verwendeten bereits über 160 verschiedene Pflanzen- oder Tierprodukte als Arzneien. Auch die heilende Wirkung von Mineralien (Gesteinsbestandteilen) im Wasser war den Ägyptern bewusst. Ihr Wissen gaben die Ärzte in Lehrtexten weiter.

6. Beschreibe die Behinderung des Mannes in Abbildung [5].

Wähle einen der Arbeitsaufträge aus:

☑ Schreibe einen kleinen Werbetext für das „Wissenschaftsland Ägypten". Du könntest so beginnen: *Unser Land hat schon vor 5000 Jahren ein System ...*

☑ Erstelle eine Liste zum Thema: „Was wir von den Ägyptern über Wissenschaft und Technik gelernt haben".

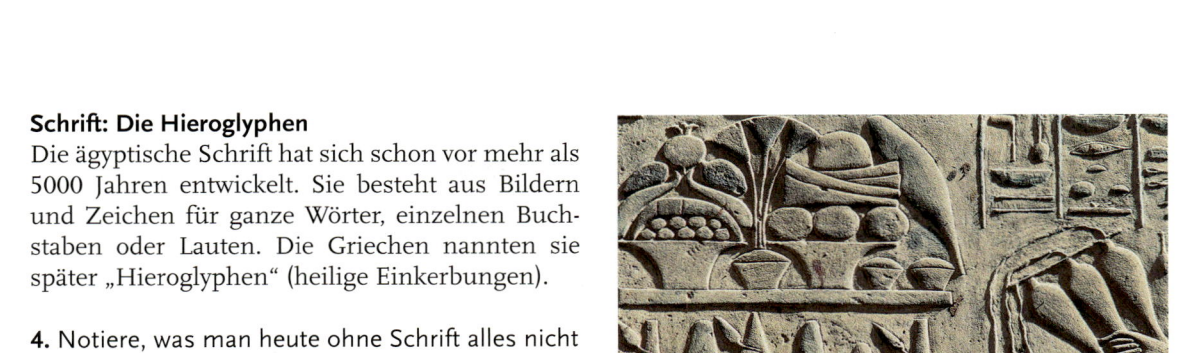

[4] Hieroglyphen in Stein gemeißelt. *Foto.*

[5] Mann mit einer Behinderung. *Relief.*

Was du noch tun kannst ...

■ Ein Ellenmaß aus Papier, Holz oder Metall herstellen und damit Messungen anstellen (z. B. Körpermaße, Kleidung, Gebrauchsgegenstände).

[6] Zeichnung von Leonardo da Vinci zum Ellenmaß.

Die Pyramiden

Wie und wozu wurden die Pyramiden gebaut?

[1] Chefren-Pyramide und der Sphinx. *Foto, 2010.*

1. Betrachte [1] und berichte, was du über die ägyptischen Pyramiden schon gehört hast.

Die Pyramiden von Gizeh

Nur wenige Kilometer entfernt von Kairo, der heutigen Hauptstadt Ägyptens, ragen die drei gewaltigen Pyramiden von Gizeh aus dem Wüstensand. Die größte von ihnen wurde um 2500 v. Chr. unter der Herrschaft des Pharaos Cheops errichtet. Sie ist an den Grundseiten 230 m lang und heute noch 137 m hoch. 2,3 Millionen Steinblöcke wurden hier verbaut, jeder mit einem Gewicht von etwa 2,5 Tonnen – so schwer wie zwei Mittelklasseautos. All das wurde von Menschenhand herangeschleppt, ganz ohne Hilfe von Rad und Wagen. Obwohl es nur sehr einfache Messgeräte und Werkzeuge gab, war die eine Seite der Pyramide gerade einmal 20 Zentimeter länger als die andere. Die Pyramide des Pharaos Chefren wird von einer gewaltigen Statue bewacht. Sie zeigt den Pharao als Erbauer der Pyramide mit einem liegenden Löwenkörper. Die Figur wird als Sphinx bezeichnet.

Wozu wurden die Pyramiden errichtet? Wie wurden die schweren Steine in die Höhe gewuchtet? Wie viele Arbeiter waren dazu nötig? Wie brachte man sie dazu, eine solche „Knochenarbeit" zu tun?

2. Vermute zu den oben gestellten Fragen, wie es gewesen sein könnte.

[2] Die Pyramiden von Gizeh. *Foto, 2007.*

[3] Bau einer Pyramide. *Rekonstruktionszeichnung, 1985.*

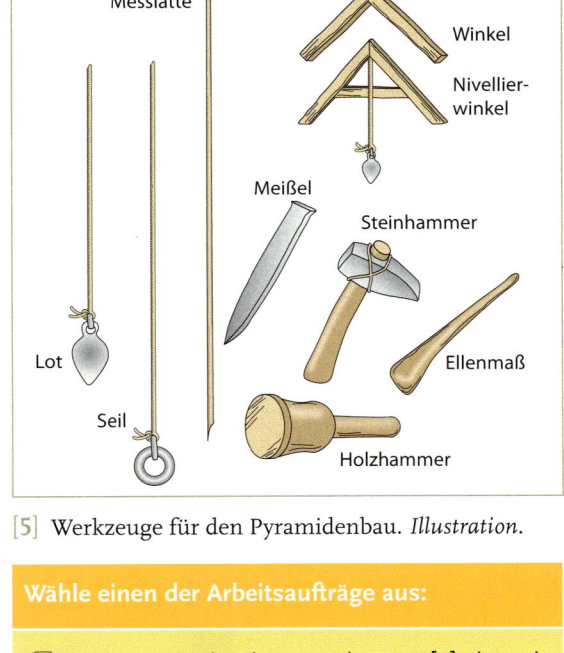

[4] Anbringen der Mantelblöcke an der Pyramide. *Illustration.*

Wohnung für die Ewigkeit

Früher glaubte man, dass 100 000 ägyptische Sklaven gezwungen wurden, die schwere Arbeit an den Pyramiden zu verrichten. Heute sind sich die Forscher sicher, dass es unmöglich gewesen wäre, ein ganzes Volk mit der Peitsche zur Arbeit zu zwingen. Es dürften auch kaum mehr als 5000 Arbeiter ständig an einer Pyramide beschäftigt gewesen sein. Wenn der Nil die Felder überschwemmte und die Bauern wenig zu tun hatten, gingen bis zu 70 000 Männer zur Baustelle. Die schweren Steine der Pyramide wurden mit einem Holzschlitten von acht oder zehn Arbeitern auf Rampen nach oben geschleift. Die Arbeit war sehr schwer, aber die Arbeiter bekamen Nahrung für sich und ihre Familie. Die Pyramide diente dem Pharao als „Wohnung für die Ewigkeit" und zeigte schon durch ihre Größe seine unbeschränkte Macht. Die Menschen glaubten, dass der tote König ebenso für die verstorbenen Ägypter sorgen würde, wie er es für die Lebenden tat. Die Arbeit an den Pyramiden war also auch Vorsorge für das eigene Leben im Jenseits.

3. Beschreibe den Bau einer Pyramide nach der Darstellung in den Zeichnungen [3] und [4].

4. Erkläre an einzelnen Beispielen, wozu die in der Zeichnung [5] dargestellten Werkzeuge benutzt wurden.

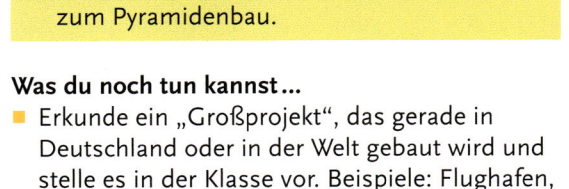

[5] Werkzeuge für den Pyramidenbau. *Illustration.*

Wähle einen der Arbeitsaufträge aus:

☑ Zeichne verschiedene Werkzeuge [5] ab und erkläre ihre Funktion.

☑ Schreibe einen Zeitungsartikel zur Fertigstellung einer Pyramide. Die Überschrift: *„Cheops-Pyramide fertiggestellt!"*

☑ Gestalte ein Plakat mit Texten und Bildern zum Pyramidenbau.

Was du noch tun kannst…

■ Erkunde ein „Großprojekt", das gerade in Deutschland oder in der Welt gebaut wird und stelle es in der Klasse vor. Beispiele: Flughafen, Konzerthalle, Bahnhof …

Methode   Bilder „lesen"

[1] Ägyptische Familie. Aus einem Grabbild des Amenemhet. *Kalkstein mit Bemalung, um 2000 v. Chr.*

Bilder erzählen Geschichte(n)

Viele unserer Geschichtskenntnisse haben wir von Bildern. An alten Fotos, Kirchenfenstern, Wand- oder Deckengemälden, Zeichnungen, Statuen oder Gemälden können wir häufig erkennen, wie die Menschen früher gelebt haben, was sie dachten oder fühlten. Oft genügt es schon, ein Bild genau zu betrachten und zu beschreiben, um zum Beispiel etwas über das Alltagsleben früherer Menschen zu erfahren. Bilder zeigen aber Menschen, Dinge oder die Natur nicht immer so, wie sie in Wirklichkeit aussahen.

Die ägyptische Darstellungsweise

Die ägyptischen Künstler stellten Personen so dar, dass das Gesicht von der Seite (im Profil) zu sehen ist. Das Auge wird dennoch immer ganz dargestellt und soll den Betrachter ansehen. Der Oberkörper ist von vorn zu sehen. Unterkörper, Beine und Füße sind wie der Kopf im Profil gemalt. Personen oder Dinge sollen möglichst einzeln, ohne Überschneidungen, dargestellt und klar erkennbar sein. Auch die Farbgebung hält sich an immer wiederkehrende Vorschriften. So ist die Hautfarbe des Mannes meist rotbraun, die der Frau fast immer gelb gemalt.

1. Stellt das Bild [1] so genau wie möglich nach. Was fällt euch dabei auf?

1. Schritt: Betrachten

- Wie wirkt das Bild als Ganzes auf mich?
- Welche Einzelheiten sprechen mich besonders an? Was finde ich interessant, schön, hässlich, abstoßend oder geheimnisvoll?

2. Schritt: Beschreiben

- Welche „Daten" des Bildes sind bekannt: Name des Künstlers, Bildtitel, Entstehungszeit?
- Gibt es einen Mittelpunkt, auf den das Auge des Betrachters gelenkt wird?
- Was ist dargestellt? (Personen, Dinge usw.)
- Wie ist die Darstellung angelegt? (Naturgetreu oder nicht? Farben, Helligkeit usw.)

3. Schritt: Deuten

- Warum hat der Künstler diese Darstellung gewählt? Was wollte er zum Ausdruck bringen?
- Zu welchem Zweck wurde das Bild geschaffen?
- Welche Fragen ergeben sich aus dem Bild?

2. Beschreibe und deute Bild [1] mithilfe der Methode Bilder „lesen". Du könntest so beginnen: *Das Bild wirkt als Ganzes sehr friedlich und entspannt, denn …*

Methode Modellbau

Ein Modell ist die verkleinerte und meist auch vereinfachte Darstellung von Landschaften, Verkehrsmitteln oder Bauwerken. Modelle können (müssen aber nicht) in einem bestimmten Maßstab zur Wirklichkeit gebaut sein. Als Materialien zur Herstellung von Modellen eignen sich Holz, Stein, Gips, Papier, Pappmaschee, Sand, Styropor oder Modellbaumaterial.

In der Schule werden Modelle vor allem dazu eingesetzt, um Naturerscheinungen, Gebäude, technische Erfindungen oder Vorgänge vorstellbar und damit besser verständlich zu machen.

Die folgenden Schritte können helfen, Modelle selbst herzustellen:

[1] Modell des Karnak-Tempels in Oberägypten. *Foto, 2010.*

1. Schritt: Planen

- Was soll als Modell dargestellt werden? (z. B. Nillandschaft, Deich, Wohnhaus)
- Welche Informationen (Beschreibungen, Bilder) über das wirkliche Objekt brauchen wir?
- Wie aufwändig soll das Modell werden? Soll es „naturgetreu" aussehen oder reicht eine einfache Darstellung? Maßstab?
- Welche Materialien und Werkzeuge werden benötigt? Wer beschafft sie?
- Soll das Modell in Einzel-, Partner- oder Gruppenarbeit hergestellt werden?

2. Schritt: Durchführen

- Arbeitsplatz vorbereiten (Vorlagen, Material und Werkzeug bereitlegen)
- Arbeitsskizze anfertigen
- Arbeitsschritte festlegen und Arbeit aufteilen
- Einzelteile herstellen und zum Ganzen zusammenfügen

3. Schritt: Präsentieren

- Modell in der Klasse ausstellen
- Arbeitsvorgang erläutern
- Objekt mithilfe des Modells erläutern, Fragen beantworten
- Modell anderen Klassen/Gruppen zur Verfügung stellen

Für das folgende Nil-Modell wurden diese Materialien gebraucht:
Eine Spanplatte (etwa 1 m lang und 0,5 m breit), Wasserfarben, Gips, Sand, Modellbau-Streu (grün), Knetgummi, Draht und Kleister.

Werkzeuge: Bleistift, Pinsel, Spachtel, Gipstopf, Messerchen

Die Schüler haben es so gemacht:
Nil mit einem Bleistift auf die Spanplatte aufzeichnen, grüne Zone und Wüstenbereich abgrenzen, Nil und Meer mit Wasserfarbe ausmalen, Sandhügel aus Gips formen, Grün- und Wüstenbereiche einkleistern, Gipsmodellhügel aufkleben, Sand und Modellbaugrün verteilen, die zuvor aus Knetgummi und Draht modellierten Häuser, Bäume, Tempel, Pyramiden usw. im Modell aufkleben (man kann noch kleine Erläuterungstafeln anbringen).

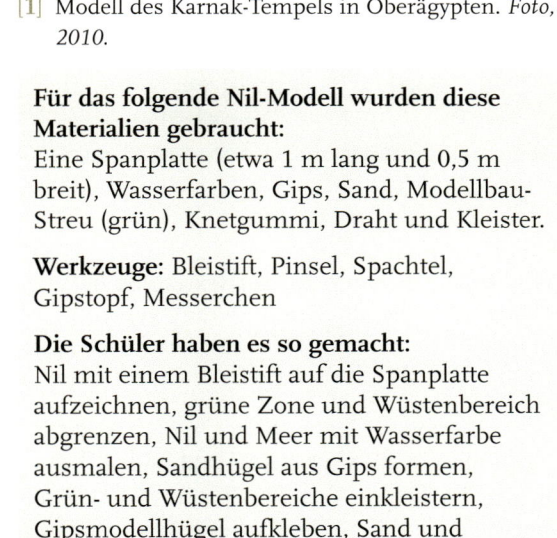

[2] Schüler mit einem Nil-Modell. *Foto.*

Wahlseite — Kindheit

[1] Familie auf der Vogeljagd im dichten Papyruswald. *Grabmalerei, um 1380 v. Chr.*

1. Informiere dich anhand des Textes und der Bilder über die Kindheit im Alten Ägypten.
2. Präsentiere deine Ergebnisse in der Klasse, z. B. durch eine Wandzeitung oder ein szenisches Spiel.

[2] **Das könnte ein Mädchen erzählt haben:**

1 Bei uns haben die Familien meist fünf Kinder.
2 Aber viele Kinder sterben, schon wenn sie noch
3 ganz klein sind, an einer der vielen Kinderkrank-
4 heiten. Bei uns gelten Kinder bis zu ihrem 10.
5 Lebensjahr als unschuldige, unwissende Wesen.
6 In den meisten Darstellungen werden sie nackt
7 gezeigt. Bei Kindern ist es Mode, dass sie an der
8 Seite des Kopfes eine herabhängende Locke tra-
9 gen. Die Kinder aus den reicheren Familien müs-
10 sen nicht arbeiten, sondern dürfen noch spielen
11 oder Sport treiben. Bei uns Mädchen sind Ball-
12 spiele, Tänze oder kleine Turnübungen beliebt.
13 Die Spiele der Jungen zielen auf Geschicklichkeit
14 und Schnelligkeit ab: Stockfechten, Ringkampf,
15 Gewichtheben, Pfeilwurf, Bocksprung.

[3] Ballspielende Mädchen. *Wandmalerei aus dem Grab des Baket, um 1980 v. Chr.*

[4] Jungenspiele. *Wandmalerei aus dem Grab des Amenemhet, um 1930 v. Chr.*

16 Mein Bruder ist fünf Jahre alt und geht schon in
17 die Schreibschule. Er muss ungefähr 700 Schrift-
18 zeichen lernen, Diktate und Briefe schreiben,
19 laut vorlesen und rechnen. Die Lehrer sind
20 streng. Sie sagen: „Das Ohr des Schülers muss
21 am Fußboden liegen, denn er hört am besten, so-
22 bald er geschlagen wird." Ich kenne kein Mäd-
23 chen, dem es erlaubt wurde, eine Schule zu besu-
24 chen.
25 Die Jungen und Mädchen der Bauern oder Hand-
26 werker gehen nicht zur Schule, sondern müssen
27 von klein auf auf den Feldern, der Baustelle oder
28 im Haushalt mitarbeiten.

(Verfassertext)

Tipps für die Erarbeitung
– Was sagen Text und Bilder über die Kindheit im Alten Ägypten aus?
– Kindheit im Alten Ägypten mit heutigen Verhältnissen vergleichen.

Tipps für die Präsentation
– Spiele (Sport) von Jungen und Mädchen vorführen.
– Mit dem Leben von Kindern heute vergleichen.

Handwerk

[1] Arbeit an einem Königsgrab. *Rekonstruktionszeichnung.*
Mit Stricken und Rollen wird zuletzt der Sarg ins Grab transportiert (1). Der Gang (2) und ein Vorraum (3) sind schon fertig ausgestaltet. In der ersten Säulenhalle schlagen Handwerker ein Bild in den Gipsputz (4), während in einem Seitenraum bereits die Wände bemalt werden (5).

1. Informiere dich anhand des Erzähltextes [2] und des Bildes über das Leben der Handwerkerfamilien.
2. Präsentiere deine Ergebnisse in der Klasse.

[2] **Das könnte ein Mädchen erzählt haben:**
Mein Vater ist Handwerker, genauer gesagt Steinmetz. Er arbeitet seit vielen Jahren an den Gräbern im Tal der Könige. Er meißelt Statuen oder arbeitet an den Wandbildern in den Gräbern von Königen oder hohen Beamten. Wir wohnen in einer Arbeitersiedlung nahe der Baustelle. Unser Haus ist klein und aus Lehmziegeln gebaut. Leider haben wir keinen Garten. Deshalb hat meine Mutter die Innenwände bemalt, damit unser Haus nicht auch innen so einfach aussieht wie von außen. In der Siedlung leben noch viele andere Handwerker, z. B. Töpfer, Bäcker, Bierbrauer oder Tischler. Hitze und Staub machen die Arbeit meines Vaters sehr schwer, und ständig sind die Aufseher in der Nähe. Wenn die Handwerker nicht schnell oder gut genug arbeiten, gibt es Prügel. Mein Vater bekommt täglich Dinkel – das ist eine Weizenart – und Gerste für seine Arbeit. Daraus macht meine Mutter Brot und Bier. Außerdem erhalten die Handwerker Wasser, Fische, Gemüse, Obst und Brennmaterial als Entlohnung. Es ist aber auch schon vorgekommen, dass sie wochenlang nichts bekamen. Da haben die Arbeiter so lange die Arbeit niedergelegt, bis der Lohn wieder ausbezahlt wurde. Trotzdem ist mein Vater stolz, dass er an den Gräbern der Mächtigen arbeiten darf. Er hofft, dass er so im Jenseits ein gutes Leben haben wird. Eine Schule können wir Kinder nicht besuchen.

(Verfassertext)

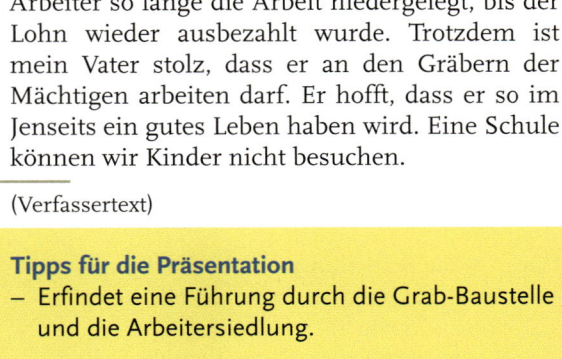

Tipps für die Erarbeitung
– Was sagen Text und Bilder aus über die Arbeit der Handwerker und über ihr Alltagsleben?

Tipps für die Präsentation
– Erfindet eine Führung durch die Grab-Baustelle und die Arbeitersiedlung.

Wahlseite Hieroglyphen

Jetzt stehen wir erst einmal auf dem

[1] Ägyptische Schriftzeichen auf einem Stein, *Foto*.

1. Informiere dich anhand des Textes und der Bilder über die Hieroglyphen.
2. Präsentiere deine Ergebnisse in der Klasse.

Das Rätsel der Hieroglyphen

Die Schriftzeichen der Ägypter, die du oben siehst, waren lange Zeit völlig unverständlich. Erst im Jahr 1822 n. Chr. gelang es dem Franzosen Champollion, die Schrift zu entziffern. Champollion konnte dabei auf einen Stein zurückgreifen, der 1799 in Ägypten gefunden worden war. Auf diesem Stein ist ein Text in drei verschiedenen Schriften eingemeißelt, darunter griechisch sowie in Hieroglyphen. Das war der Anfang unserer Kenntnis der ägyptischen Schrift.

Wie du weißt, müssen wir hier in Deutschland 26 Buchstaben lernen. Kannst du dir vorstellen, nicht 26, sondern über 1 000 Buchstaben zu lernen? So viele Zeichen hat die ägyptische Schrift. Ab 3200 v. Chr. gab es zunächst etwa 700 Bildzei-

chen. Jedes Bildzeichen zeigte genau ein Lebewesen oder einen Gegenstand. Diese reine Bilderschrift wurde später um Zeichen ergänzt, die für einen Buchstaben oder einen Laut standen. Ein Wort konnte also entweder aus einem einzigen Bildzeichen oder aus mehreren Buchstaben- oder Lautzeichen bestehen. Jetzt kannst du dir vielleicht vorstellen, wie schwierig es war, eine solche Schrift zu entschlüsseln.

Weil das auch damals schon sehr kompliziert war, konnten nur sehr wenige Ägypter schreiben und lesen.

Ihren Namen erhielt die Schrift übrigens erst einige Jahrhunderte später von den Griechen: „Hieroglyphen". Das heißt übersetzt: „Heilige Zeichen".

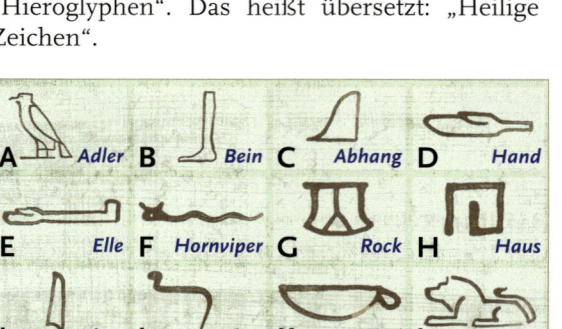

[2] Ein Hieroglyphen-Alphabet.

108

Tipps für die Erarbeitung

– Notiere, aus welchen Teilen die Hieroglyphen-Schrift bestand.
– Fasse die wichtigsten Daten über die Schrift zusammen (Name, Alter, Zahl, ...).

Tipps für die Präsentation

– Kopiert das Hieroglyphen-Alphabet auf eine Folie, damit ihr es vergrößern könnt.
– Stellt euren Mitschülern ein kleines Rätsel.

Der Beruf des Schreibers

1. Informiere dich anhand des Textes und der Bilder über den Beruf des Schreibers.
2. Präsentiere deine Ergebnisse in der Klasse. Z. B. durch eine Wandzeitung oder ein szenisches Spiel.

Du siehst hier ein Bild eines Schreibers aus dem Alten Ägypten. Dieser Beruf war damals sehr angesehen. Der Schreiber hat dir einige seiner Schriftrollen mitgebracht, wo du alles Wissenswerte über ihn nachlesen kannst.

[1] Schreiberstatue. *Kalkstein, um 2450 v. Chr.*

Den Beruf des Schreibers gibt es seit etwa 3200 v. Chr. In diesen Jahren entstand auch die ägyptische Schrift. Damals konnten von den etwa zwei Millionen Ägyptern nur etwa 20 000 schreiben. Das war also gerade einmal jeder hundertste Mensch.

Folgenden Rat gab ein Vater seinem Sohn:
... Werde Schreiber. Der ist vom Arbeiten befreit ... und ist erlöst vom Hacken mit der Hacke; er braucht keinen Korb zu tragen. Der Beruf des Schreibers trennt dich vom Arbeiten mit dem Ruder. ... Du hast nicht viele Herren und nicht viele Vorgesetzte. ... Allein der Schreiber, der leitet jedes Werk, das in diesem Land geschieht ...

So könnte der Arbeitstag eines Schreibers ausgesehen haben:
• Löhne an Bauern in Assuan auszahlen
• Vieh zählen
• Eintragen der Viehbestände in Listen
• Steuern einsammeln
• Streit zwischen zwei Bauern schlichten

Die Ausbildung der Schreiber
Die ägyptische Schrift war sehr kompliziert. Um sie lesen und schreiben zu können, musste man viele Jahre in die Schreibschule gehen. Die Ausbildung begann im Alter von fünf Jahren.

[2] Schreibschule. Rekonstruktionszeichnung.

Tipps für die Erarbeitung
– Was sagen die Schriftrollen über die Arbeit, das Ansehen und die Ausbildung der Schreiber aus?

Tipps für die Präsentation
– Eine kleine Szene „Aufgaben eines Schreibers" entwerfen und in der Klasse vorspielen.

Ägypten und der Nil heute

Welche Bedeutung hat der Nil heute?

[1] Kreuzfahrt auf dem Nil. *Foto, 2014.*

[2] Tourismus am Nil. *Reiseprospekt-Foto, 2015.*

[3] Jugendlicher Andenkenverkäufer an den Pyramiden. *Foto, 2014.*

1. Finde heraus, mit welchen Argumenten in [1] für eine Nilkreuzfahrt geworben wird.
2. Kläre die Bedeutung des Nils für den Tourismus in Ägypten.

Massentourismus am Nil

Alljährlich besuchen mehrere Millionen Menschen aus aller Welt Ägypten. Die meisten von ihnen nehmen an organisierten Rundreisen zu den Pyramiden, Gräbern und Tempeln links und rechts vom Nil teil. Besonders die Nilkreuzfahrten mit bequemen Touristenschiffen sind beliebt. Viele Ägypter arbeiten in der Tourismusbranche als Reiseleiter oder Verkäufer, in Hotels oder auf den Nilschiffen.

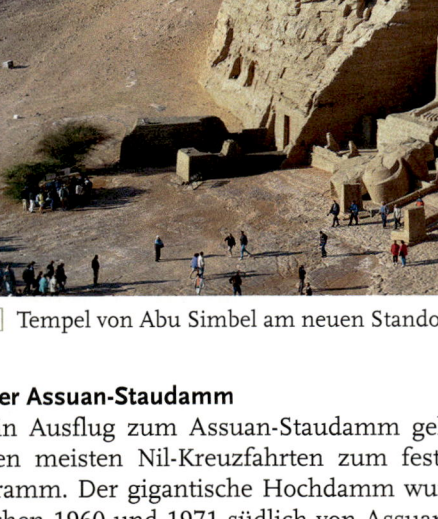

[4] Tempel von Abu Simbel am neuen Standort oberhalb des Nassersee. *Foto, 2016.*

Der Assuan-Staudamm

Ein Ausflug zum Assuan-Staudamm gehört bei den meisten Nil-Kreuzfahrten zum festen Programm. Der gigantische Hochdamm wurde zwischen 1960 und 1971 südlich von Assuan errichtet. Er hat eine Höhe von 111 m und ist 3,6 km lang. Das aufgestaute Wasser des Nils sammelt sich in dem 500 km langen und bis zu 35 km breiten Nasser-Stausee. Der Stausee reicht weit über die ägyptische Grenze hinaus in den Sudan hinein. Am Staudamm wurde ein Wasserkraftwerk errichtet, das heute noch den zehnten Teil des gesamten ägyptischen Strombedarfs erzeugt.

Positive und negative Folgen

Seit dem Bau des Staudamms gibt es keine Überschwemmungen mehr im Niltal. Der Wasserstand kann immer auf der gleichen Höhe gehalten werden, und der Nil ist ganzjährig schiffbar. Die landwirtschaftlichen Anbauflächen konnten ausgeweitet werden, und nun sind zwei bis drei Ernten im Jahr möglich. Aber jetzt bleibt auch der bei den früheren Überflutungen mitgeführte fruchtbare Düngeschlamm aus. Der Anstieg des Grundwasserspiegels bewirkt eine Versalzung der Ackerböden und der Grundmauern der Tem-

pel. Das Zurückgehen der natürlichen Nährstoffe im Nil verringert die Fischbestände. Beim Bau des Assuan-Staudamms wurden etwa 60.000 Menschen (vor allem Nubier und Sudanesen) gegen ihren Willen umgesiedelt.

Der Tempel von Abu Simbel

Mit internationaler Hilfe konnten zahlreiche einzigartige Baudenkmäler vor dem Versinken im Stausee gerettet werden. Die Tempel des Pharaos Ramses II. (regierte zwischen 1279 und 1213 v. Chr.) und seiner Frau Nefertari in Abu Simbel wurden in Blöcke zersägt und 60 m oberhalb ihres alten Standortes wieder aufgebaut.

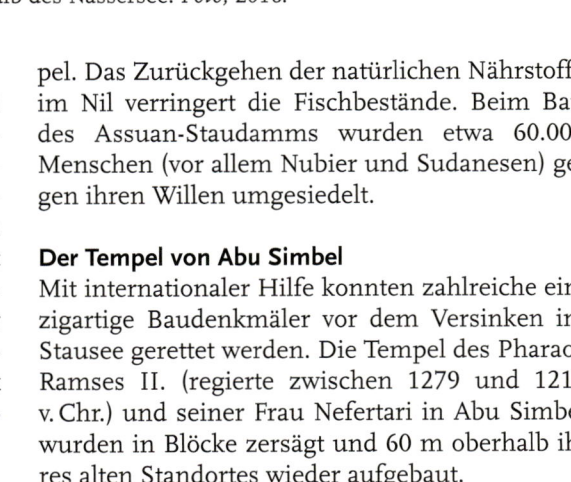

Wähle einen der Arbeitsaufträge aus:

◫ Stelle in einer Liste die positiven und negativen Auswirkungen des Staudamm-Baus gegenüber.

◫ Beschreibe aus der Sicht eines Bauingenieurs, eines Bauern und eines zwangsweise umgesiedelten Nubiers die Bedeutung des Assuan-Staudammes.

GPG aktiv

Diese Seite richtet sich an alle, die das Thema „Die Hochkultur Ägyptens" besonders interessiert, die gern etwas lesen, erforschen, konstruieren, modellieren, zeichnen, malen ...
Du kannst die Aufgaben vielleicht in oder außerhalb der Schule, allein, zu zweit oder in der Gruppe anpacken und mit den Ergebnissen eine kleine Ausstellung organisieren.

Denkt auch daran, euer Portfolio zu führen:
- schöne Ergebnisse in Text und Bild sammeln,
- Lernerfahrungen zum Thema „Die Hochkultur Ägyptens" aufschreiben.

Modellbau

Einzel-Modelle (z. B. von Pyramiden, Tempeln, Obelisken) aus Tonpapier, Holz, Gips oder anderen Werkstoffen fertigen. Vorlagen findest du dazu hier im Buch, in Jugendbüchern oder im Internet.
Zeigt eure Modelle in einer kleinen Ausstellung.

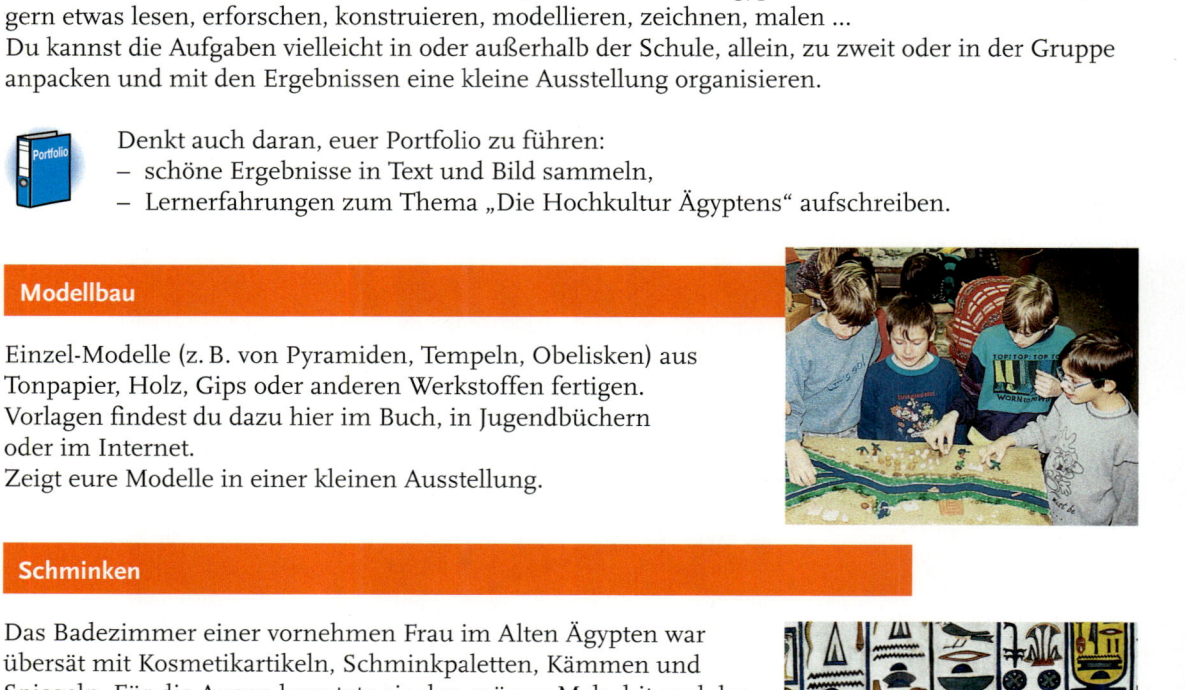

Schminken

Das Badezimmer einer vornehmen Frau im Alten Ägypten war übersät mit Kosmetikartikeln, Schminkpaletten, Kämmen und Spiegeln. Für die Augen benutzte sie den grünen Malachit und das rote Haematit. Später setzte sich mehr und mehr die schwarze Farbe durch, die aus Bleiglanz (Malachit) hergestellt wurde. Die Schminke wurde mit dem Finger oder mit dünnen Stäbchen aufgetragen. Oft wurde die Farbe bis zu den Schläfen gezogen, damit die Augen größer wirkten. Für die Gesichtshaut und die Lippen benutzte man Ocker-Rot. Henna-Rot färbte die Haare, Handflächen und Fußsohlen.

Schminktipps:
▶ Grünen oder blauen Lidschatten mit dem Finger oder Wattestäbchen auf das Oberlid auftragen
▶ Schwarze Linie mit einem Kajalstift um das Auge ziehen und in Richtung Ohr verlängern; Augenbrauen mit schwarzem Augenbrauenstift nachziehen
▶ Roten Lippenstift auftragen, Gesicht mit Rouge pudern

Zeichnen und Malen wie die Ägypter

Bevor die Ägypter Bilder malten, fertigten sie zunächst ein Raster an. Nach genauen Vorschriften für die Höhe der Schulter oder des Knies zeichneten sie nun die Figuren in das Raster ein und übertrugen das Ganze auf eine größere Fläche. Zum Schluss wurde das Bild farbig ausgemalt.

Zeichentipp:
Zeichne ein Raster vergrößert auf ein Rechenblatt (1 Kästchen = 1 x 1 cm). Übertrage dann die Zeichnung in das Raster und male das Bild farbig aus.

Teste dich!

Pharao	Totengott
Papyrus	griechischer Geschichtserzähler
Osiris	Gesellschaftsordnung von oben nach unten
Hieroglyphe	König in Ägypten
Pharao	Pflanze, Grundlage für Schreibmaterial
Herodot	Heilige Zeichen, Einkerbungen

[1] Begriffe und ihre Bedeutung

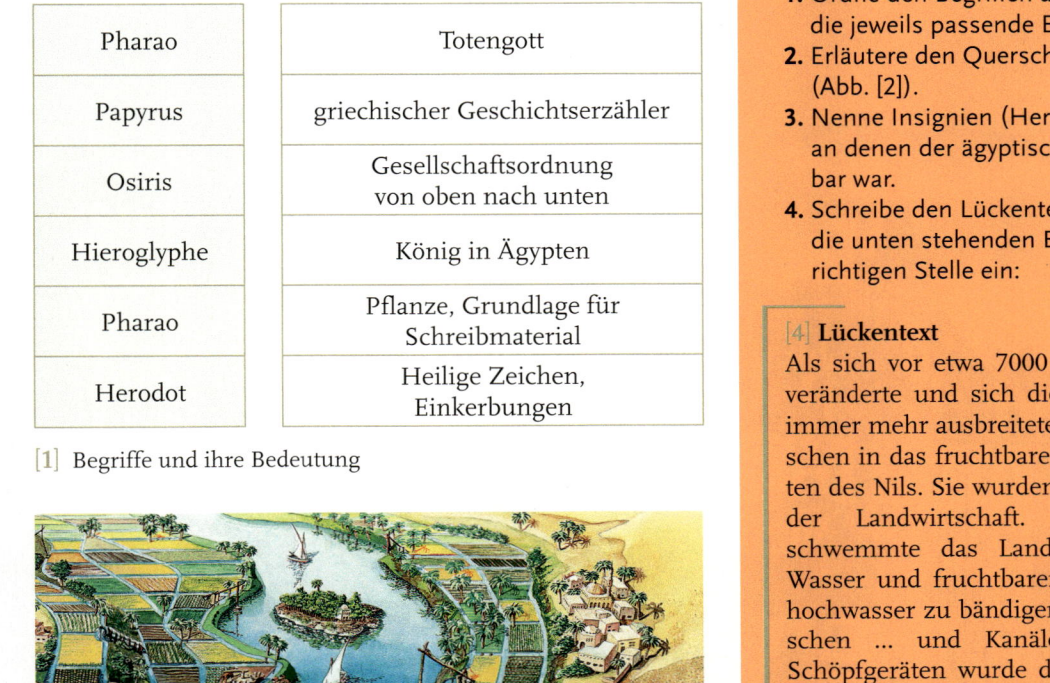

[2] Querschnitt durch das Niltal. *Rekonstruktionszeichnung.*

[3] Vornehme Familie bei der Jagd. *Grabmalerei um 1380 v. Chr.*

[5] Bauern bei der Arbeit. *Wandmalerei aus dem Grab des hohen Beamten Nacht, um 1425 v. Chr.*

Erkenntnisse gewinnen

1. Ordne den Begriffen aus Abbildung [1] die jeweils passende Erklärung zu.
2. Erläutere den Querschnitt des Niltals (Abb. [2]).
3. Nenne Insignien (Herrschaftszeichen), an denen der ägyptische Pharao erkennbar war.
4. Schreibe den Lückentext [4] ab und füge die unten stehenden Begriffe an der richtigen Stelle ein:

[4] **Lückentext**

Als sich vor etwa 7000 Jahren das Klima veränderte und sich die … in Nordafrika immer mehr ausbreitete, zogen viele Menschen in das fruchtbare Tal zu beiden Seiten des Nils. Sie wurden … und lebten von der Landwirtschaft. Der Nil überschwemmte das Land regelmäßig mit Wasser und fruchtbarem … Um das Nilhochwasser zu bändigen, bauten die Menschen … und Kanäle. Mit einfachen Schöpfgeräten wurde das Wasser auf höher gelegene Felder befördert. Getreideüberschüsse wurden in Speichern gesammelt und in Jahren mit schlechter Ernte verteilt. Die Menschen, die die Höhe der Nilflut berechnen oder die Felder vermessen konnten, übernahmen die … in den Dörfern. Etwa 3000 v. Chr. wurden die Landesteile Unter- und Oberägypten zu einem … vereinigt. An der Spitze stand ein König, der … genannt wurde.

Sesshaft Dämme Pharao Wüste Staat Schlamm Herrschaft

Anwenden und Handeln

5. Beschreibe das Bild [3] mithilfe der Methode Bilder „lesen" (siehe S. 104).

Beurteilen und bewerten

6. Beurteile, ob Herodot Recht hatte, wenn er meinte, dass nirgends „… die Früchte des Bodens so mühelos gewonnen werden" wie in Ägypten. Nimm das Bild [5] zu Hilfe.

Orientierung in Bayern und Deutschland

Bayern – immer eine Reise wert!

Jedes Jahr strömt mehr als eine Million Menschen aus aller Welt zum Schloss Neuschwanstein. Für viele Touristen, auch aus fernen Ländern wie den USA, Japan oder Australien, ist das berühmte „Märchenschloss" ein Höhepunkt auf ihrer Reise durch Bayern und Deutschland. Aber Bayern hat noch viele andere Sehenswürdigkeiten.

1. Erzähle, was du über Schloss Neuschwanstein weißt.
2. Nenne Ziele für Touristen in Bayern. Was macht diese Ziele so interessant?

THÜRINGEN

HESSEN

SACHSEN

Schloss St. Johannisburg

Schloss Ehrenburg

Burg Lauenstein

Kaiserburg

TSCHECHIEN

• Bad Brückenau

• Bad Neustadt

• Bad Kissingen

Unterfranken

Schweinfurt

Coburg

Kulmbach

Main

Oberfranken

Bayreuth

Germanisches Nationalmuseum

Aschaffenburg

Würzburg

• Volkach

Bamberg

Pegnitz

• Weiden

Kloster Weltenburg

Olympia-Gelände

Main

Ochsenfurt

Miltenberg

Erlangen

Oberpfälzer Wald

Frauenkirche

Schloss Nymphenburg

Rothenburg ob der Tauber

Fürth

Nürnberg

Amberg

Oberpfalz

Chamo

Deutsches Museum

Ansbach

Mittel-Franken

Fränkische Alb

1457 Gr. Arber

Bayerischer Wald

1453 Gr. Rachel

Dinkelsbühl

Altmühltal

Regensburg

Kelheim

Deggendorf

Nationalpark Bayerischer Wald

Nördlingen

• Eichstätt

Donau

Hauzenberg

Ingolstadt

Neuburg

Niederbayern

Passau

Donauwörth

Landshut

Andechs

• Günzburg

Isar

Mühldorf

Benediktbeuren

Ulm • Neu Ulm

Augsburg

Dachau

Erding

Altötting

Oberbayern

Inn

Residenz

Wieskirche

Schwaben

München

Wasserburg

Burghausen

Hellabrunn

BADEN-WÜRTTEMBERG

Neuschwanstein

Memmingen

Starnberg

Wolfratshausen

Bavaria Filmstadt

Chiemsee

Bad Reichenhall

Kaufbeuren

Starnberger See

Tegernsee

Nationalpark Berchtesgaden

Lindau

Forggensee

Walchensee

2713 Watzmann

Bodensee

Pfronten • Füssen

ÖSTERREICH

SCHWEIZ

2224 Nebelhorn

Oberstdorf

2963 Zugspitze

Garmisch-Partenkirchen

Zugspitze

Schloss Herrenchiemsee

o km   25   50   75 km

[1] Touristische Ziele in Bayern. *Karte.*

Sehenswürdigkeiten im Freistaat Bayern

Auch die Menschen, die in Bayern leben, machen gern Urlaub oder Ausflüge im eigenen Land. – Und überall gibt es auch etwas für junge Touristen.

Mit fast 1300 Metern Länge und über 200 Metern Höhenunterschied ist z. B. die Sommerrodelbahn am Blomberg bei Bad Tölz eine Attraktion für Jung und Alt.

[2] Altmühltal. *Foto.*

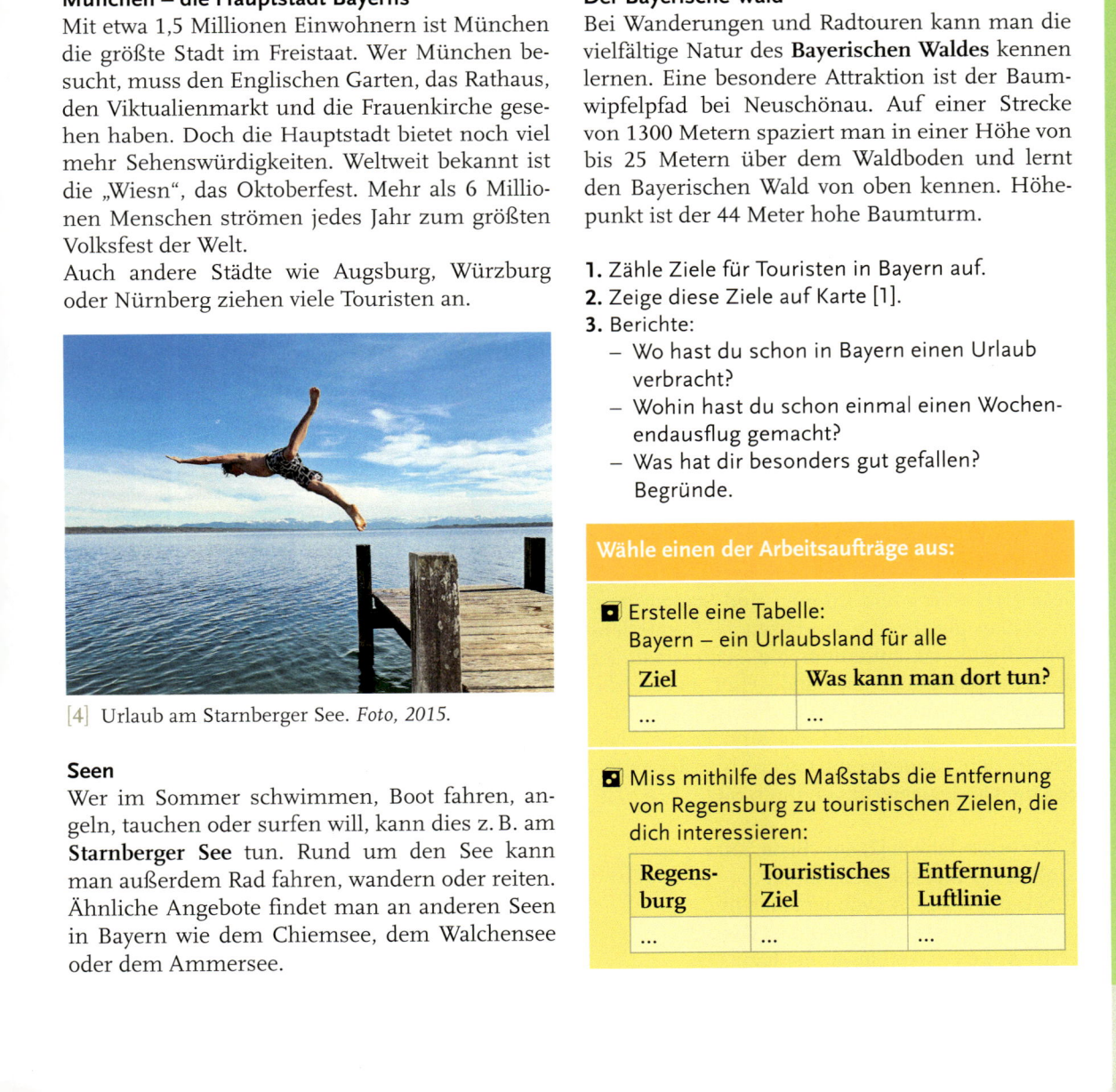

[3] Surfer auf dem Eisbach im Englischen Garten in München. *Foto, 2013.*

[5] In den Baumwipfeln des Bayerischen Waldes. *Foto, 2014.*

München – die Hauptstadt Bayerns

Mit etwa 1,5 Millionen Einwohnern ist München die größte Stadt im Freistaat. Wer München besucht, muss den Englischen Garten, das Rathaus, den Viktualienmarkt und die Frauenkirche gesehen haben. Doch die Hauptstadt bietet noch viel mehr Sehenswürdigkeiten. Weltweit bekannt ist die „Wiesn", das Oktoberfest. Mehr als 6 Millionen Menschen strömen jedes Jahr zum größten Volksfest der Welt.

Auch andere Städte wie Augsburg, Würzburg oder Nürnberg ziehen viele Touristen an.

[4] Urlaub am Starnberger See. *Foto, 2015.*

Seen

Wer im Sommer schwimmen, Boot fahren, angeln, tauchen oder surfen will, kann dies z. B. am **Starnberger See** tun. Rund um den See kann man außerdem Rad fahren, wandern oder reiten. Ähnliche Angebote findet man an anderen Seen in Bayern wie dem Chiemsee, dem Walchensee oder dem Ammersee.

Der Bayerische Wald

Bei Wanderungen und Radtouren kann man die vielfältige Natur des **Bayerischen Waldes** kennen lernen. Eine besondere Attraktion ist der Baumwipfelpfad bei Neuschönau. Auf einer Strecke von 1300 Metern spaziert man in einer Höhe von bis 25 Metern über dem Waldboden und lernt den Bayerischen Wald von oben kennen. Höhepunkt ist der 44 Meter hohe Baumturm.

1. Zähle Ziele für Touristen in Bayern auf.

2. Zeige diese Ziele auf Karte [1].

3. Berichte:
– Wo hast du schon in Bayern einen Urlaub verbracht?
– Wohin hast du schon einmal einen Wochenendausflug gemacht?
– Was hat dir besonders gut gefallen? Begründe.

Wähle einen der Arbeitsaufträge aus:

◼ Erstelle eine Tabelle:
Bayern – ein Urlaubsland für alle

Ziel	Was kann man dort tun?
...	...

◼ Miss mithilfe des Maßstabs die Entfernung von Regensburg zu touristischen Zielen, die dich interessieren:

Regensburg	Touristisches Ziel	Entfernung/ Luftlinie
...	...	...

Orientierung – Bayern und Deutschland

Deutschland und seine Bundesländer

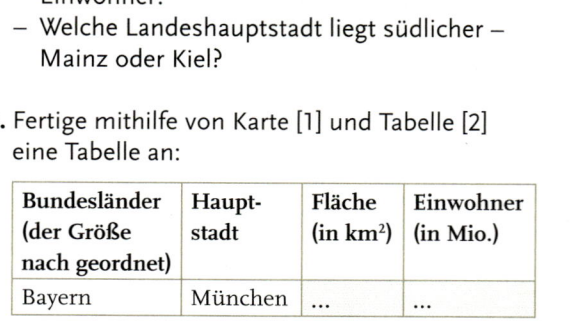

[1] Die Länder der Bundesrepublik Deutschland.

Land	Fläche (in km²)	Einwohner (in Mio.)
Baden-Württemberg	35 751	10,7
Bayern	70 549	12,4
Berlin	891	3,3
Brandenburg	29 477	2,5
Bremen	404	0,6
Hamburg	755	1,7
Hessen	21 114	6,0
Mecklenburg-Vorpommern	23 174	1,7
Niedersachsen	47 618	8,0
Nordrhein-Westfalen	34 089	18,0
Rheinland-Pfalz	19 847	4,0
Saarland	2 568	1,0
Sachsen	18 413	4,2
Sachsen-Anhalt	20 445	2,4
Schleswig-Holstein	15 763	2,8
Thüringen	16 172	2,3
Deutschland	**357 030**	**82,5**

[2] Die Bundesländer in Zahlen.

Die Bundesländer

Die Bundesrepublik Deutschland ist ein Bundesstaat, der aus 16 Bundesländern besteht.
Berlin, Hamburg und Bremen sind Stadtstaaten, sie zählen gleichzeitig zu diesen 16 Bundesländern. Berlin ist außerdem die Hauptstadt der Bundesrepublik Deutschland. Hier haben die Bundesregierung und der Bundestag ihren Sitz.
Die 13 anderen Bundesländer sind Flächenstaaten. In den Landeshauptstädten der Länder haben die Landesregierungen ihren Sitz.

1. Werte die Tabelle [2] aus. Bilde Sätze wie:
   a) Das größte Bundesland hat ...
   b) Die meisten Einwohner leben in ...
   c) Das kleinste Bundesland ist das ...
   d) Am wenigsten Einwohner hat ...

2. Arbeite mit einem Partner. Stellt euch gegenseitig Fragen. Beispiele:
   – Welche Bundesländer grenzen an Bayern?
   – Welches Bundesland hat die meisten Einwohner?
   – Welche Landeshauptstadt liegt südlicher – Mainz oder Kiel?

3. Fertige mithilfe von Karte [1] und Tabelle [2] eine Tabelle an:

Bundesländer (der Größe nach geordnet)	Hauptstadt	Fläche (in km²)	Einwohner (in Mio.)
Bayern	München	...	...

[3] Landeswappen des Freistaates Bayern.

Das Landeswappen des Freistaates Bayern

Oben links: Der goldene Löwe steht für den Regierungsbezirk Oberpfalz.

Oben rechts: Die drei weißen Spitzen vor rotem Hintergrund stehen für die Regierungsbezirke Oberfranken, Mittelfranken und Unterfranken.

Unten links: Der blaue Panther symbolisiert die Regierungsbezirke Niederbayern und Oberbayern.

Unten rechts: Die drei schwarzen Löwen repräsentieren den Regierungsbezirk Schwaben.

Mitte: Die weiß-blauen Rauten auf dem „Herzschild" sind das Wahrzeichen Bayerns. Man bezeichnet sie auch als „Kleines Staatswappen".

Oben: Die goldene „Volkskrone" steht für die Demokratie.

Wähle einen der Arbeitsaufträge aus:

▪ Fertige eine Skizze von der Karte [1] an und beschrifte sie.

▪ Zeichne das Landeswappen des Freistaates Bayern [3] ab. Schreibe kurze Erklärungen neben die Zeichnung.

Was du sonst noch tun kannst ...

▪ Informiere dich im Lexikon über den Ursprung der bundesdeutschen Flagge [4].

[4] Flagge der Bundesrepublik Deutschland.

Bayern – politische Gliederung

Legende:
- ▬▬ Landesgrenze
- ▬▬ Regierungsbezirksgrenze
- ▬▬ Kreisgrenze
- ◎ Landeshauptstadt
- ○ Sitz eines Regierungsbezirks
- ● Kreisfreie Stadt
- Hof Name eines Landkreises

[1] Die politische Gliederung des Freistaates Bayern. *Karte.*

	Einwohner	Fläche in km²
Oberpfalz	1 081 000	9 691
Oberfranken	1 083 000	7 231
Mittelfranken	1 712 000	7 244
Oberbayern	4 346 000	17 529
Schwaben	1 786 000	9 992
Niederbayern	1 189 000	10 330
Unterfranken	1 327 000	8 531

[2] Einwohnerzahlen und Fläche der Regierungsbezirke Bayerns. Stand 2013.

1. Zeige auf der Karte [1], wo sich dein Schulort befindet. Nenne den Regierungsbezirk und den Landkreis bzw. die kreisfreie Stadt.
2. Zähle auf:
   – die sieben Regierungsbezirke Bayerns,
   – drei Landkreise je Regierungsbezirk,
   – zwei kreisfreie Städte je Regierungsbezirk.
3. Erkläre mithilfe der Legende die Karte [1].
4. Ordne die Regierungsbezirke mithilfe der Tabelle [2]
   – der Größe der Fläche nach,
   – der Einwohnerzahl nach.

Städte nach Einwohnerzahl:
- über 1 Million
- 500 000–1 Million
- 100 000–500 000
- 20 000–100 000
- unter 20 000

[3] Städte im Freistaat Bayern. *Karte.*

Städte in Bayern

Viele Menschen in Bayern leben in Städten. Andere leben in Dörfern, fahren aber täglich oder oft in Städte. Dort gibt es zahlreiche Arbeitsplätze, Krankenhäuser, große und kleine Geschäfte, Theater, Kinos, Bäder oder Schulen.

Städte mit mehr als 100 000 Einwohnern werden als Großstädte bezeichnet. Die größte Stadt im Freistaat Bayern ist die Landeshauptstadt München mit über 1,5 Millionen Einwohnern. Es folgt Nürnberg mit über 500 000 Einwohnern.

5. Sieh dir die Karte [3] und die dazu gehörige Legende an: Zeige und nenne die Stadt, in der du zur Schule gehst oder die sich in der Nähe deines Schulortes befindet.

6. Erstelle zwei Listen:
   - Großstädte mit einer Einwohnerzahl über 100 000 Einwohnern,
   - Städte mit einer Einwohnerzahl zwischen 20 000 und 100 000 Einwohnern.

Wähle einen der Arbeitsaufträge aus:

▣ Vergleiche die Karten [1] und [3] und erstelle eine Tabelle:

Regierungsbezirk	Städte
...	...

▣ Zeichne eine Faustskizze: „Bayern – Regierungsbezirke und Städte".

Ein Schrägluftbild auswerten

[1] Das Knoblauchsland aus der Luft gesehen. *Schrägluftbild, 2011.*

[2] Skizze zur Auswertung des Luftbildes.

Was ist ein Schrägluftbild?

Schrägluftbilder werden von einem Flugzeug, einem Helikopter, einem Heißluftballon oder von einer Drohne aufgenommen. Ein Schrägluftbild zeigt uns zum Beispiel eine Landschaft. Manchmal ist auch eine Stadt oder ein Dorf oder etwas anderes zu sehen. Die Sicht auf diese Landschaft unterscheidet sich von unserer normalen Sicht. Eine Stadt oder ein Dorf, Äcker, Wiesen, Straßen oder Flüsse und Seen werden in einem größeren Zusammenhang erkennbar.

Die Schritte auf der rechten Seite helfen dir beim Auswerten eines Schrägluftbildes.

1. Schritt: Das Schrägluftbild aufteilen

- Ein Schrägluftbild lässt sich oft in Vordergrund, Mittelgrund und Hintergrund sowie eine linke und eine rechte Seite aufteilen.

2. Schritt: Klären, was zum Vordergrund, Mittelgrund und Hintergrund gehört

- Vordergrund, Mittelgrund und Hintergrund ergeben sich oft, indem man das Bild in drei Teile von unten nach oben aufteilt.
- Durch eine weitere Teilung in eine rechte und linke Bildhälfte lässt sich das Bild noch besser beschreiben.

3. Schritt: Eine Faustskizze des Schrägluftbildes mit Legende entwerfen

- Fertige eine vereinfachte Zeichnung des Schrägluftbildes an.

4. Schritt: Faustskizze und Schrägluftbild vergleichen

- Beschreibe mithilfe der Faustskizze, was auf dem Schrägbild zu sehen ist.

So hat ein Schüler die Aufgabe gelöst

▶ Sieh dir dazu die Aufteilung des Schrägluftbildes auf der Abbildung [1] an.

▶ Im Schrägluftbild [1] sind zu erkennen:
  - Vordergrund: Wohngebiet und Straßen
  - Mittelgrund: Gewächshäuser, Anbauflächen, Folientunnel, Flachfolie, Wasserspeicher, Pumpen sowie Straßen und Feldwege
  - Hintergrund: weitere Felder, Wohngebiet (hinten rechts), der alte Dorfkern und Straßen

▶ Sieh dir dazu die Skizze [2] und die dazugehörige Legende an.
▶ Anhand der Farben in der Legende lässt sich die Faustskizze leicht erklären.

▶ Im Vordergrund des Schrägluftbildes ist ein Wohngebiet zu sehen. Man erkennt Wohnhäuser und Straßen.
▶ Im Mittelgrund sind unterschiedliche Flächen zu sehen, die für die Landwirtschaft genutzt werden. Auf der linken Seite erkennt man ...

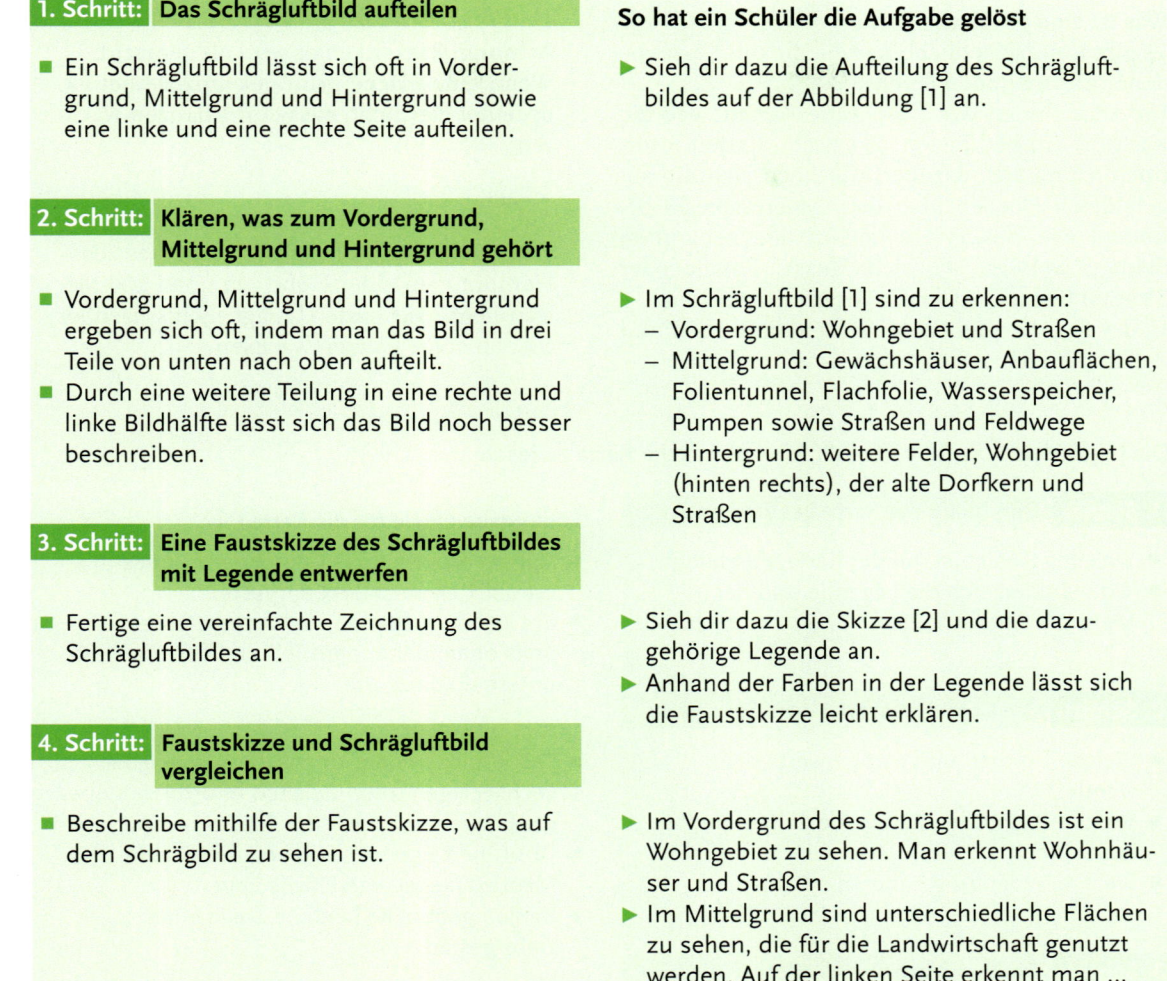

linke Seite — Hintergrund — rechte Seite
Mittelgrund
Vordergrund

[3] Schrägluftbild Nördlingen, Schwaben.

1. Werte das Schrägluftbild [3] mithilfe der Schritte 1 bis 4 aus.

Eine physische Karte lesen

Was ist eine physische Karte?

Es gibt unterschiedliche Karten, die uns verschiedene Informationen liefern.

Im Atlas finden wir „Physische Karten" wie die Karte [1] am häufigsten. Physische Karten informieren uns z. B. darüber, wie hoch sich die abgebildeten Flächen über dem Meeresspiegel befinden, wie viele Menschen in den genannten Städten wohnen, wo sich Flüsse, Kanäle oder Straßen befinden oder wo Grenzen verlaufen.
In der Legende der Karte werden die Farben und Zeichen (Signaturen) erklärt.

Achtung! Dieser Fehler wird oft gemacht: Wenn eine Fläche grün gekennzeichnet ist, bedeutet das nicht, dass dort Pflanzen wachsen.

Beispiel:
Auf Karte [1] ist das Gebiet um Hamburg grün gekennzeichnet. Das bedeutet, dass Hamburg auf einer Höhe von unter 100 Metern liegt. Die Karte [1] sagt nichts darüber aus, ob dort Pflanzen wachsen.

Die folgenden Schritte helfen dir, eine physische Karte zu lesen:

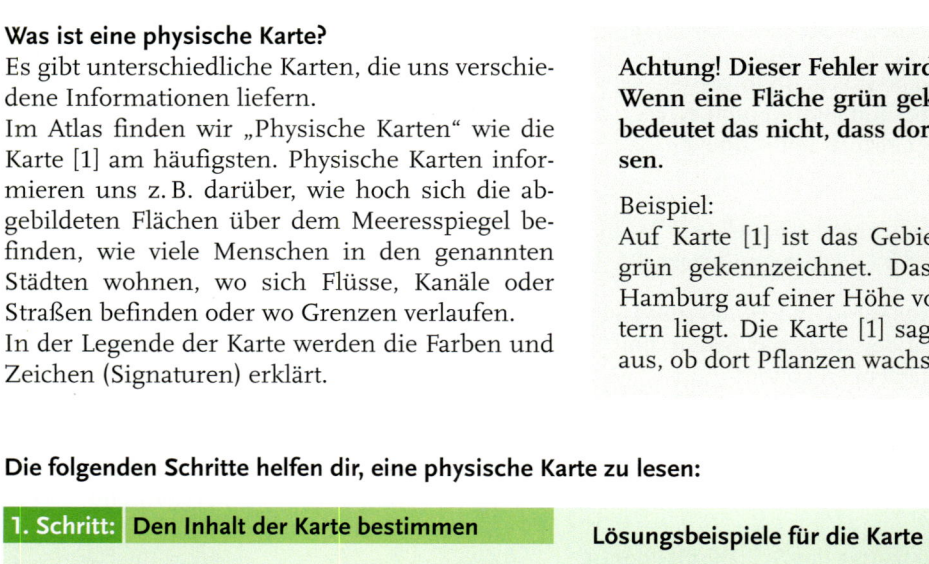

1. Schritt: **Den Inhalt der Karte bestimmen**

- Welches Gebiet ist auf der Karte abgebildet?
- Wo befinden sich die Legende und der Maßstab der Karte?

Lösungsbeispiele für die Karte [1]:

▶ Auf der Karte ist das Gebiet der Bundesrepublik Deutschland dargestellt.
▶ Ein Teil der Legende der Karte befindet sich links oben, der andere Teil und der Maßstab unterhalb der Karte.

2. Schritt: **Die Legende lesen**

- Welche Zeichen und Farben werden verwendet?
- Welche Bedeutung haben die Farben und Zeichen?
- Welche Bedeutung haben die Zahlen?

▶ Die farblosen oder roten Kreise sowie die sechseckigen roten Zeichen informieren über die Einwohnerzahlen der Städte.
▶ Farbtöne zeigen an, wie hoch über dem Meeresspiegel eine Fläche liegt.
▶ Zahlen geben die höchste Stelle eines Gebirges an.

3. Schritt: **Die Karte lesen**

- Welche Informationen liefert die Karte über die Einwohnerzahl von Städten?
- Wie hoch liegt ein Gebiet über dem Meeresspiegel?

...

▶ München, Berlin, Hamburg und Köln haben mehr als eine Million Einwohner.
▶ Die Bayerischen Alpen liegen mehr als 2 000 Meter über dem Meeresspiegel. Die Zugspitze hat eine Höhe von 2 963 Metern.

...

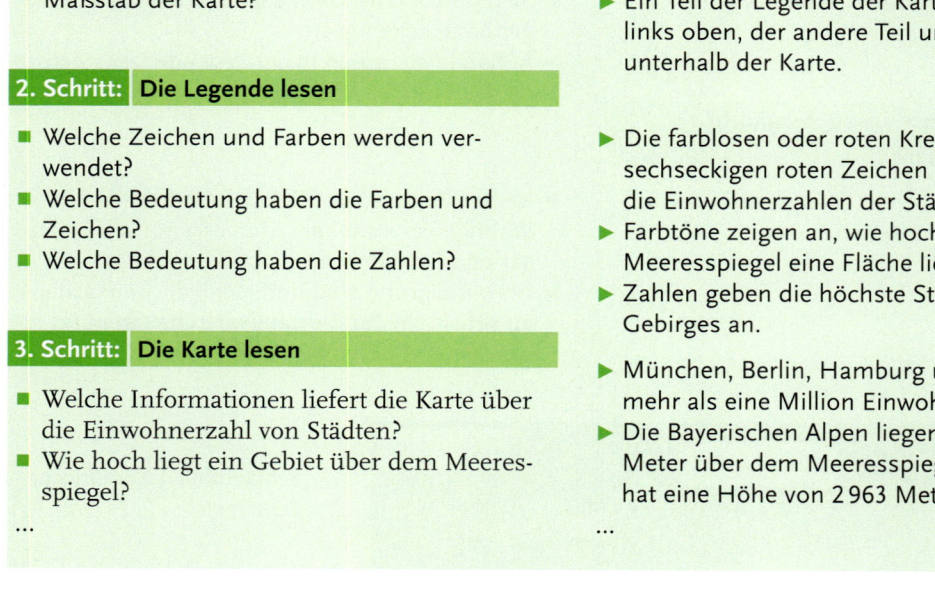

1. Löse mithilfe der Methode „Eine physische Karte lesen" folgende Aufgaben zur physischen Karte [1]:
   a) Zähle drei Städte auf, die zwischen 50 000 und 100 000 Einwohner haben.
   b) Wie hoch ist die höchste Stelle im Bayerischen Wald?
   c) Wie hoch ist der Brocken im Harz?
   d) Auf welcher Höhe über dem Meeresspiegel liegt in etwa Bremen?

   e) Hat Rostock mehr oder weniger als 100 000 Einwohner?
   f) Nenne drei Städte mit weniger als 50 000 Einwohnern.
2. Beurteile, welche Informationen die physische Karte rechts bietet, um in den Sommerferien einen schönen Badeurlaub irgendwo in Deutschland erleben zu können.
3. Welche Informationen liefert die Karte nicht? Begründe

Nordsee

100 km

Sylt

Nordfriesische Inseln

Ostsee

Flensburg
Schleswig
Husum
Rendsburg Kiel
Neumünster

Fehmarn

Darß

Rügen

Usedom

Stralsund

Greifswald

Helgoland

Cuxhaven
Elmshorn
Bremer-
haven
Stade
Hamburg

Lübeck
Wismar
Schwerin

Rostock

Neubrandenburg

Müritz

Neustrelitz

Ostfriesische Inseln
Norden
Wilhelms-
haven
Emden
Oldenburg
Bremen
Vechta
Verden

Lüneburg

Parchim

Wittenberge

Neuruppin

Schwedt

Lingen
Hannover
Minden
Celle
Stendal
Brandenburg

Berlin
Potsdam
Frankfurt

Oder

Rheine
Osnabrück
Bielefeld
Teutoburger Wald
Detmold
Hameln
Hildesheim
Wolfsburg
Braunschweig
Magdeburg
Fläming
Wittenberg
Guben

Cottbus

Münster
Hamm
Paderborn
Solling
Goslar
Brocken
Harz 1142
Dessau-
Roßlau
Hoyerswerda

Wesel
Essen Dortmund
Duisburg
Düsseldorf
Mönchen-
gladbach
Köln
Aachen
Bonn

Arnsberg
Wuppertal

Siegen 841
Rothaargeb.
Marburg
657
Westerwald
Gießen
747
Koblenz

Kassel
Göttingen
Nordhausen
Mühlhausen
Bad
Hersfeld
Fulda
Vogels-
berg
·774
Werra
Meißner
750
Eisenach
Erfurt
Weimar
Jena
Rhön
950 982
Suhl

Unstrut

Naumburg
Halle
Torgau
Leipzig

Gera
Chemnitz
Zwickau

Görlitz
Zittau

Dresden
Elbsandstein-
gebirge

Erzgebirge

Eifel
Trier
Hunsrück
Mosel
Nahe
Wiesbaden
880
Taunus
Mainz
Frankfurt
Spessart
Darmstadt
Main
Thüringer Wald
Saalfeld
Coburg
Hof
Fichtel-
gebirge 1051
Bayreuth
Oberpfälzer Wald

Saar
Kaisers-
lautern
Saar-
brücken
Pfälzer
wald
Mannheim
Ludwigs-
hafen
Heidelberg
Oden-
wald
Bad
Mergentheim
Steigerwald
Schweinfurt
Würzburg
Bamberg
Erlangen
Fürth
Nürnberg
Weiden
Naab
Bayerischer Wald
Regen
Großer Arber
1456

Karlsruhe
Heilbronn
Ansbach
Fränkische Alb
Jagst
Crailsheim
Ludwigsburg
Aalen
Regensburg
Donau

Stuttgart
Baden-
Baden
Tübingen
Esslingen
Neckar
Schwäbische Alb
Heidenheim
Augsburg
Ingolstadt
Landshut
Freising
Passau
Inn

Offen-
burg
Schwarzwald
1015
Ulm
Biberach
Iller
Lech
München
Rosenheim
Salzach

Freiburg
Donau
Villingen-
Schwenningen
Feldberg
1493
Friedrichs-
hafen
Memmingen
Kempten
Bad
Tölz
Chiemsee
Bad
Reichenhall

Konstanz
Lindau
Bayerische Alpen
Garmisch-
Partenkirchen
Boden-
see
Oberstdorf
Zugspitze
2963

Städte und Orte
nach Einwohnerzahl

▣ über 1 000 000
■ 500 000–1 000 000
● 100 000–500 000
◉ 100 000–50 000
○ unter 50 000

Landhöhen
in Meter

2000
1000
750
500
300
200
100
50
0

――― Staatsgrenze
Rhein Flussname
Harz Gebirgsname
Brocken Bergname
● 1142 Höhe
in Meter

[1] Physische Karte Deutschlands.

125

Eine thematische Karte lesen

Was ist eine thematische Karte?

In Geographiebüchern und Atlanten findest du verschiedene Karten, die dir unterschiedliche Informationen zu einem Thema liefern. Solche Karten nennt man „thematische Karten".

Es gibt thematische Karten, aus denen du zum Beispiel etwas über die Menge des Niederschlags herauslesen kannst. Andere Karten beschreiben, wo viele oder wenig Menschen leben. Thematische Karten können auch Informationen über Landwirtschaft, Tourismus, das Klima oder andere Bereiche liefern.

Die folgenden Schritte helfen dir, eine thematische Karte zu lesen:

1. Schritt: Den Inhalt der Karte bestimmen

- Was ist das Thema der Karte?
- Welches Gebiet ist auf der Karte abgebildet?
- Wo befinden sich die Legende und der Maßstab der Karte?

2. Schritt: Die Legende lesen

- Welche Zeichen und Farben werden verwendet?
- Welche Bedeutung haben die Farben und Zeichen?

3. Schritt: Die Karte lesen

- Welche Informationen liefert die Karte?
- Entfernungen lassen sich mithilfe des Maßstabs abschätzen.

...

Lösungsbeispiele für die Karte [1]:

- ▶ Das Thema der Karte lautet: Deutschland – Bahnstrecken und Fernbuslinien.
- ▶ Auf der Karte ist das Gebiet der Bundesrepublik Deutschland dargestellt.
- ▶ Die Legende findet sich rechts unten, der Maßstab links unterhalb der Karte.

- ▶ Es finden sich u. a. orange-rote Linien, die große Städte verbinden. Diese Linien zeigen den Verlauf von ICE- und IC-Bahnstrecken.
- ▶ Rosa Linien bedeuten weniger wichtige Bahnstrecken.
- ▶ Große grüne Punkte stehen für Hauptfernbushaltestellen.

- ▶ In der Regel sind die großen Städte durch Autobahnen verbunden, die von den Fernbussen genutzt werden (Beispiel: Hamburg–Berlin).
- ▶ Es ist zu sehen, welche größeren Orte durch eine ICE- bzw. IC-Bahnstrecke verbunden sind.

...

1. Löse mithilfe der Methode „Eine thematische Karte lesen" folgende Aufgaben:
  a) Nenne verschiedene Möglichkeiten, wie man von München nach Berlin reisen kann.
  b) In welchem Gebiet Deutschlands gibt es besonders viele Eisenbahnstrecken?
  c) Nenne mindestens drei Städte, die einen großen Fernbusbahnhof haben.
  d) Nenne Städte, die nicht von einem ICE oder IC angefahren werden.
  e) Zähle Städte auf, von denen man mit dem Fernbus ins Ausland fahren kann.
  f) Beurteile: Welche Städte haben eine gute Verbindungsmöglichkeiten zu anderen deutschen Städten und ins Ausland. Begründe dein Urteil mithilfe der Karte.

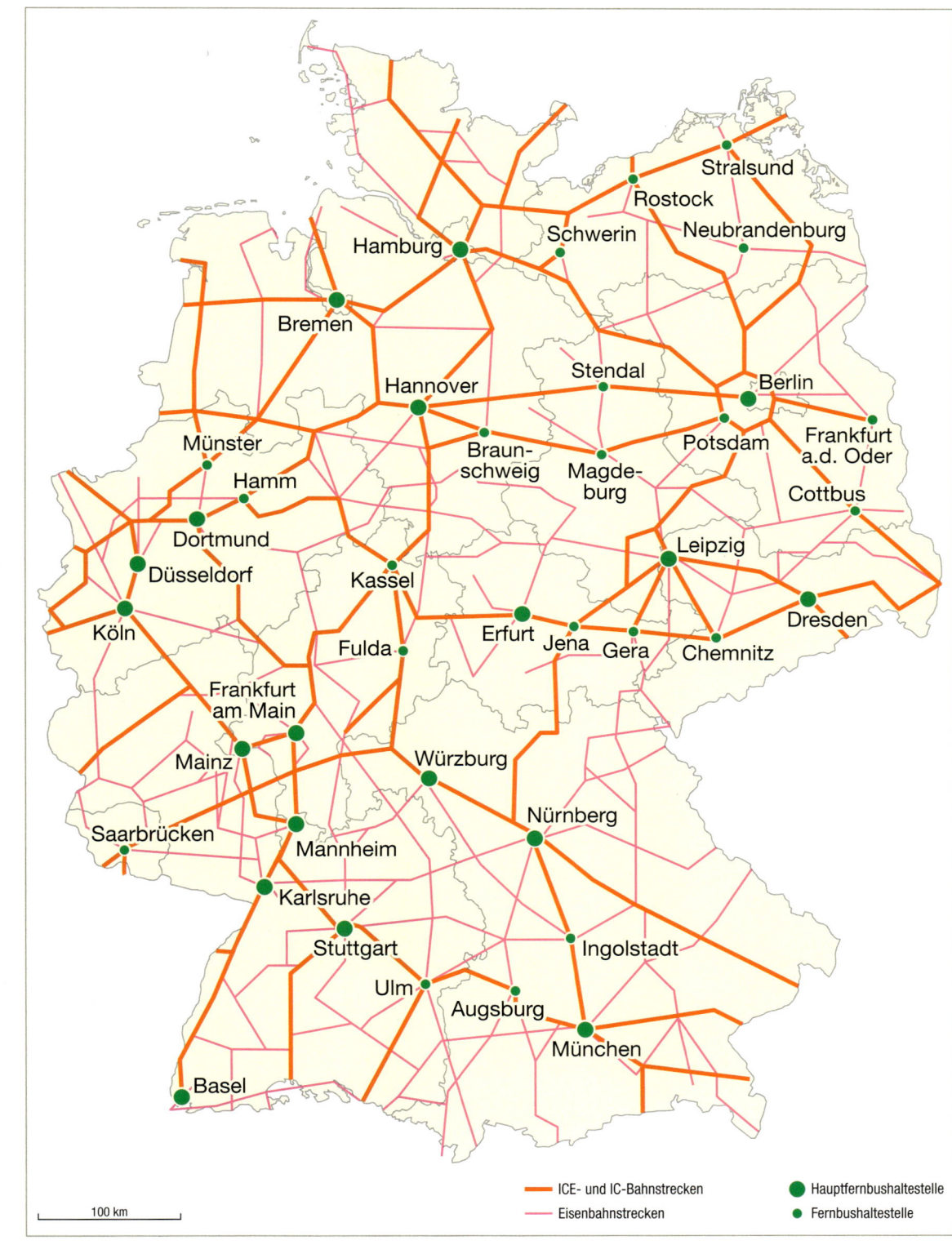

[1] Thematische Karte: Deutschland – Bahnstrecken und Fernbuslinien.

Legend:
— ICE- und IC-Bahnstrecken
— Eisenbahnstrecken
● Hauptfernbushaltestelle
● Fernbushaltestelle

100 km

Mit dem Maßstab arbeiten

Auf den meisten Karten findest du einen Maßstab. Der Maßstab hilft dir, wenn du wissen willst, wie weit es von einem Ort zum anderen in der Wirklichkeit ist. Manchmal ist das leicht zu erkennen wie auf der Karte [1]: Die Entfernung von München nach Salzburg beträgt etwas mehr als 100 Kilometer.

Aber oft kann man die Entfernung nicht so leicht erkennen. Die folgenden Schritte helfen dir dabei, Entfernungen auf der Karte richtig zu messen.

[1] Kartenausschnitt.

Du brauchst dazu: eine Karte (auf der du Entfernungen messen willst), Lineal, Schere, Stift, einen verstärkten Papier- oder Pappbogen.

1. Schritt:

- Nimm den Papier- oder Pappbogen zur Hand und zeichne mit dem Lineal eine Linie, die etwa 3 cm vom Rand entfernt ist.
- Schneide den etwa 3 cm breiten Streifen sauber ab.

2. Schritt:

- Lege den Pappstreifen unter den Maßstab der Karte.
- Zeichne den Maßstab der Karte auf den Streifen.
- Verlängere nun den Maßstab, bis der gesamte Pappstreifen den Maßstab zeigt.
- Wenn der Maßstab auf der Karte z. B. nur 100 km zeigt, zeigt dein Streifen 700 oder sogar 800 km.

3. Schritt:

- Lege deinen Streifen an und miss die Entfernung zwischen zwei Punkten auf der Karte.
- Du kannst nun die direkte Entfernung, die man auch „Luftlinie" nennt, ablesen. Die Strecke, die tatsächlich z. B. mit dem Auto zurückgelegt werden muss, ist meist länger. So z. B. von München nach Salzburg: Luftlinie = 100 km → mit dem Auto ca. 120–130 km.

[2] Wanderkarte Tegernsee. *Ausschnitt.*

1. Wende die Methode von der linken Seite an:
Erstelle eine Messstreifen für Karte [2] und
miss die Entfernungen (Luftlinie) von
Tegernsee Bahnhof–Gmund Bahnhof

Rottach-Egern, Kirche St. Laurentius–
Ostiner Berg
Bad Wiessee, Badepark–Ostin.

[3] Europa. *Kartenausschnitt.*

2. Wende die Methode von der linken Seite an:
Erstelle eine Messstreifen für Karte [3] und
miss die Entfernungen (Luftlinie) von:

Berlin–Madrid
Rom–London
Lissabon–München.

Deutschland vom Hochgebirge zum Tiefland

Welche Großlandschaften gibt es in Deutschland?

[1] Die Großlandschaften Deutschlands.

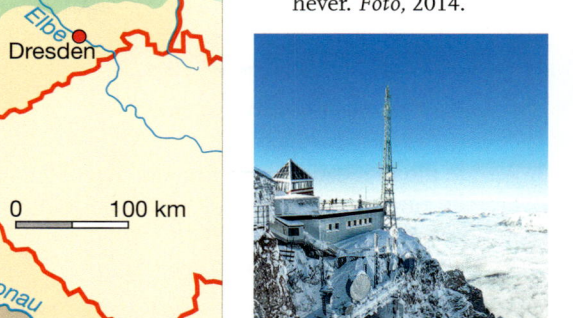

[2] Leuchtturm in Westerhever. *Foto, 2014.*

[3] Auf der Zugspitze – dem höchsten Berg Deutschlands. *Foto, 2013.*

1. Nenne anhand der Karte [1] die vier Großlandschaften Deutschlands.

2. Finde heraus, in welcher Großlandschaft dein Schulort liegt. Nimm einen Atlas zu Hilfe, wenn du ihn brauchst.

Vier Großlandschaften

Zwischen den Alpen im Süden und der Küste im Norden findet man vier Großlandschaften in Deutschland. Diese unterscheiden sich voneinander in ihrer Höhe über dem Meeresspiegel und in der Form ihrer Oberflächen.

Im Süden Deutschlands liegen die **Alpen**. Die Alpen sind Europas größtes und höchstes Gebirge. Die Gesamtlänge von Westen nach Osten beträgt etwa 1 200 km. Zu Deutschland gehört nur ein kleiner Teil des Nordrandes der Alpen. Der höchste Berg Deutschlands ist die Zugspitze mit 2 963 Metern.

Das **Alpenvorland** umfasst den Raum vom Nordrand der Alpen bis zur Donau. Es ist eine weite hügelige Fläche, die von etwa 800 Metern am Alpenrand auf rund 300 Meter an der Donau abfällt. Das Alpenvorland ist von zahlreichen Seen und Wäldern geprägt.

[4] Die vier Großlandschaften von den Alpen bis zur Küste. *Fotos.*
Zwischen dem Alpenvorland und dem Norddeutschen Tiefland liegt das **Mittelgebirgsland**. Die höchs-

ten Erhebungen sind die Mittelgebirge. Sie ragen zwischen 500 und 1 500 Metern auf. Tief eingeschnittene Täler und abgesenkte Becken trennen die einzelnen Mittelgebirge voneinander.

Von den nördlichen Ausläufern des Mittelgebirgslandes bis zur Nordsee und der Ostsee einschließlich der Inseln erstreckt sich das **Norddeutsche Tiefland**. Diese flache Großlandschaft erhebt sich nur an wenigen Stellen auf maximal 200 Meter. Die tiefste Stelle liegt 3,5 Meter unter dem Meeresspiegel.

3. Beschreibe die Fotos A–D. Ordne sie den vier Großlandschaften Deutschlands zu.

4. Nimm einen Atlas zu Hilfe. Nenne Großlandschaften, von denen ein Teil in Bayern liegt.

Wähle einen der Arbeitsaufträge aus:

▣ Fertige eine Faustskizze von Karte [1] an.

▣ Schreibe einen Reisebericht über eine Großlandschaft Deutschlands, die du schon gesehen hast, zum Beispiel im Urlaub oder während eines Ausflugs.

Die Deutschen Alpen

1. Sammle mit den Materialien der Seite und dem Atlas Informationen zum Thema „Die Alpen".
2. Präsentiere deine Ergebnisse in geeigneter Form in der Klasse.

[1] In den Alpen.
Foto, 2014.

Ein Hochgebirge wächst aus dem Meer

Vor vielen Millionen Jahren erstreckte sich dort, wo heute die Alpen liegen, ein großes Meer.

Auf dem Meeresboden lagerten sich mächtige Schichten von Sand und Schlamm ab. Aber auch Kalkschalen von abgestorbenen Meerestieren, wie zum Beispiel Muscheln, sammelten sich auf dem Meeresboden. Die Schichten zusammen waren schließlich mehrere Tausend Meter dick. Unter dem Druck des eigenen Gewichtes wurden sie zu festem Gestein.

Kräfte aus dem Erdinneren drückten Afrika nach Norden in Richtung Europa. Dabei schoben sie die Schichten in dem Meer zusammen, falteten sie und hoben sie langsam bis zu 4000 m über den Meeresspiegel. Deshalb können Bergwanderer dort Versteinerungen von Muscheln finden.

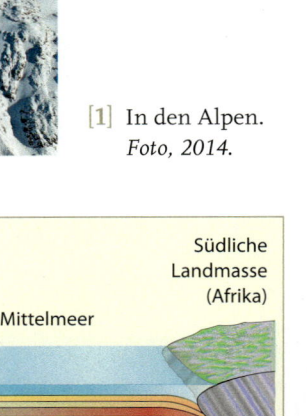

[2] Die Entstehung der Alpen.

Tipps für die Erarbeitung

Kläre folgende Fragen:
– Wie entstanden die Alpen?
– Warum findet man heute in den Alpen Versteinerungen von Muscheln?

Tipps für die Präsentation

Zeige deinen Mitschülern auf einer Wandkarte
a) den Anteil Deutschlands an den Alpen,
b) höchste Erhebungen mit Höhenangaben,
c) bekannte Urlaubsorte.

Das Alpenvorland

1. Sammle mit den Materialien der Seite Informationen zum Alpenvorland.
2. Präsentiere deine Ergebnisse in geeigneter Form in der Klasse.

Gletscher formen eine Landschaft

Während der Eiszeit schoben sich riesige Gletscher langsam die Alpen herunter. Die schweren Eismassen hobelten ganze Berge und Hügel ab. In den Tälern entstanden weit gestreckte Vertiefungen, die man auch Wannen nennt.

Mit dem Eis bewegten sich große Felsen, Steine und Geröll. Als das Eis der Gletscher am Ende der letzten Eiszeit schmolz, blieben die mitgeführten Felsen und Steine liegen. Es entstanden Bäche und Flüsse. Die Wannen füllten sich mit Wasser und wurden zu Seen. Eine solche Landschaft wird auch Moränenlandschaft genannt.

[1] Moränenlandschaft am Chiemsee. *Foto, 2010.*

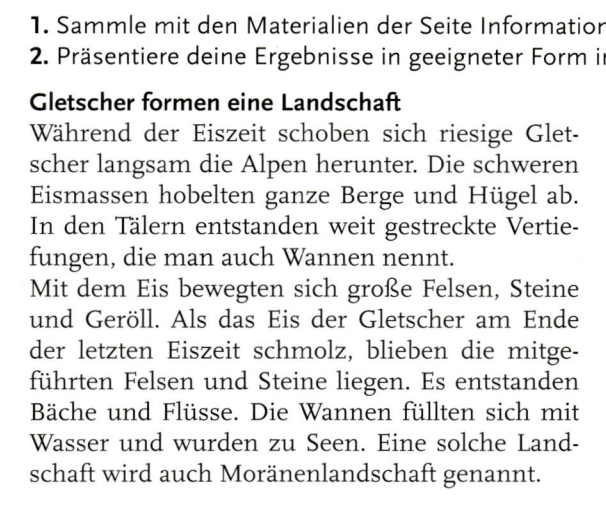
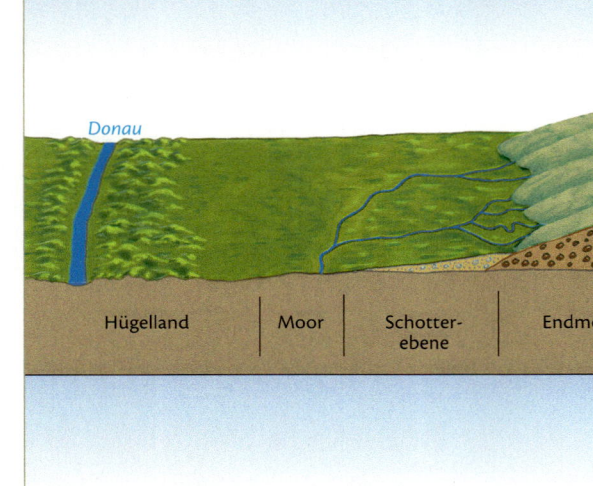
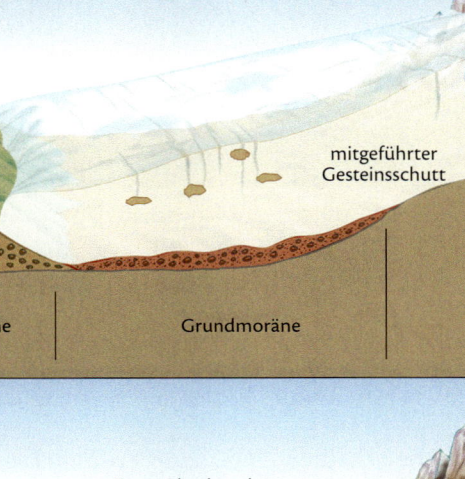

[2] Das Alpenvorland während der letzten Eiszeit (oben) und heute (unten).

Tipps für die Erarbeitung

Erkläre die Entstehung der Moränenlandschaft im Alpenvorland mithilfe des Textes, des Fotos und der beiden Schemazeichnungen.

Tipps für die Präsentation

Zeige deinen Mitschülern auf einer Wandkarte
a) die Ausdehnung des Alpenvorlandes,
b) Berggipfel und die Höhenangaben,
c) größere Städte.

1. Sammle mit den Materialien der Seite und dem Atlas Informationen zum Thema „Das Mittelgebirgsland".
2. Präsentiere deine Ergebnisse in geeigneter Form in der Klasse.

[1] Blick auf eine Mittelgebirgslandschaft: Bayerischer Wald. *Foto, 2010.*

Mittelgebirge entstehen

Im Erdaltertum (vor etwa 600 Millionen Jahren) befand sich im Gebiet des heutigen Mittelgebirgslandes ein hohes Gebirge. Über viele Millionen Jahre wirkten Wind, Regen und Frost auf das Gebirge ein.

Diese Kräfte schafften es bis zum Erdmittelalter (vor etwa 200 Millionen Jahren), das Gebirge abzutragen. Das Gebiet wurde von einem Meer überflutet. Auf dem alten Gebirge lagerten sich Schichten aus Kalk- und Sandstein, Ton und Gips ab. Kräfte im Erdinneren führten dazu, dass der zusammenhängende Gesteinskörper in Schollen zerbrach. Manche Schollen wurden gehoben, andere abgesenkt. An einigen Stellen drangen glutflüssige Gesteine an die Oberfläche, Vulkane entstanden. Bis heute verändern die Kräfte aus dem Erdinneren sowie Wasser und Wind das Aussehen des Mittelgebirgslandes.

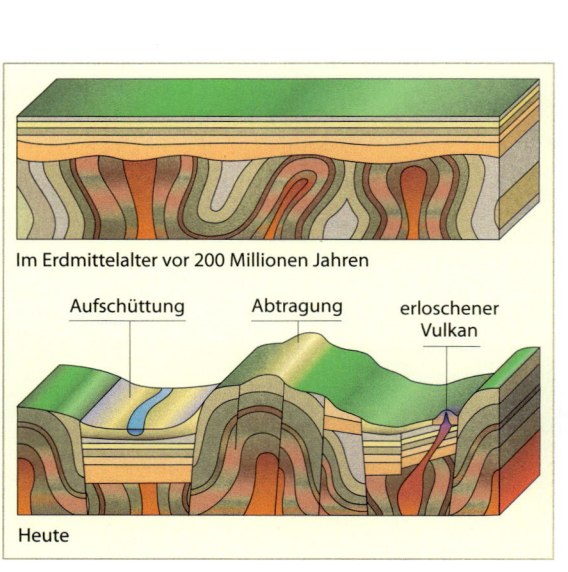

[2] Die Entstehung des Mittelgebirgslandes.

Tipps für die Erarbeitung
Erkläre die Entstehung der Mittelgebirgslandschaft mithilfe des Textes und der Schemazeichnung.

Tipps für die Präsentation
– Zeige das Mittelgebirgsland auf einer Wandkarte.
– Zeige Mittelgebirge und nenne die Höhen in Metern (siehe Karte S. 125).

Wahlseite Das Norddeutsche Tiefland

1. Sammle mit den Materialien der Seite und dem Atlas Informationen zum Thema „Das Norddeutsche Tiefland".
2. Präsentiere deine Ergebnisse in geeigneter Form in der Klasse.

[1] Das Norddeutsche Tiefland. *Luftbild*.

Das Norddeutsche Tiefland – vom Eis geformt

1 Das Norddeutsche Tiefland reicht von den
2 Küsten der Nordsee und Ostsee bis zum Rand
3 des Mittelgebirgslandes. Im **Eiszeitalter** bis vor
4 12 000 Jahren schoben sich gewaltige Eismassen
5 aus dem kalten Nordeuropa bis zum nördlichen
6 Rand des Mittelgebirgslandes vor. Es gab aber
7 auch Zeitabschnitte, die wärmer waren. In die-
8 sen **Warmzeiten** kam der Eispanzer zum Stehen
9 und begann zu schmelzen. Das Gebiet des Nord-
10 deutschen Tieflandes war dann eisfrei. Die mit-
11 geführten Materialien, die im Eis eingefroren wa-
12 ren, blieben als Ablagerungen liegen. Mehrmals
13 folgte auf eine Warmzeit eine **Kaltzeit**. Auf diese
14 Weise entstanden die vielfältigen Oberflächenfor-
15 men im Norddeutschen Tiefland.
16 Heute finden wir flachwellige Ackerflächen, Hü-
17 gelketten und Seenplatten, Ebenen aus Sanden
18 und Kiesen, Moore, Marschen und breite Fluss-
19 täler, die durch die Arbeit des Eises und des
20 Schmelzwassers entstanden sind.

[2] Dieser Findling (mehrerer Tonnen schwerer Gesteinsblock) mit dem Spitznamen „Alter Schwede" wurde mit dem Eis ins Norddeutsche Tiefland transportiert. Er ist am Elbufer vor Hamburg zu bestaunen. *Foto, 2012*.

Tipps für die Erarbeitung
Du kannst beim Lesen die Schritte des Textknackers anwenden. Was hast du über das Norddeutsche Tiefland erfahren?

Tipps für die Präsentation
Zeige deinen Mitschülern an der Wandkarte:
a) die Ausdehnung des Norddeutschen Tieflands,
b) große Flüsse mit ihrer Fließrichtung.

Die Nordseeküste

Wie nutzen Menschen die Nordseeküste?

[1] Badeurlaub. *Foto, 2014.*

[2] Wo ist das Wasser hin? *Foto, 2010.*

[3] Seehund. *Foto, 2015.*

[4] Ein Krabbenkutter auf der Nordsee vor der Insel Juist. *Foto, 2015.*

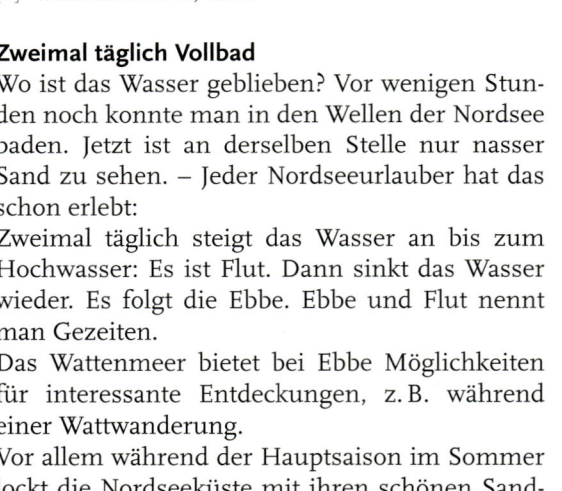

[5] Wattwurm. *Foto, 2015.*

Zweimal täglich Vollbad

Wo ist das Wasser geblieben? Vor wenigen Stunden noch konnte man in den Wellen der Nordsee baden. Jetzt ist an derselben Stelle nur nasser Sand zu sehen. – Jeder Nordseeurlauber hat das schon erlebt:

Zweimal täglich steigt das Wasser an bis zum Hochwasser: Es ist Flut. Dann sinkt das Wasser wieder. Es folgt die Ebbe. Ebbe und Flut nennt man Gezeiten.

Das Wattenmeer bietet bei Ebbe Möglichkeiten für interessante Entdeckungen, z. B. während einer Wattwanderung.

Vor allem während der Hauptsaison im Sommer lockt die Nordseeküste mit ihren schönen Sandstränden Tausende von Urlaubern an. Hotels, Pensionen, Zeltplätze, Restaurants, Kioske, Imbisse oder Strandkorbvermieter bieten ein vielfältiges Angebot.

Dennoch ist die gesamte Nordseeküste ein riesiges Naturschutzgebiet. Trotz der vielen Touristen haben Pflanzen und Tiere viel Lebensraum. Tourismus und Naturschutz gehören hier zusammen.

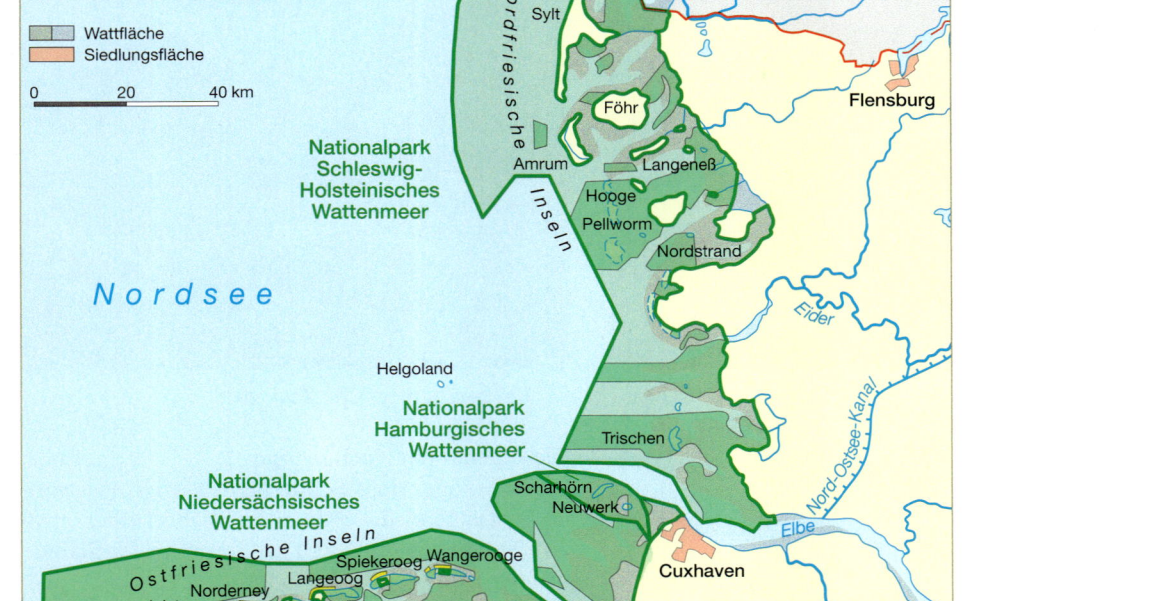

Legende:
- Nationalparkgrenze
- Schutzzone 1 (Ruhezone)
- Schutzzone 2 (Zwischenzone)
- Schutzzone 3 (Erholungszone)
- Wattfläche
- Siedlungsfläche

0   20   40 km

D ä n e m a r k

Nordsee

Nordfriesische Inseln

Sylt
Föhr
Amrum
Langeneß
Hooge
Pellworm
Nordstrand

Flensburg

Nationalpark Schleswig-Holsteinisches Wattenmeer

Elder

Nord-Ostsee-Kanal

Helgoland

Nationalpark Hamburgisches Wattenmeer

Trischen

Scharhörn
Neuwerk

Cuxhaven

Elbe

Nationalpark Niedersächsisches Wattenmeer

Ostfriesische Inseln

Spiekeroog   Wangerooge
Langeoog
Norderney
Juist
Baltrum
Memmert
Borkum

Alte Mellum

Jade

Wilhelms-haven

Bremerhaven

Oste

Ems-Jade-Kanal

Jade-busen

Weser

Ems

Emden

Bremen

Niederlande
Dollart
Groningen

Oldenburg

[6] Die deutsche Nordseeküste und der Nationalpark Wattenmeer. *Karte.*

1. Beschreibe die Fotos dieser Doppelseite.
2. Erläutere die Karte.
3. Hast du schon einmal an einer Wattwanderung teilgenommen? Wenn ja, berichte darüber.

Wähle einen der Arbeitsaufträge aus:

☑ Erstelle drei Listen:
   – Städte an der Nordseeküste,
   – Namen der Ostfriesischen Inseln,
   – Namen der Nordfriesischen Inseln.

☑ Zeichne eine Faustskizze der Nordseeküste mit größeren Städten und den Nordsee-inseln und beschrifte sie.

[7] Sturmflut an der Nordseeküste. *Foto, 2015.*

Leben in den Alpen

Wie nutzen Menschen die Alpen?

[1] Viehwirtschaft auf einer Alm in den Bayerischen Alpen. *Foto, 2015.*

[2] Bewirtschaftete Alm. *Foto, 2015.*

[3] Snowboarder. *Foto, 2015.*

[4] Murmeltier. *Foto, 2014.*

Die Alpen – ein Hochgebirge

Steile Hänge, tiefe Schluchten, riesige Felswände – das sind die Alpen. In Höhen über etwa 2500 Metern bleibt auch im Sommer der Schnee liegen.

Für Touristen ist das Hochgebirge im Sommer wie im Winter ein reizvolles Urlaubsziel. Jede Jahreszeit bietet unterschiedliche Möglichkeiten für den Urlaub oder den Wochenendausflug. Denn für viele Menschen sind die Alpen schnell erreichbar.

Mit etwas Glück bekommt man wild lebende Steinböcke, Gämse, Steinadler oder andere Tiere zu sehen.

Die Alm – Bergbauernhof und Touristenziel

Ackerbau ist in den hohen Gebieten der Alpen kaum möglich. Auf den Almen betreiben Bergbauern jedoch Milchwirtschaft, manche haben sich auf die Herstellung von Käse spezialisiert. Das Gras auf den Almen hat im Sommer nur wenige Monate Zeit zu wachsen. Größere Herden finden nicht genug Nahrung. Ein Bergbauer hat daher in der Regel nicht mehr als zehn Milchkühe und einige Kälber.

Nicht wenige Almen sind heute bewirtschaftet. Sie sind beliebte Ziele von Wanderern und Ausflüglern, denen dort eine große Auswahl an Speisen und Getränken angeboten wird. Auf einigen Almen kann man auch übernachten. Manche schön gelegene Alm ist besonders in den Sommermonaten voll mit Wanderern und Ausflugsgästen belegt.

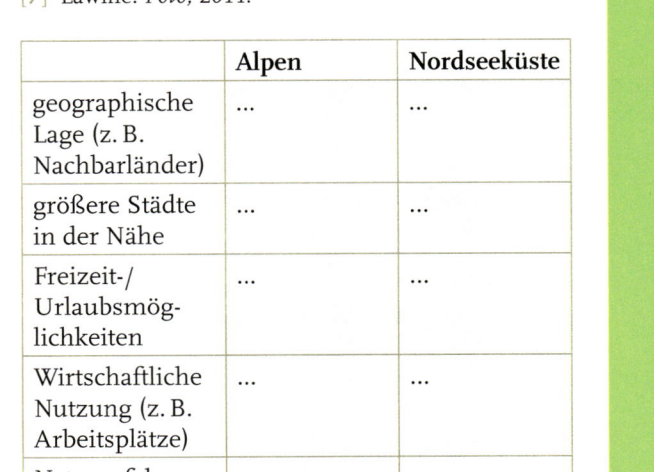

Map legend:
- Staatsgrenze
- Bundeslandgrenze
- ▲ Berg (Höhe in Meter)
- ♣ Kirche
- ♣ Schloss

Landhöhen in Meter
- 2000
- 1000
- 750
- 500
- 300

Map labels: Neu-Ulm, Augsburg, Freising, Isar, Mühldorf, Inn, Bayern, München, DEUTSCHLAND, Landsberg, Ammer-see, Lech, Iller, Memmingen, Waginger See, Salzach, Chiem-see, Traunstein, Kaufbeuren, Starn-berger See, Bad Tölz, Tegern-see, Rosenheim, Herren-chiemsee, Salzburg, Baden-Württemberg, Kempten, Forggen-see, Staffel-see, Murnau, Kochel-see, Schlier-see, Wendelstein 1838, Bad Reichenhall, Bayerische Alpen, Königs-see, Boden-see, Wieskirche, Wälchen-see, Watzmann 2713 ▲, Lindau, Füssen, Linder-hof, Garmisch-Partenkirchen, Sylvenstein-see, Kufstein, Salzburger Alpen, Bregenz, Nebelhorn 2224, Neu-schwanstein, Zugspitze 2963, Oberst-dorf, Allgäuer Alpen, Rhein, Inn, ÖSTERREICH, Zell am See, SCHWEIZ, Innsbruck, 30 km

[5] Die Deutschen Alpen. *Karte.*

[6] Mountainbike fahren. *Foto, 2010.*

[7] Lawine. *Foto, 2011.*

1. Beschreibe die Fotos.
2. Nenne anhand der Karte bedeutende Wintersportorte in den Alpen.
3. Beurteile: Welche Gefahren können für die Umwelt durch den Tourismus entstehen?

Wähle einen der Arbeitsaufträge aus:

◨ Verfasse einen Werbetext für einen Urlaub an der Nordseeküste oder in den Alpen.

◨ Vergleiche die Doppelseite 136–137 zur Nordseeküste mit dieser Doppelseite zu den Alpen. Erstelle eine Tabelle in Stichworten:

	Alpen	Nordseeküste
geographische Lage (z. B. Nachbarländer)	...	...
größere Städte in der Nähe	...	...
Freizeit-/ Urlaubsmöglichkeiten	...	...
Wirtschaftliche Nutzung (z. B. Arbeitsplätze)	...	...
Naturgefahren	...	...

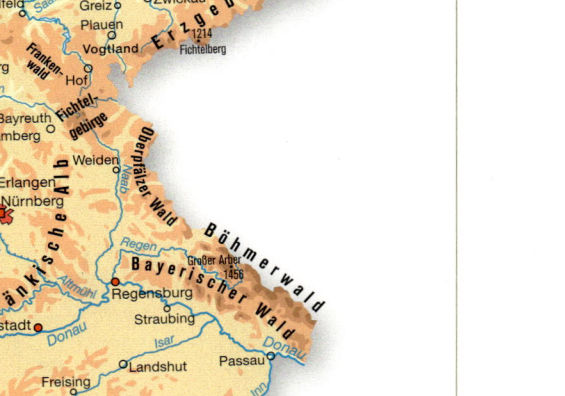

[1] Physische Karte Deutschland, südliche Hälfte.

[2] Thematische Karte Deutschland, südliche Hälfte – Bahnstrecken und Fernbuslinien.

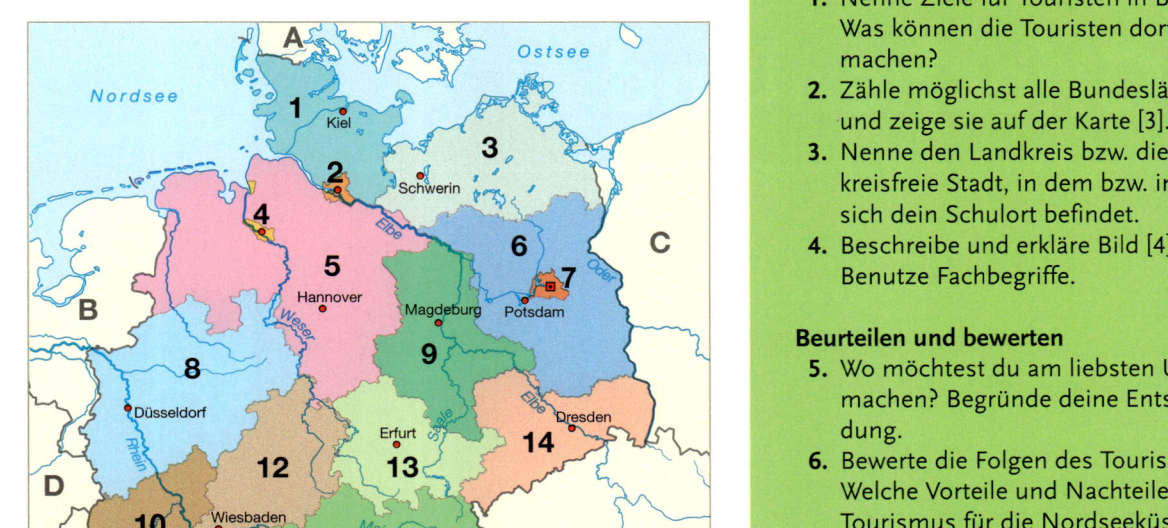

[3] Stumme Karte Deutschland – Bundesländer.

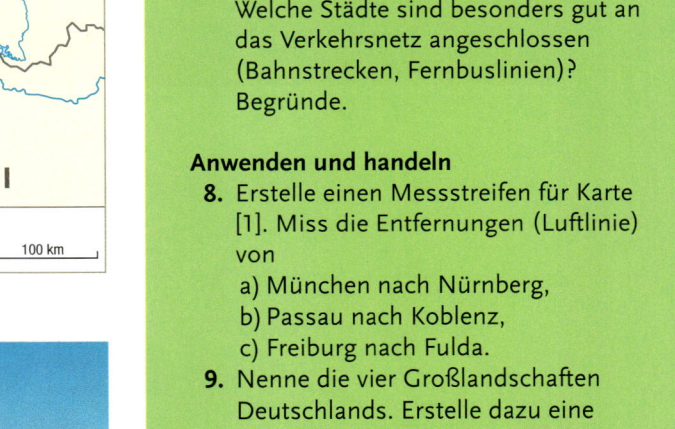

[4] Wo ist das Meer hin? *Foto, 2010.*

Erkenntnisse gewinnen

1. Nenne Ziele für Touristen in Bayern. Was können die Touristen dort machen?
2. Zähle möglichst alle Bundesländer auf und zeige sie auf der Karte [3].
3. Nenne den Landkreis bzw. die kreisfreie Stadt, in dem bzw. in der sich dein Schulort befindet.
4. Beschreibe und erkläre Bild [4]. Benutze Fachbegriffe.

Beurteilen und bewerten

5. Wo möchtest du am liebsten Urlaub machen? Begründe deine Entscheidung.
6. Bewerte die Folgen des Tourismus: Welche Vorteile und Nachteile hat der Tourismus für die Nordseeküste und die Alpen?
7. Beurteile mithilfe von Karte [2]: Welche Städte sind besonders gut an das Verkehrsnetz angeschlossen (Bahnstrecken, Fernbuslinien)? Begründe.

Anwenden und handeln

8. Erstelle einen Messstreifen für Karte [1]. Miss die Entfernungen (Luftlinie) von
   a) München nach Nürnberg,
   b) Passau nach Koblenz,
   c) Freiburg nach Fulda.
9. Nenne die vier Großlandschaften Deutschlands. Erstelle dazu eine beschriftete Faustskizze. Du kannst die Karte auf S. 130 zu Hilfe nehmen.
10. Löse die Aufgaben mithilfe von Karte [1] und der Legende:
    d) Zähle mindestens drei Städte mit einer Einwohnerzahl zwischen 100 000 und 500 000 auf.
    e) Nenne eine Stadt mit über 1 000 000 Einwohnern.
    f) Nenne die Höhe über dem Meeresspiegel, auf der sich in etwa München befindet.
    g) Nenne die Höhe der Zugspitze.
    h) Zähle mindestens fünf Mittelgebirge auf.

Leben im antiken Griechenland

Volksversammlung in Athen

Athen war die bedeutendste Stadt im Alten Griechenland. Hier regierten, wie im Alten Ägypten, zunächst auch Könige. Aber seit dem 5. Jahrhundert vor Christus entwickelte sich – zum ersten Mal in der Geschichte – eine Demokratie, eine Volksherrschaft. In Athen entschieden Bürger über die politischen Angelegenheiten.

In Athen liegen auch die Wurzeln unserer Demokratie. Deshalb ist für uns die Beschäftigung mit der griechischen Geschichte auch heute noch wichtig.

1. Beschreibe die Rekonstruktionszeichnung.

2. Nenne Themen, die auf einer Volksversammlung diskutiert werden könnten.

3. Tragt zusammen, was ihr über heutige politische Entscheidungen wisst (siehe kleines Bild).

[2] Im Bayerischen Landtag. *Foto, 2014.*

[1] Volksversammlung in Athen.
Rekonstruktionszeichnung, 2014.

Volksversammlung in Athen

1. Lies alle Aussagen und notiere, wer von den auf dieser Doppelseite zu sehenden Personen an der Volksversammlung in Athen teilnehmen durfte.

2. Wähle zwei Personen aus und erfinde ein Gespräch über ihre politischen Rechte.

> Als freier Mann, der in Athen geboren ist, darf ich in der Politik mitreden. Ich bin stolz darauf, ein „Vollbürger" zu sein!

> Ich bin mit meinen 18 Jahren noch zu jung für die Volksversammlung. Erst muss ich auch noch meinen Militärdienst ableisten.

> Bei der ersten Versammlung in jedem Jahr stimmen wir darüber ab, ob unsere Gesetze noch gültig bleiben sollen.

> Heute entscheiden wir auf der Volksversammlung, ob neue Mauern zum Schutz unserer Stadt gebaut werden sollen.

> Es gibt zwar viele gut ausgebildete Sklaven in Athen. Wir haben aber keine politischen Rechte.

Orientierung – die Welt der Griechen

Legende:
- Hauptsiedlungsgebiet
- ■ Mutterstädte
- ● Tochterstädte

Karte mit Orten: Tanais, Olbia, Berezan, Tyras, Phanagoreia, Gorgippia, Theodosia, Panti-kapaion, Pityus, Dioskurias, Phasis, Istros, Tomis, Chersonesos, Karasos, Trapezus, Kallatis, Odessos, Sinope, Amisos, Kotyora, Abydos, Apollonia, Kytoros, Sesamos, Kalchedon, Byzantion, Astakos, Kios, Kyzikos, Abydos, Lesbos, Phokaia, Chios, Samos, Milet, Aspendos, Mallos, Phaselis, Soloi, Nagidos, Side, Rhodos, Kypros, Massalia, Nikaia, Antipolis, Rhode, Olbia, Emporion, Kyrnos, Alalia, Sardo, Kyme, Neapolis, Velia, Taras, Apollonia, Epidamnos, Thasos, Methone, Siris, Pyxus, Sybaris, Chalkis, Lipara, Kroton, Megara, Korinth, Athen, Sparta, Naxos, Himera, Rhegion, Selinus, Taormina, Akragas, Katane, Gela, Syrakusai, Kasmenai, Sikelia, Kreta, Mittelmeer, Pontos Euxinos, Taucheira, Apollonia, Euphesperides, Kyrene, Barke, Naukratis

500 km

[1] Die Welt der Griechen um 500 v. Chr.

Inseln und Gebirge

Griechenland – das sind spektakuläre Gebirge, endlose Küsten, traumhafte Inseln und Sonne pur. Die Schönheit des Landes lockt zahlreiche Touristen an.

In der Antike war diese Landschaft eher Fluch als Segen. Das Überleben in den regenarmen, gebirgigen Tälern war nicht einfach. Gewaltige Gebirge gibt es in Griechenland. Ihr Gestein besteht vor allem aus Kalk, der Wasser allerdings nicht speichern kann.

Der Kontakt zwischen den griechischen Siedlungen war wegen der zahlreichen Gebirgszüge schwierig. Häufig bevorzugten die Bewohner den schnelleren Seeweg. Seltener traten sie den beschwerlichen Marsch zu Fuß und mit Lasttieren über hohe Bergpässe an.

Griechen und Barbaren

Um 1000 v. Chr. lebten verschiedene Volksgruppen in Griechenland. Trotz aller Unterschiede fühlten sie sich miteinander verbunden. Sie nannten sich selbst Hellenen (= Griechen).

Völker, die kein Griechisch sprechen konnten, sprachen in den Augen der Griechen ein unver-

ständliches Kauderwelsch. Das klang für sie wie „bar-bar-bar". Daher bezeichneten die Griechen Fremde als „Barbaren".

1. Finde auf der Karte Athen.
2. Vergleiche die Karte oben mit einer physischen Atlaskarte von Griechenland: Was fällt auf a) im Landesinneren und b) an den Küsten?

Wähle einen der Arbeitsaufträge aus:

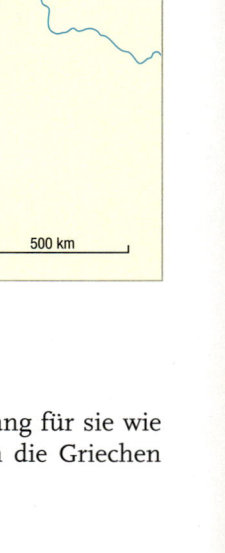

🖥 Finde heraus, in welchen heutigen Staaten die Griechen damals siedelten (Karte, Atlas).

🖥 Erstelle anhand der Karte oben eine Liste der Mutterstädte.

Was du noch tun kannst…

■ Weiteres Bildmaterial aus der Zeit des alten Griechenland sammeln.

■ Herausfinden, wo überall man heute noch griechische Bauwerke besichtigen kann (Reisebüro, Internet, Bibliothek …).

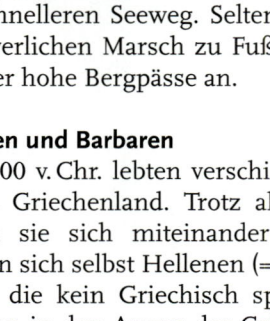

Zeit vor Christi Geburt

Zeit nach Christi Geburt

Ab 2500 v. Chr.:
Entstehung griechischer
Hochkulturen

776: Erste Olympische Spiele

Ab 750: Griechen gründen Kolonien.

600 v. Chr.

594: Demokratie in Athen

500 v. Chr.

490: Sieg der Griechen über die Perser
bei Marathon

Um 430:
Athen auf dem Höhepunkt
der Macht

400 v. Chr.

333: Alexander besiegt die Perser
bei Issos.
Ausbreitung der griechischen Kultur

200 v. Chr.

148: Griechenland wird Teil des
Römerreichs.

Geburt Christi

300 n. Chr.

393: Verbot der Olympischen Spiele

[2] Zeittafel Griechenland.

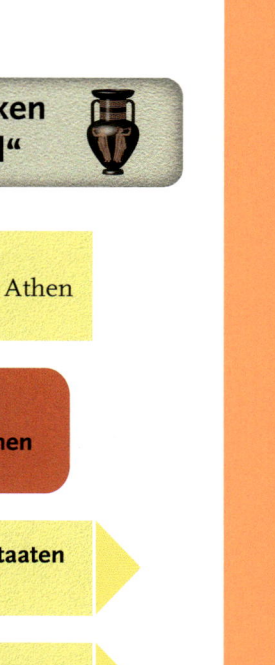

„Leben im antiken Griechenland"

Schauplatz:
Volksversammlung in Athen
S. 144–145

Orientierung
Die Welt der Griechen
S. 146–147

Ein Volk – viele Stadtstaaten
S. 148–149

Alltag in Athen und Sparta
S. 150–151

**Athen – von der Monarchie
zur Demokratie**
S. 152–153

Methode:
Ein Schaubild auswerten
S. 154–155

Wahlseiten:
Olympische Spiele, Wirtschaft,
Technik und Umwelt
S. 156–159

Das Erbe Griechenlands
S. 160–161

GPG aktiv
S. 162

Teste dich!
S. 163

Ein Volk – viele Stadtstaaten

Warum entstanden unabhängige Stadtstaaten?

[1] Griechische Kleinstadt im Gebirge. *Foto.*

1. Beschreibe das Bild [1]. Vermute, welche Schwierigkeiten es damals bei der Errichtung von Siedlungen gab.

Griechenland

Die ersten Griechen ließen sich in Flusstälern, an den Küsten und auf den Inseln nieder. Hier konnten sie von der Landwirtschaft oder vom Fischfang leben.

Zwischen den Siedlungen lagen oft hohe Gebirgszüge. So entwickelten sich die Gemeinden unabhängig voneinander. Sie bildeten politisch selbstständige Stadtstaaten (= Polis, Mehrzahl: Poleis) mit eigener Regierung und eigenen Gesetzen.

[2] Das Trojanische Pferd. *Szenenfoto aus dem Film „Troja" von 2004.*

Gemeinsamkeiten

Trotz der weiten Entfernungen gab es wichtige Gemeinsamkeiten. Die Menschen aller Stadtstaaten fühlten sich miteinander verbunden:

- **Sprache und Schrift**
  Eine gemeinsame Sprache und Schrift einte alle Griechen. Händler und Seefahrer hatten im 8. Jahrhundert v. Chr. von einem anderen Volk, den Phöniziern, das Alphabet übernommen. Man konnte mit nur 20 Schriftzeichen Texte schreiben. So lernten viele Bewohner lesen. Schriftsteller hielten ihre Gedanken und wichtige Ereignisse in ihren Werken fest.

- **Religion und Kult**
  Eine weitere Gemeinsamkeit war der Glaube. Die Griechen stellten sich eine Reihe von Göttern vor, die wie Menschen aussahen und menschliche Eigenschaften hatten. Man glaubte, dass sie übermenschliche Kräfte besaßen.

Sprache und Religion bildeten auch die Grundlage für gemeinsame Feste und Bräuche. Theaterstücke und Heldensagen wie z. B. die von Odysseus waren überall im Land bekannt. Und alle vier Jahre reiste man zu den Olympischen Spielen. Aus der gesamten griechischen Welt kamen junge Männer, um die Götter durch Sportwettkämpfe zu ehren.

2. Erläutere, wodurch das Gefühl von Zusammengehörigkeit aller Griechen zustande kam.

[3] Taormina auf der Insel Sizilien. Griechische Siedlung aus dem 4. Jahrhundert v. Chr. *Foto, 2010.*

3. Finde die Insel Sizilien auf der Karte S. 142.

Aufbruch zu neuen Ufern

Rings um das Mittelmeer trifft man auf Städte, die von Griechenland aus gegründet worden sind. In der Heimat war die Bevölkerungszahl seit dem 8. Jh. v. Chr. stark angewachsen. Zahlreiche Stadtstaaten litten unter Hungersnöten und Übervölkerung, Viele Menschen wanderten daher ab in andere Gebiete (vgl. Karte S. 146). Die neu gegründeten Siedlungen nennt man Kolonien.

4. Suche griechische Kolonien rund um das Mittelmeer (Karte S. 146).
5. Auch heute verlassen viele Menschen aus Not ihre Heimat. Liste auf, aus welchen Gründen und woher sie auch zu uns kommen.

Wähle einen der Arbeitsaufträge aus:

☑ Gestalte ein Werbeplakat: Es werden noch Mitfahrer für das Auswandererschiff nach Sizilien gesucht.

☑ Entwerft Rollenkarten und spielt kleine Diskussionen, die die Siedler [4] vor Verlassen der Heimat geführt haben könnten.

☑ Finde Beispiele dafür, dass heute noch Sprache, Kultur und Religion ein Gefühl für Zusammengehörigkeit schaffen können.

> Ich hatte Ärger wegen meiner politischen Ansichten, hier will ich ganz neu anfangen.

> Meine Familie wäre fast verhungert. Auf den steinigen kleinen Äckern wächst nicht genug, und mehr Land konnte ich mir nicht leisten.

> Als Handwerker kann ich hier bestimmt gut verdienen!

> Ich bin unverheiratet und daher in unserer Heimat durch das Los zum Auswandern bestimmt worden.

> Ich bin Geschäftsmann. Ob Mutterland oder Kolonien, alle müssen mit Waren versorgt werden.

[4] Siedler auf dem Markt in Syracusae (Sizilien). *Rekonstruktionszeichnung.*

Alltag in Athen und Sparta

Bemerkenswertes:
– Athen war die größte griechische Polis.
– Im 5. Jahrhundert v. Chr. lebten etwa 300 000 Menschen in Athen. Davon waren etwa 100 000 Sklaven.
– Zu dieser Zeit war Athen die führende Handelsmacht im Mittelmeerraum.
– Athen hatte sich auch zum Zentrum für Bildung und Wissenschaft entwickelt.

> Ich führe den Haushalt und erziehe unsere Kinder. Ein Mann kann sich jederzeit von seiner Frau trennen. Dann würde ich unversorgt dastehen! Als mich mein Vater verheiratet hat, schenkte er uns ein kleines Grundstück. Darauf steht jetzt die Werkstatt.

> Wir Handwerker sind nicht besonders angesehen, doch die vornehmsten Familien lassen bei mir arbeiten. So bin ich wohlhabend geworden. Als Familienvater darf ich über alles in meinem Haus bestimmen. Ich kann meine neugeborenen Kinder aussetzen lassen, wenn sie nicht gesund und kräftig sind.

> Ich bin die Dienerin hier im Haus. Mein Mann arbeitet in der Werkstatt des Hausherrn gegen geringen Lohn. Wir haben schon überlegt, ob wir nicht auswandern sollten.

> Mein Bruder war ein Krieger, doch er fiel in einer Schlacht. Das soll mir nicht passieren! Mich unterrichtet einer der besten Lehrer unserer Stadt. Das ist doch besser als diese Hohlköpfe in Sparta, die nicht viel mehr können, als sich prügeln.

> Als jüngste Schwester der Hausfrau lerne ich hier bei ihr Spinnen und Weben. Viel lieber würde ich in eine der berühmten Rednerschulen gehen und Politikerin werden. Aber leider ist das nicht möglich.

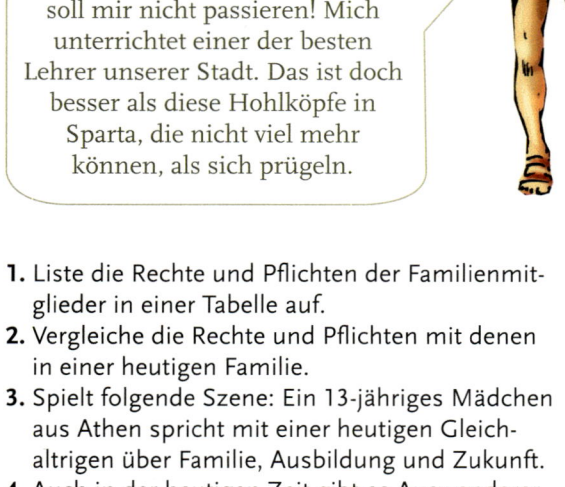

1. Liste die Rechte und Pflichten der Familienmitglieder in einer Tabelle auf.
2. Vergleiche die Rechte und Pflichten mit denen in einer heutigen Familie.
3. Spielt folgende Szene: Ein 13-jähriges Mädchen aus Athen spricht mit einer heutigen Gleichaltrigen über Familie, Ausbildung und Zukunft.
4. Auch in der heutigen Zeit gibt es Auswanderer, die anderswo ein besseres Leben suchen. Tausche dich hierüber mit Mitschülern aus.

Bemerkenswertes:
- Sparta war ein Kriegerstaat. Tapferkeit und militärische Stärke galten als höchstes Ideal.
- Im Gegensatz zu den Bewohnern anderer Stadtstaaten legten Spartaner keinen Wert auf Bildung und Luxus.
- Um 450 v. Chr. herrschten ca. 9000 Spartaner über 200 000 Heloten (ursprüngliche Bewohner Spartas, die zu Sklaven gemacht wurden).
- Weil Geld und Reichtum unwichtig waren, spielte der Handel in Sparta keine Rolle.
- Sparta gründete keine Kolonien.

Die Frauen in Athen kann ich nur bedauern. Und über unsere Kleidung mit den kurzen Röcken zerreißen sie sich die Mäuler. Unsere Mädchen bekommen Gesangs- und Tanzunterricht. Und sie lernen wie die Jungen Laufen, Springen und Kämpfen. Ich finde es auch gut, dass hier unsere Anführer über die Aufzucht der Kinder entscheiden.

Sobald unsere Jungen sieben Jahre alt sind, nimmt der Staat sie an sich. Sie werden in einzelne Rudel eingeteilt, in denen sie miteinander aufwachsen. Lesen und Schreiben oder Rechnen lernen sie nur das Nötigste. Ihr Essen ist knapp. So müssen sie stehlen, um zu überleben. Wird einer ertappt, sind Schläge und Hunger die Strafe dafür, dass er ungeschickt war.

Ich erzähle euch von Leonidas, dem tapferen Krieger. Als das Volk der Griechen angegriffen wurde, hielt er an einer engen Stelle im Gebirge mit einer Handvoll seiner Männer den Feind auf. Soldat sein ist das Höchste. Wir gehören dem Vaterland und leben in der Gemeinschaft. Sogar die Mahlzeiten nehmen wir gemeinsam auf dem Marktplatz ein. Anders als die Weichlinge in Athen sind wir noch richtige Kerle!

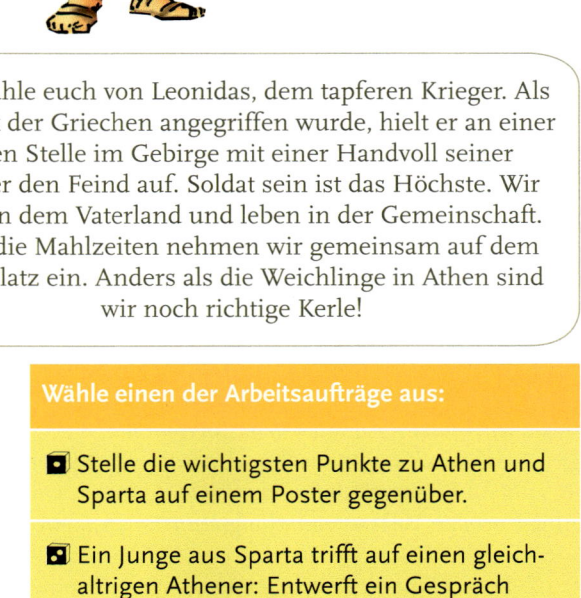

5. Beschreibe die Kindererziehung in Sparta.
6. Erläutere, auf welche Ziele Erziehung und Lebensweise in Sparta ausgerichtet waren.
7. Vergleiche das Leben in Sparta mit dem in Athen. Unterscheide dabei zwischen Männern, Frauen und Kindern.

Wähle einen der Arbeitsaufträge aus:

▣ Stelle die wichtigsten Punkte zu Athen und Sparta auf einem Poster gegenüber.

▣ Ein Junge aus Sparta trifft auf einen gleichaltrigen Athener: Entwerft ein Gespräch zwischen den beiden und spielt es. Entscheidet zum Schluss, ob ihr lieber in Sparta oder Athen gelebt hättet.

▣ Führt zu zweit ein Interview mit einem spartanischen Krieger.

Athen – von der Monarchie zur Demokratie

Wie entstand die Demokratie?

Lena und Finn informieren ihre Klasse in einem Kurzreferat über die politische Entwicklung im antiken Athen:

[1] **Auf dem Weg zur Demokratie**

Lena: „*Anfangs herrschten in Athen und in den anderen Stadtstaaten Könige. Das nennt man* **Monarchie**.*"*

Finn: „*Um 700 v. Chr. übernahm eine Gruppe von Adligen (=* **Aristokraten***) die höchsten Ämter als Priester, Richter oder Heerführer. Immer häufiger kam es vor, dass einzelne alleine regierten. Man nennt solche Leute* **Tyrannen**.*"*

L: „*Um 600 v. Chr. kam es zum Streit zwischen denjenigen, die eine stärkere Mitsprache des Volkes (=* **Demokratie***) in der Politik wünschten, und denen, die eine kleine ausgewählte Gruppe an der Spitze haben wollten.*"*

F: „*Solon, ein adliger Politiker, verbesserte 594 v. Chr. in Athen die Lage der einfachen Leute: Verschuldete Bauern wurden aus der Sklaverei freigekauft, erhielten ihr Land zurück, die Schulden wurden erlassen und es wurde verboten, dass künftig jemand wegen seiner Schulden in die Sklaverei verkauft wird. Politische Ämter und Rechte richteten sich aber immer noch nach dem Einkommen.*"*

L: „*Perikles war ab 443 v. Chr. der führende Mann in Athen. Er sorgte dafür, dass alle Männer von Athen an der* **Volksversammlung** *teilnehmen konnten.*"*

F: „*Sklaven, Frauen und in Athen lebende Fremde durften sich nicht politisch betätigen. Also eine richtige Demokratie wie heute bei uns war das nicht!*"*

> Im alten Athen wurden wichtige Informationen wie z. B. Gesetze auf Holztafeln veröffentlicht. Sie waren drehbar auf Achsen entweder senkrecht oder waagerecht angebracht und wurden an belebten Plätzen aufgestellt. Und wenn die Athener einen Politiker absetzen wollten, ritzten die Männer der Volksversammlung seinen Namen in eine Tonscherbe. Der Meistgenannte bei diesem Scherbengericht musste für zehn Jahre die Stadt verlassen. Das Scherbengericht fand einmal im Jahr statt.

[2] Scherbe mit dem Namen eines Politikers.

1. Entscheide anhand des Sprechblasentextes oben, ob das „Scherbengericht" eine sinnvolle Einrichtung war. Begründe.
2. Trag das Kurzreferat mit verteilten Rollen vor.
3. Beschreibe die Infotafeln der Antike (siehe Sprechblasentext). Welche Informationsmöglichkeiten wären außerdem für die damalige Zeit denkbar?

[3] Abstimmung im Kanton Appenzell in der Schweiz. *Foto, 2015.*

[5] Klassensprecherwahl. *Foto, 2015.*

Demokratie im Alltag heute

An der Klassensprecherwahl habt ihr alle teilgenommen. Es ist egal, ob Mädchen oder Junge, ob Einheimische oder Migrantenkinder oder ob einer gerade erst zugezogen und neu in der Klasse ist. Alle dürfen ihre Stimme abgeben.

So ist es auch, wenn ihr eine Entscheidung treffen müsst. Wenn z. B. ein Ausflug geplant ist oder eine Weihnachtsfeier stattfinden soll.

Ähnlich ist es bei den Vereinen. Wenn Entscheidungen fällig sind, bekommen alle Mitglieder Gelegenheit, ihre Meinung dazu zu sagen. Und am Ende wird über die Vorschläge abgestimmt.

[4] Rathaus in Augsburg. *Foto, 2015.*

Demokratie und Politik

Nicht ganz so einfach ist es, wenn sehr viele Menschen zu einer Gemeinschaft gehören, z. B. in einer Stadt. Hier werden von allen Bürgern über 18 Jahre Stellvertreter auf Zeit gewählt, die Stadträte. Wenn sie nicht zur Zufriedenheit arbeiten, werden sie nicht wiedergewählt.

Für die Bürgerinnen und Bürger gibt es in der Demokratie auch zwischen den Wahlen Möglichkeiten, sich einzumischen. Eine Sammlung von Unterschriften kann z. B. verhindern, dass eine teure Konzerthalle gebaut wird.

4. Beurteile die Form der Mitsprache für Bürgerinnen und Bürger im alten Griechenland als ersten Schritt zur Demokratie. Begründe deine Meinung.

Wähle einen der Arbeitsaufträge aus:

▣ Vergleiche die Demokratie im alten Athen und heute am Beispiel der Klassensprecherwahl.

▣ Erstelle eine Aufzählung der wichtigsten Schritte zur Demokratie in Athen.

▣ Beurteilt in einer Diskussionsrunde die genannten Beispiele aus unserem heutigen Alltag: Handelt es sich dabei um Formen von Demokratie? Begründet.

Ein Schaubild auswerten

mit politischen Rechten

40 000
Bürger

ohne politische Rechte

130 000
Frauen und Kinder

30 000
Mitbewohner
(Metöken)

100 000
Sklaven und Sklavinnen

[1] Verteilung der politischen Rechte in der Bevölkerung von Athen um 430 v. Chr. Jede Figur steht für 10 000 Einwohner. *Schaubild.*

Schaubilder

Schaubilder erklären schwierige Zusammenhänge. Bei der Auswertung helfen dir folgende Schritte. Dabei ist zu beachten, dass nicht alle Schritte auf jedes Schaubild angewendet werden müssen.

1. Schritt: Thema

- Titel lesen: Thema und Zeit feststellen.
- Klären, um was genau es inhaltlich geht.
- Herausfinden, ob eine „Momentaufnahme" einer Sache oder eine Entwicklung dargestellt ist.

2. Schritt: Darstellungsform

- Werden Textfelder, Stichworte, Zahlen oder Bildsymbole verwendet?
- Gibt es eine Reihenfolge (Ausgangspunkt, weitere Schritte, Endpunkt)?
- Zusammenhänge finden (z. B. Pfeile als Hilfe).
- Größen- und Mengenverhältnisse beachten (z. B. Bedeutung der Größe von Feldern oder Symbolen)
- Wozu dienen ergänzende Zeichnungen?

3. Schritt: Interpretation

- Ablauf und Aussage des Schaubilds mit eigenen Worten wiedergeben.
- Zusammenhang mit zugehörigem Text/ Buchseite herstellen.

4. Schritt: Bewertung

- War die Darstellung verständlich a) für dich, b) für die Klasse?
- Wie ist die inhaltliche Aussage zu bewerten?
- Waren Zusatzinformationen nötig?

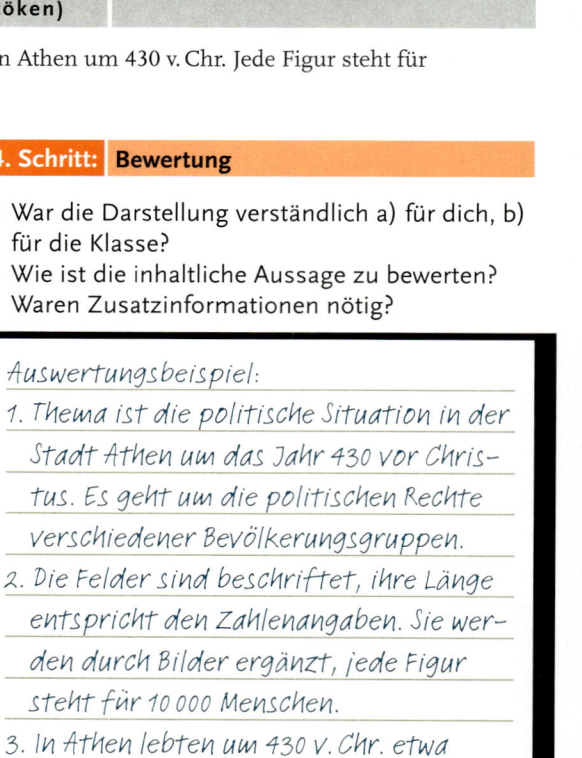

Auswertungsbeispiel:

1. Thema ist die politische Situation in der Stadt Athen um das Jahr 430 vor Christus. Es geht um die politischen Rechte verschiedener Bevölkerungsgruppen.

2. Die Felder sind beschriftet, ihre Länge entspricht den Zahlenangaben. Sie werden durch Bilder ergänzt, jede Figur steht für 10 000 Menschen.

3. In Athen lebten um 430 v. Chr. etwa 300 000 Menschen (= Summe der Angaben in den Feldern). Davon hatten 40 000 politische Rechte. Ohne politische Rechte waren 130 000 Frauen und Kinder, 30 000 Fremde (Metöken) und 100 000 Sklavinnen und Sklaven. Das Schaubild zeigt, dass es in Athen damals noch keine „richtige" Demokratie gab.

4. Das Wort „Metöken" musste erst geklärt werden, sonst war alles verständlich.

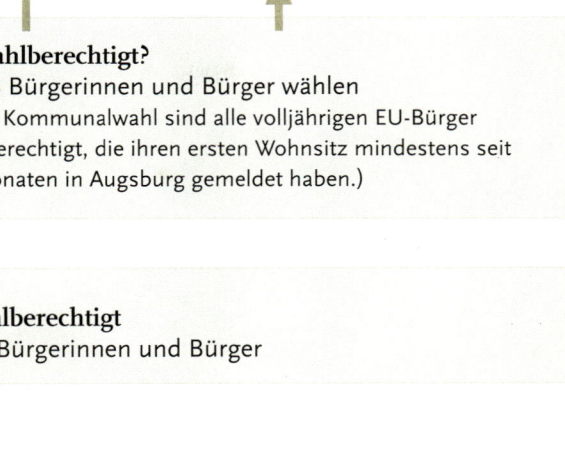

Bürgermeister

Stadtrat
- 60 Vertreter

Wer ist wahlberechtigt?
- 204 758 Bürgerinnen und Bürger wählen
  (Bei der Kommunalwahl sind alle volljährigen EU-Bürger stimmberechtigt, die ihren ersten Wohnsitz mindestens seit zwei Monaten in Augsburg gemeldet haben.)

Nicht wahlberechtigt
- 83 873 Bürgerinnen und Bürger

[2] Wahlberechtigte und nicht wahlberechtigte Bürgerinnen und Bürger der Wahl zum Rat der Stadt Augsburg im Jahre 2014. *Schaubild.*

Zum Vergleich

Die Stadt Augsburg hat heute ungefähr die gleiche Einwohnerzahl wie Athen um 430 v. Chr. (etwa 300 000).
Die wahlberechtigten Bürger wählen alle sechs Jahre ihre Vertreter für den Stadtrat und den Bürgermeister.
Nicht wahlberechtigt sind
– Personen unter 18 Jahren,
– geistig behinderte Personen, die ihre Angelegenheiten nicht mehr selber regeln können,
– Personen, denen wegen eines schweren Verbrechens das Wahlrecht entzogen wurde.

Wenn du alle Schritte der Methode und das Lösungsbeispiel auf der linken Seite gelesen hast, wird es dir nicht schwerfallen, auch dieses Schaubild zu „lesen".

1. Werte das Schaubild oben [2] zu Augsburg mithilfe der vier Schritte von S. 154 aus. Benutze dabei auch Fatmas Notizen, die sie zur Vorbereitung gemacht hat. Du kannst so beginnen: *„Das Schaubild gibt einen Überblick über ..."*
2. Stelle Ähnlichkeiten und Unterschiede zur Demokratie in Athen um 430 v. Chr. fest.

[3] Sitzung des Stadtrats in Augsburg. *Foto, 2014.*

Legende:
1: Zeustempel
2: Südhalle
3: Gästehaus
4: Gymnasion (Sportplatz)
5: Palästra (Trainingsplatz)
6: Stadion
7: Hippodrom (Pferderenn-
bahn)

[1] Der heilige Bezirk von Olympia. *Rekonstruktionszeichnung.*

Heilige Spiele

Seit dem Jahr 776 v. Chr. trafen sich die Griechen in Olympia, um mit sportlichen Spielen ihren obersten Gott Zeus zu ehren. Schon viele Monate vor Beginn zogen Boten umher, um die freien Männer zur Teilnahme einzuladen. Die Sportler trafen 30 Tage vor Beginn ein. Sie trainierten jetzt unter der Aufsicht der Kampfrichter.

Für die Zeit der Spiele wurde der „Gottesfriede" verkündet: Alle Kriege sollten eingestellt werden.

> Hallo, ich heiße Lycos. Ich bin Läufer und komme aus dem weit entfernten Taormina. An den Olympischen Spielen zu Ehren von Zeus dürfen nur Männer teilnehmen. In meinem Tagebuch könnt ihr alles über die Spiele hier in Olympia nachlesen.

Das hätte Lycos berichten können:

1. Tag

Heute zogen alle Sportler gemeinsam zum Heiligtum. Dort mussten wir vor dem Bild des Zeus schwören, dass wir nicht gegen die Regeln verstoßen. Auch dass wir uns zehn Monate lang sorgfältig vorbereitet haben.

Noch am selben Nachmittag fanden Wettlauf, Ring- und Faustkampf der Jugendlichen statt.

2. Tag

Der Tag begann mit den Wettkämpfen im Wagenrennen mit Zwei- und Viergespannen. Bei den Zweigespannen kam es leider zu einem Unfall. Dann folgte das Reiten im Hippodrom.

Nachmittags war der Fünfkampf: Ringen, Diskuswerfen, Springen, Speerwerfen und der Lauf über die volle Länge des Stadions.

Tipps für die Erarbeitung

Die Anlage [1] erkunden und überlegen, welchem Zweck die einzelnen Gebäude dienen – Bedingungen und Sportarten klären – Mit der Gruppe „Teil 2" zusammenarbeiten.

Tipps für die Präsentation

Die Anlage von Olympia vorstellen – Bedingungen und Zweck erläutern – Sportarten und Sportstätten mit heute vergleichen.

Olympische Spiele (Teil 2)

[1] Wagenrennen. *Vasenmalerei, 6. Jh. v. Chr.*

[2] Allkampf. *Vasenmalerei, 6. Jh. v. Chr.*

Bericht aus Olympia

Der junge Sportler Lycos nimmt an den Spielen in Olympia teil. Diese werden zu Ehren des Gottes Zeus veranstaltet. Lycos könnte Folgendes berichtet haben:

3. Tag

1 Alle versammelten sich schon ganz früh am Mor-
2 gen. Wir zogen feierlich zum großen Altar des
3 Gottes Zeus. Hier wurden 100 Stiere geopfert.
4 Dazu noch viele kleinere Tiere.
5 Nachmittags war es endlich so weit: Alle Mühe
6 hatte sich gelohnt, ich siegte beim **Langlauf!**
7 Am Abend wurden die Opfertiere bei einem gro-
8 ßen Festessen gemeinsam verzehrt.

4. Tag

1 Heute waren die **Schwerathleten** an der Reihe:
2 **Ring-, Faust- und Allkämpfer** (= eine Mischung
3 aus Ringen und Boxen). Die Gegner werden aus-
4 gelost, ohne Rücksicht auf Größe und Gewicht.
5 Die Kämpfer reiben sich mit Öl ein. Es wird sehr
6 hart gekämpft, sodass es immer wieder Verlet-
7 zungen gibt. Vor allem der **Allkampf** ist brutal.
8 Dann folgte noch der **Waffenlauf.** Das ist ein
9 Wettlauf mit voller Ausrüstung.

5. Tag

1 Am letzten Tag der Spiele war **Siegerehrung.**
2 Heute erhielt ich im Zeustempel einen Kranz
3 aus den Zweigen vom heiligen Ölbaum. In der
4 Heimat brauche ich mein Leben lang keine Steu-
5 ern mehr zu bezahlen. Bestimmt ist für mich
6 auch ein toller Empfang fällig!
7 Nach der Siegerehrung gab es dann noch ein
8 **Opferfest** am Zeusaltar. Aber dann ging es zum
9 großen Festessen.

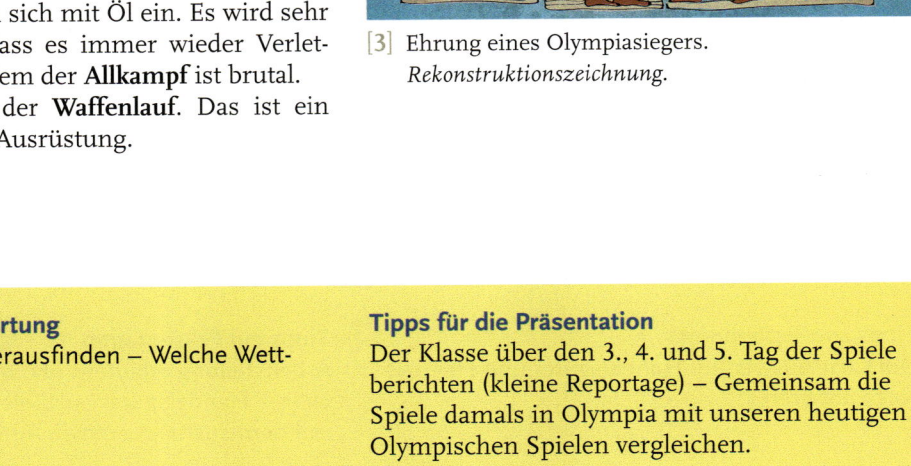

[3] Ehrung eines Olympiasiegers.
Rekonstruktionszeichnung.

Tipps für die Auswertung
Anlass der Spiele herausfinden – Welche Wettkämpfe gab es?

Tipps für die Präsentation
Der Klasse über den 3., 4. und 5. Tag der Spiele berichten (kleine Reportage) – Gemeinsam die Spiele damals in Olympia mit unseren heutigen Olympischen Spielen vergleichen.

Vom Wert der Arbeit

Körperliche Arbeit war in der Antike wenig angesehen. Wer es sich leisten konnte, ließ Sklaven und Lohnarbeiter für sich arbeiten.

In Athen waren Handwerk und Kunsthandwerk wichtige Geschäftszweige. Keramik und Schmiedeprodukte konnten gut verkauft werden. Die Werkstätten waren leistungsfähig durch ihre Arbeitsteilung. Jeder hatte seine spezielle Aufgabe.

[1] **Der Geschichtsschreiber Xenophon berichtet darüber um 400 v. Chr.:**

„... der eine macht Schuhe für Männer, der andere für Frauen. Bisweilen lebt der eine bloß vom Nähen der Schuhe, der andere vom Zuschneiden ... Notwendigerweise muss also der, dessen Teilarbeit die geringste Zeit erfordert, in der Lage sein, sie am besten auszuführen ..."

(Zit. nach Xenophon, Die Erziehung des Kyros, hg. u. übers. v. Rainer Nickel, Darmstadt (BW) 1992, S. 67.)

Geldgeschäfte

Die Athener benutzten seit dem 6. Jahrhundert v. Chr. Münzgeld. Auf der Vorderseite aller Münzen war der Kopf der Athene, auf der Rückseite eine Eule abgebildet. Ab etwa 300 v. Chr. findet man Darstellungen von Herrschern auf Münzen.

[3] Euromünze. Auch heute noch tragen griechische Münzen das alte Wappentier auf ihrer Rückseite.

[2] Wareneinfuhr nach Athen im 5. Jahrhundert v. Chr. *Karte.*

Tipps zur Erarbeitung

Die Karte auswerten: Handelsgüter und Handelswege notieren.

Tipps zur Präsentation

Arbeitsteilung erläutern und mit heute vergleichen – Handelsgüter aufzählen – Heutiges Geld mit dem aus dem antiken Athen vergleichen.

> Wir sind als Kriegsgefangene in die Sklaverei geraten. Nun müssen wir in einer Tongrube schuften, zusammen mit Verbrechern. Doch die Sklaven auf den Schiffen sind auch nicht besser dran. Dagegen haben es die Haussklaven so richtig gut!

[1] Sklavenarbeit. *Vasenmalerei.*

[3] Ziegen und Schafe fressen jedes nachwachsende Grün auf den abgeholzten Böden sofort wieder ab. *Foto, 2013.*

Bergbau

Eine wichtige Einnahmequelle der Athener war der Silber- und Bleiabbau. In der Nähe der Stadt gab es viele Bergwerke und Gruben.

Die Erzbrocken wurden in großen Waschanlagen immer wieder gespült, um das Metall auf diese Weise vom Gestein zu trennen. Um Wasser zu sparen, ordnete man die Anlagen kreisförmig an. Manchmal leitete man das gebrauchte und schmutzige Wasser zum Schluss wieder in die Brunnen zurück. Dabei war schon damals bekannt, dass Blei sehr giftig ist.

[2] Wasserpumpe. Der Mathematiker, Physiker und Ingenieur Archimedes (287–212 v. Chr.) hat diese schraubenförmige Wasserpumpe erfunden.

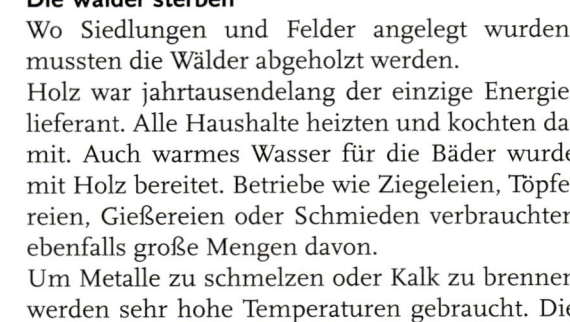

Das Metall wurde gleich vor Ort geschmolzen und zu Barren gegossen.

In der Nähe lagen auch die Unterkünfte für die Bergwerkssklaven. Durch all diese Anlagen wurde die Landschaft nachhaltig zerstört.

Die Wälder sterben

Wo Siedlungen und Felder angelegt wurden, mussten die Wälder abgeholzt werden.

Holz war jahrtausendelang der einzige Energielieferant. Alle Haushalte heizten und kochten damit. Auch warmes Wasser für die Bäder wurde mit Holz bereitet. Betriebe wie Ziegeleien, Töpfereien, Gießereien oder Schmieden verbrauchten ebenfalls große Mengen davon.

Um Metalle zu schmelzen oder Kalk zu brennen werden sehr hohe Temperaturen gebraucht. Die ließen sich damals nur mit Holzkohle erreichen. Für die Herstellung der Holzkohle benötigt man ein Vielfaches an Holz.

Auch der Bau von Tempeln, Häusern oder Schiffen verschlang ganze Wälder. Im trockenen Klima am Mittelmeer wuchsen sie nur langsam nach.

Tipps zur Erarbeitung und Präsentation

Über Sklavenarbeit berichten – Den Bergbau beschreiben – Das Verschwinden der Wälder im Mittelmeergebiet erklären – Damalige Umweltprobleme bewerten (Ursachen und Folgen) – Spielszene: Reporter besucht Bergarbeiter bei Athen.

Das Erbe Griechenlands

[1] Bauwerke nach antiken Vorbildern. Im Uhrzeigersinn:
  (a) links oben: Königsplatz, München
  (b) Villa, Hamburg
  (c) Kapitol, Washington
  (d) Brandenburger Tor, Berlin
  (e) Festhalle, Bayreuth

Griechische Kultur

Im antiken Griechenland wurden wichtige Grundsteine für unsere heutige Kultur gelegt. Wir verdanken den Griechen nicht nur die Idee der Demokratie, sondern auch die Grundlage vieler Wissenschaften.

Durch gezielte Besiedelung und Eroberungszüge breitete sich die griechische Kultur im gesamten Mittelmeerraum aus. Nachdem die Blütezeit der bedeutenden Stadtstaaten längst vergangen war, hatte sich die griechische Lebensart in diesem Gebiet erhalten. Später wurde ein ganzes Zeitalter danach benannt: Hellenismus (Hellas = Griechenland). Das ist vor allem Alexander dem Großen zu verdanken. Er lebte von 356–323 v. Chr. und eroberte mit seinen Soldaten ein riesiges Gebiet zwischen Ägypten im Westen und Persien im Osten. Er ist sogar bis Indien vorgestoßen.

Vorbilder aus der griechischen Antike

Bis heute orientierten sich Architekten, Bildhauer, Maler und viele andere Künstler auf der ganzen Welt immer wieder an den Werken ihrer griechischen Vorbilder.

Schon bei den Römern galt es als Zeichen von Bildung, wenn man die griechische Sprache beherrschte und sich in griechischer Literatur, Philosophie oder dem griechischen Theater auskannte.

Auch auf den Spielplänen unserer heutigen Theater stehen immer wieder Stücke der antiken Dichter. Die Probleme der damaligen Zeit sind den unsrigen oftmals verblüffend ähnlich.

1. Zähle die Bereiche auf, in denen Griechenland Vorbild war und ist.

[2] Buchstaben des griechischen Alphabets finden sich ebenso wie die Lehrsätze von Pythagoras, Thales oder Euklid in unseren heutigen Mathematikbüchern. *Foto.*

Die Wurzeln der Demokratie finden sich im alten Griechenland: Die Athener verankerten die Teilnahme des Volkes an politischen Entscheidungen 594 v. Chr. in ihrer Verfassung.

[4] Abgeordnete des EU-Parlaments stimmen über eine politische Entscheidung mit Handzeichen ab. *Foto.*

Wähle einen der Arbeitsaufträge aus:

■ Zeichne eines der Bauwerke [1] in dein Heft.

■ Erzähle kurz den Inhalt einer griechischen Sage, die du kennst (z. B. vom Trojanischen Pferd, siehe S. 148).

■ Bildet eine Gesprächsrunde: Wie kommt es, dass das Erbe des alten Griechenland immer noch bei uns lebendig ist?

[3] Noch immer wird das Olympische Feuer vor Beginn der modernen Spiele in Olympia entzündet und dann von Läufern zum jeweiligen Austragungsort getragen. *Foto.*

[5] Es gibt kaum eine Stadt ohne Marathonlauf, so wie hier in München. Er wurde zur Erinnerung an einen griechischen Soldaten benannt, der nach einer Schlacht ohne Pause 42,195 Kilometer nach Athen gerannt sein soll, dort den Sieg verkündete und anschließend tot zusammenbrach. *Foto.*

Was du noch tun kannst ...

■ Mit dem Fotoapparat durch eine Stadt gehen und Gebäude fotografieren, die antiken Vorbildern ähneln. Besonders „ergiebig" sind dabei auch alte Friedhöfe mit Grabdenkmälern.

■ Bildbände europäischer Städte durchsehen und öffentliche Gebäude wie Museen, Theater oder Gerichtsgebäude aus dem 19. Jahrhundert vergleichen.

■ Auf Buchtitel, Filme oder alte Gemälde zu antiken Themen achten und diese für einen bestimmten Zeitraum notieren.

GPG aktiv

Weil im Unterricht meist die Zeit für eine weitergehende Beschäftigung mit einem Thema fehlt, finden besonders Interessierte hier noch einige Vorschläge. Sollten gar Projekttage anstehen, braucht ihr nicht lange nach Themen zu suchen. Bei der Ausführung hilft die Zusammenarbeit mit anderen Fächern wie Kunst, Werken, Deutsch, Sport, Religion ...

Denkt auch daran, euer Portfolio zu führen:
– schöne Ergebnisse in Text und Bild sammeln,
– Lernerfahrungen zum Thema „Antikes Griechenland" notieren.

Miniprojekte für Spezialisten

Keramik war die Handelsware Nummer eins der Griechen. Sie wurde in alle Welt exportiert. Beschafft euch Vorlagen z. B. aus dem Internet oder Bildbände aus der Bibliothek.
▶ Einfache Formen selber töpfern.
▶ Gefäßmalereien (Vasen, Teller) als Vorlagen nehmen, nach Themen sortieren (z. B. Sport, Religion, Arbeit ...) und kopieren.
▶ Kleine Geschichten oder Abläufe daraus zusammenstellen, evtl. durch Texte ergänzt als Wandzeitung aufbereiten.

Sportlich Interessierte sammeln Material zu den Olympischen Spielen.
▶ Tabelle aller Spiele mit Austragungsort seit der Wiederaufnahme im Jahre 1896 anfertigen; Kartenskizze zur Orientierung dazu zeichnen oder kopieren.
▶ Vergleich antike Spiele – moderne Spiele anstellen: Dauer, Organisation, Teilnehmer, Zuschauer, Sportarten (Welche sind heute noch vertreten? Welche gibt es zwar noch, nicht aber bei den Olympischen Spielen? Welche gibt es gar nicht mehr? Welche sind neu hinzugekommen?).

Auch das griechische Theater ist lohnend für kleine Projekte.
▶ Einfache Szenen aus Originalstücken aufführen. Selbst z. B. eine Heldengeschichte schreiben und inszenieren.
▶ Dazu Kulissen malen, Kostüme improvisieren (Tücher, alte Vorhänge ...).
▶ Einen kleinen Familienkonflikt, evtl. auch aus der Götterfamilie, darstellen.

„Von Alpha bis Omega" – Schreiben wie die Griechen
Viele Wörter, die wir heute benutzen, stammen aus der griechischen Sprache. In der Schule lernen wir im Fach Deutsch über **Dramen** und **Grammatik**, in der Geschichte sprechen wir oft über **Chronologie**. Aber auch in der Alltagssprache finden wir Wörter, die einen griechischen Ursprung haben: **Technik**, **Logik**, **Idee**, **Kino** oder **Theater** ... Und im Sport halten wir uns mit **Gymnastik** fit.
Ihr könnt:
▶ Die blauen Wörter aus dem Text in griechischen Buchstaben aufschreiben,
▶ eure Namen in griechischen Buchstaben auf bunte Kärtchen schreiben und mit den Namenskärtchen ein Ratespiel in der Klasse spielen.

[1] Lückentext

Mehr als 1000 Jahre lang reisten alle … Jahre Griechen nach … Sie kamen sogar aus den entfernten … dorthin. Freie … Bürger Griechenlands trugen hier zu Ehren des … Zeus … aus. Auch an anderen heiligen Stätten fanden … Wettkämpfe statt, um die verschiedensten … zu ehren. Doch die Spiele in … waren das höchste … Fest. … hatten hier keinen Zutritt, auch nicht unter den Zuschauern. Es gab jedoch an anderen Orten auch … für Frauen zur Verehrung meist … Gottheiten.

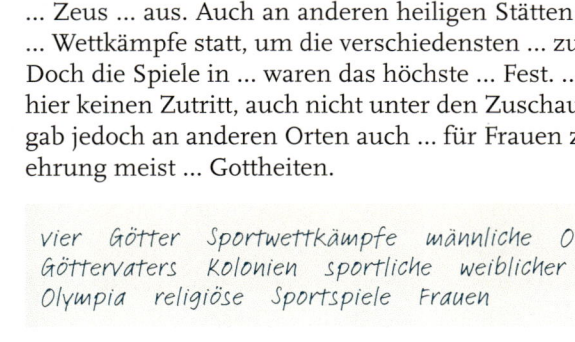

vier Götter Sportwettkämpfe männliche Olympia
Göttervaters Kolonien sportliche weiblicher
Olympia religiöse Sportspiele Frauen

[2] Olympische Götter: Poseidon, Zeus, Athene. *Illustrationen.*

[3] Der griechische Schriftsteller Plutarch (um 45–120 n. Chr.) berichtete über ein großes Bauprogramm des Politikers Perikles 450 v. Chr.:

Perikles legte dem Volk großartige Pläne für Unternehmungen und Bauten vor, welche viele Handwerker für lange Zeit beschäftigen konnten. Auf diese Weise wollte er den Bürgern, die zu Hause blieben, genauso wie den Schiffsmannschaften … und den Truppen im Felde die Möglichkeiten bieten, aus dem Bundesschatz Nutzen und Vorteil zu ziehen. Vielerlei Materialien wurden benötigt, Steine, Erz, Elfenbein, Gold, Eben- und Zypressenholz, und zu ihrer Bearbeitung brauchte es mancherlei Handwerker, so Zimmerleute, Bildhauer, Kupferschmiede, Steinmetze, Färber, Goldarbeiter, Elfenbeinschnitzer, Maler, Sticker, Graveure. Die Transporte zur See brachten den Reedern, den Matrosen und Steuerleuten Beschäftigung, diejenigen zu Lande den Wagenbauern, Pferdehaltern und Fuhrleuten …

(Zit. nach: Plutarch, Leben des Perikles, Kap. 12, übers. v. Walter Wuhrmann, München, 1981, S. 310 f.)

Erkenntnisse gewinnen

1. Schreibe den Lückentext [1] ab und füge die darunter stehenden Begriffe an der richtigen Stelle ein.
2. Ordne den Göttern [2] ihr Aufgabengebiet zu: Weisheit und Mut im Kampf – Meere – Göttervater
3. Berichte in Stichworten über eins der folgenden Themen: Wirtschaft – Familie – Sparta.
4. Erkläre die Begriffe Demokratie – Monarchie.
5. Zähle Unterschiede zwischen der griechischen Demokratie und unserer heutigen Demokratie auf (Wer hat/ hatte welche Möglichkeiten der Mitbestimmung?).

Beurteilen und bewerten

6. Liste die Bedingungen zur Teilnahme an den antiken Olympischen Spielen auf; finde Argumente für oder gegen einzelne Punkte.
7. Lasse folgende Personen über ihre Rechte und Pflichten sprechen (jeweils eine Person aus der Antike und eine von heute): Familienvater – Tochter – Sohn – Haushaltshilfe/Sklavin (siehe dazu auch S. 150/151).
8. Im alten Griechenland waren Menschen oftmals gezwungen, ihre Heimat zu verlassen, um in den Kolonien neu anzufangen. Stelle verschiedene Ursachen zusammen und beurteile die jeweilige Situation (siehe dazu auch S. 149).

Anwenden und handeln

9. Nenne und erläutere die Schritte zur Auswertung von Schaubildern.
10. Stelle den Ablauf der Olympischen Spiele als Schaubild dar; Beispiel: 1. Tag: … → 2. Tag: …
11. Äußere dich in einem Leserbrief zu den Vorschlägen in [3]; arbeite dabei heraus, welche Absichten hinter den Planungen standen.

Imperium Romanum

Schauplatz: Spurensuche

Am Sonntag war Römerfest. Es gab viel zu sehen und auszuprobieren.
Vor 2000 Jahren haben die Römer die Provinz Raetien gegründet. Sie umfasste auch Teile des heutigen Bayern. Die Römer herrschten fast 500 Jahre über Raetien. Heute findet man noch ihre Spuren.

1. Beschreibe das Foto.
2. Berichte, was du schon über die Römerzeit weißt.
3. Notiere Stichpunkte zu Themen, über die du Näheres erfahren willst.

Spurensuche

Wo findet man in Bayern römische Überreste?

[1] Hallo, ich lebe in Regensburg. Auf meinem Schulweg komme ich immer an diesem Rest der römischen Stadtmauer von Castra Regina vorbei. Es war früher mal ein Stadttor, die Porta Praetoria.

[2] Kempten hieß in der Römerzeit Cambodunum. Hier gibt es einen archäologischen Park. Das dort drüben ist der römische Tempelbezirk.

[3] Hier seht ihr einen rekonstruierten römischen Wachturm, der in Mönchsroth, Landkreis Ansbach, besichtigt werden kann.

[4] Kürzlich ist ein „Römer-Radweg" eröffnet worden. Er führt von Passau nach Enns. Man kann unterwegs an vielen Stellen römischen Überreste sehen.

Spektakuläre Funde

Wichtige Funde werden sorgfältig ausgewertet, bevor sie in Museen ausgestellt werden. Zusammen mit Funden aus anderen Zeitaltern zeigen sie ein recht genaues Bild der frühen Geschichte unseres Bundeslandes Bayern.

Vielleicht gibt es auch in eurem Ort ein Museum oder Gebäudeteile aus der Vergangenheit: Geht dort vorbei und schaut nach römischen Spuren!

[7] **Die „Augsburger Allgemeine" berichtete 2015:**

Die Stadtarchäologen haben in der Jesuitengasse in Augsburg aufsehenerregende Funde gemacht. Darunter sind Überreste eines komfortablen antiken Hauses und wertvolle Opfergaben.

... Fest steht schon jetzt: Das antike Haus stand im Zentrum der Römerstadt, nicht weit weg vom Forum, dem zentralen Platz mit Tempel. ... Die Hausbewohner dürften wohlhabende Römer gewesen sein, möglicherweise Händler oder Verwaltungsbeamte. Das Wohngebiet lag nördlich der Weststraße, einer wichtigen Römerstraße, die von „Augusta Vindelicum" nach Gallien führte. ...

(Augsburger Allgemeine 22.6.2015, bearbeitet)

1. Beschreibe die Überreste aus der Römerzeit.
2. Gib den Zeitungsartikel mit eigenen Worten wieder.

Wähle einen der Arbeitsaufträge aus:

▣ Liste auf, in welchen hier genannten bayerischen Städten römische Überreste zu finden sind.

▣ Stelle in einer Liste den heutigen Namen die römischen Bezeichnungen gegenüber.

▣ Bei wichtigen Funden muss die Baustelle gesperrt werden. Spielt ein Gespräch zwischen einem Bauherrn und einem Archäologen.

[5] Meine Heimatstadt ist 2000 Jahre alt. Sie wurde von den Römern gegründet. Zuerst war dort nur ein kleines Militärlager. Drumherum siedelten sich Händler und Handwerker an. Diese Lagervorstadt wurde immer größer. Um 100 n. Chr. wurde sie dann Hauptstadt der Provinz Raetien. Vor einigen Jahren fand man diesen römischen Grabstein mit der Darstellung eines Ochsenkarrens, der Weinfässer geladen hat.

[6] Römischer Ochsenkarren. *Relief auf einem Grabstein.*

Römische Wurzeln

Viele Städte und Gemeinden in Bayern waren ursprünglich römische Siedlungen oder Militärlager. Spuren aus dieser Zeit findet man immer wieder. Bei Erdarbeiten muss vorsichtig gegraben werden, um nichts zu zerstören. Die Funde sind für unsere Geschichte sehr wertvoll.

Orientierung – das Reich der Römer

Wie es dazu gekommen ist

Um das Jahr 15 v. Chr. zogen römische Soldaten über die Alpen. Sie gründeten im heutigen Bayern die Provinz Raetia (Raetien) mit der späteren Hauptstadt Augusta Vindelicum (Augsburg).

Die Römer planten die Eroberung Germaniens bis zur Elbe. Um das Jahr 9 n. Chr. rief der Germanenfürst Arminius zum Widerstand auf. Im heutigen Niedersachsen vernichteten die Germanen drei römische Legionen, das waren etwa 18 000 Mann! Daraufhin verzichteten die Römer auf weitere Eroberungen im Germanenland.

Der Rhein war lange die Grenze zwischen dem Römischen Reich und Germanien. Südlich von Koblenz verlief die Grenze weiter östlich.

[2] So könnten römische Legionäre ausgesehen haben. *Foto, 1998.*

1. Gib den Ablauf der römischen Eroberungen mit eigenen Worten wieder.
2. Beschreibe Aussehen und Ausrüstung der römischen Soldaten (Legionäre) in [2].

Wie es jetzt weiter geht

In diesem Kapitel erfährst du einiges über das Leben der Menschen damals. Du kannst vergleichen und herausfinden, was ähnlich war zu heute oder welche Unterschiede es gab.

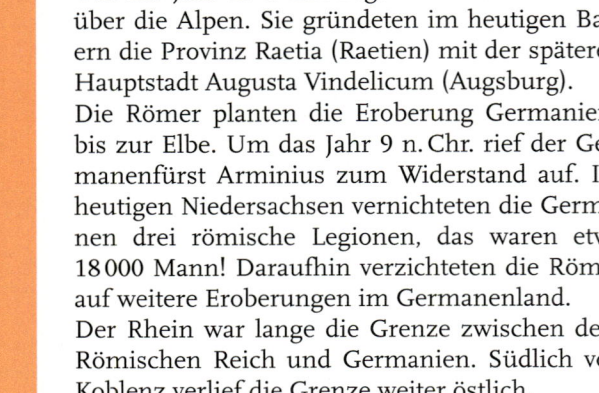
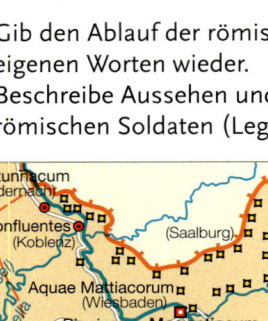

	Legende
	Römisches Reich um 150 n. Chr.
	Obergermanischer Limes (Holzpalisaden)
	Rätischer Limes (Steinmauer)
	römische Provinzgrenze
	römische Stadt
	römisches Legionslager
	römisches Kastell
	römische Heerstraße
	(heutige Namen in Klammern)
	heutige Staatsgrenze
	heutige Landesgrenze Bayerns

[1] Verlauf der Grenze (Limes) der römischen Provinzen Obergermanien und Raetien. Das Gebiet umfasste Teile der heutigen Bundesländer Bayern, Baden-Württemberg und Rheinland-Pfalz.

Gründung Roms: 753 v. Chr.
(nach der Sage)

Um 500 v. Chr.:
Rom wird Republik

Um 150: Römische
Soldaten erobern Raetien

15 v. Chr.: Römische
Soldaten ziehen über
die Alpen

35 v. Chr.–14 n. Chr.:
Augustus, Beginn der
Kaiserzeit

Christi Geburt

9 n. Chr.: Römer scheitern
in Germanien

Um 117: größte Ausdehnung des
Römerreichs, Ausbreitung des Chris-
tentums

275: Angriffe der Germanen am Rhein

391: Christentum
wird Staatsreligion
395: Teilung des
Römischen Reiches

▶ 400 n. Chr.

407: Römer ziehen vom Rhein ab
476: Ende des Römerreiches im Westen

[3] Zeittafel der Römerzeit.

„Imperium Romanum"

Schauplatz:
Spurensuche
S. 166–167

Orientierung
Das Reich der Römer
S. 168–169

Das Römische Reich
S. 170–171

Die Stadt Rom
S. 172–173

**Leben auf einem
römischen Gutshof**
S. 174–175

Die römische Provinz Raetien
S. 176–177

Technische Meisterleistungen
S. 178–179

Wahlseiten:
Die römische Familie,
Zu Gast bei Livia,
Gladiatoren, Götterwelt
S. 180–183

**Monarchie – Republik –
Kaiserreich**
S. 184

Methode:
Sachtexte erschließen
S. 185

Die antike Welt ändert sich
S. 186–187

GPG aktiv
S. 188

Teste dich!
S. 189

Das Römische Reich

Wie wurde aus einer kleinen Siedlung eine Supermacht?

[1] **Eine Sage berichtet über die Anfänge Roms:**
Die Zwillinge Romulus und Remus wurden als Säuglinge in der Wildnis ausgesetzt. Eine Wölfin ernährte sie mit ihrer Milch. Später nahm ein Hirte die beiden mit nach Hause.

Als sie groß waren, wollten sie an der Stelle, wo man sie fand, eine Stadt gründen. Romulus zog mit einem Pflug einen großen Kreis. Er warnte davor, das Innere zu betreten. Sein Bruder Remus lachte und sprang hinein. Wütend erschlug Romulus ihn. Den Umstehenden erklärte er: „So soll es jedem ergehen, der versucht, meine Stadt Rom zu erobern."

Einige Zeit später raubten Romulus und seine Freunde die Töchter der Sabiner. Das war ein Nachbarvolk. Sie gründeten mit den Mädchen Familien und besiedelten Rom.

Nach dieser Sage soll Rom im Jahr 753 v. Chr. entstanden sein.

(Verfassertext)

1. Erzähle die Sage nach.
2. Stelle einen Zusammenhang der Sage mit Bild [2] her.

[2] Römische Münze. *4. Jh. v. Chr.*

[3] Die Anfänge Roms. *Rekonstruktionszeichnung.*

[1] Furt   [2] Kapitol   [3] Palatin   [4] Handelsstraße

Forschungsergebnisse

Archäologen fanden auf einem Hügel in der heutigen Stadt Rom die Reste von einfachen Häusern aus dem 10. Jahrhundert v. Chr. Sie waren mit einem Wall umgeben. Weitere kleine Siedlungen in der Nähe waren wenig später entstanden.

3. Vergleiche Forschungsergebnisse und Sage [1].

Weitere Entwicklung

Zum Schutz vor fremden Eroberern verbündeten sich die Bewohner der ersten Siedlung mit ihren Nachbarn. Die Römer kontrollierten schon bald den einzigen Transportweg der Gegend. Sie vergrößerten schnell ihren Einfluss und Rom entwickelte sich zu einem wichtigen Marktort.

Seit diesen ersten Anfängen dauerte es aber noch einige Jahrhunderte, bis Rom etwa um 250 v. Chr. so mächtig geworden war, dass es ganz Italien beherrschte.

Aus Gegnern wurden Verbündete

Bei allen Eroberungen wurde zwar hart gekämpft, aber auch geschickt verhandelt. So mancher Gegner unterwarf sich freiwillig und schloss einen Bündnisvertrag mit den Römern, um sich lange Kämpfe zu ersparen.

Auch hatte sich herumgesprochen, dass die Römer alle eroberten Gebiete klug verwalten. Die ursprünglichen Bewohner wurden schon bald zu römischen Bürgern ernannt und an Entscheidungen beteiligt. Auch wurden die geltenden Sitten und fremde Religionen anerkannt. Umgekehrt setzte sich die römische Lebensweise schnell durch. Nur so ist zu verstehen, dass sich die römische Herrschaft in manchen Teilen Europas für mehr als 500 Jahre halten konnte.

4. Schildere die Ausbreitung über den Marktort Rom hinaus und vermute, warum sie so erfolgreich verlief (siehe Klappenkarte hinten im Buch).

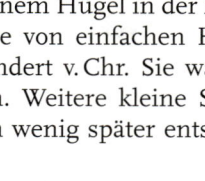

[4] „Wir Legionäre* nehmen es mit jedem Feind auf und sorgen für Ordnung. Unsere Berufsarmee kann sofort eingreifen, wenn irgendwo Unruhen drohen. Aber wir kämpfen nicht nur. Oft müssen wir als Handwerker arbeiten: Ziegeleien, Wasserleitungen, Straßen und die Militärlager werden von uns selbst erbaut. Gute Straßen sind nicht nur für uns Soldaten wichtig, für Handel und Verwaltung werden sie ebenfalls gebraucht. So machen wir uns auch für die Bevölkerung nützlich. Manchmal habe ich Heimweh. Anfangs, in Britannia, habe ich das Regenwetter verflucht. Dann war ich in Africa und stöhnte über die Hitze. Mein Großvater ist mit Julius Caesar über die Alpen marschiert. Jetzt bin ich hier in Augusta Vindelicum (= Augsburg), wo unsere Leute eine große Therme bauen."

※
1 Legion = 6000 römische Soldaten
(= Legionäre)

Wähle einen der Arbeitsaufträge aus:

▢ Schreibe einen Kurzbericht über die Arbeiten der römischen Soldaten.

▢ Vergleiche die Klappenkarte zum Römischen Weltreich hinten im Buch mit einer Atlaskarte. Notiere, welche heutigen Staaten zum Römischen Reich gehört haben.

Die Stadt Rom

Wie sah die Hauptstadt des Römischen Reiches aus?

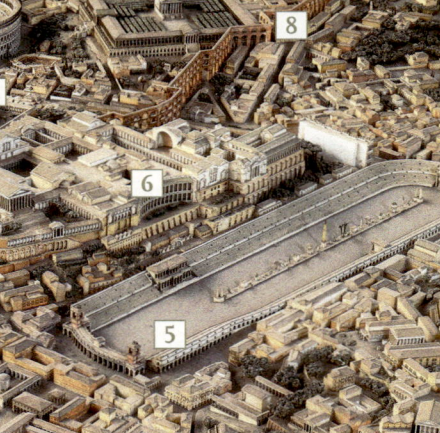

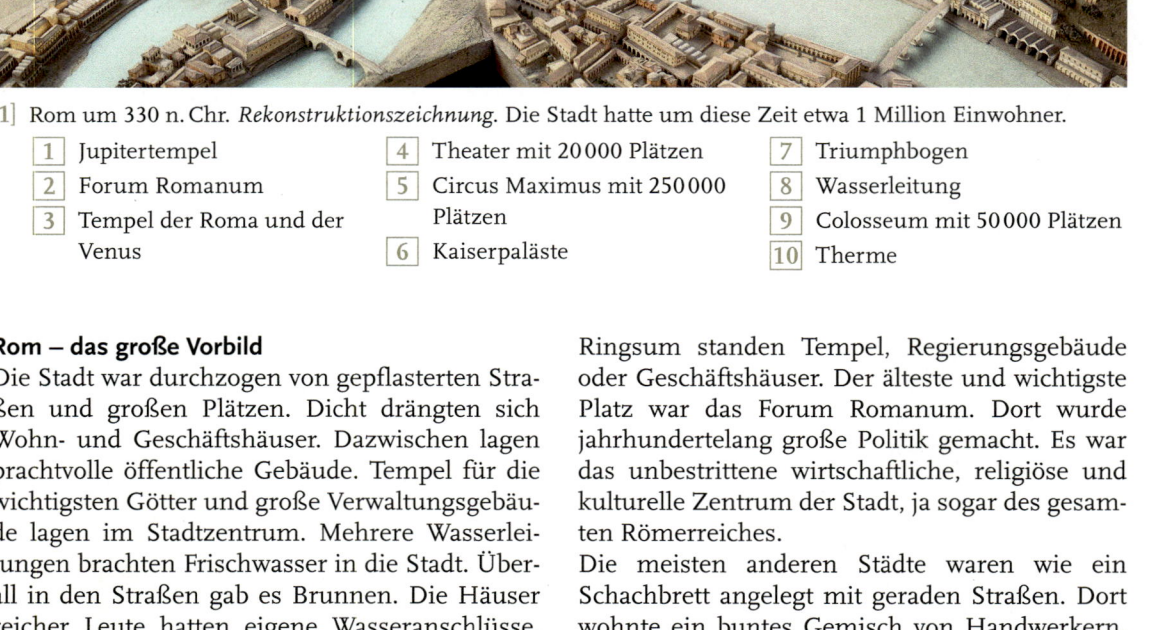

[1] Rom um 330 n. Chr. *Rekonstruktionszeichnung*. Die Stadt hatte um diese Zeit etwa 1 Million Einwohner.

1	Jupitertempel	4	Theater mit 20 000 Plätzen	7	Triumphbogen
2	Forum Romanum	5	Circus Maximus mit 250 000 Plätzen	8	Wasserleitung
3	Tempel der Roma und der Venus	6	Kaiserpaläste	9	Colosseum mit 50 000 Plätzen
				10	Therme

Rom – das große Vorbild

Die Stadt war durchzogen von gepflasterten Straßen und großen Plätzen. Dicht drängten sich Wohn- und Geschäftshäuser. Dazwischen lagen prachtvolle öffentliche Gebäude. Tempel für die wichtigsten Götter und große Verwaltungsgebäude lagen im Stadtzentrum. Mehrere Wasserleitungen brachten Frischwasser in die Stadt. Überall in den Straßen gab es Brunnen. Die Häuser reicher Leute hatten eigene Wasseranschlüsse. Die Abwässer flossen durch unterirdische Kanäle in den Fluss Tiber.

Öffentliche Plätze

Die großen Plätze, die sogenannten Foren, waren Mittelpunkte des städtischen Lebens.

Ringsum standen Tempel, Regierungsgebäude oder Geschäftshäuser. Der älteste und wichtigste Platz war das Forum Romanum. Dort wurde jahrhundertelang große Politik gemacht. Es war das unbestrittene wirtschaftliche, religiöse und kulturelle Zentrum der Stadt, ja sogar des gesamten Römerreiches.

Die meisten anderen Städte waren wie ein Schachbrett angelegt mit geraden Straßen. Dort wohnte ein buntes Gemisch von Handwerkern, Händlern und Verwaltungsbeamten mit ihren Familien und den Sklaven aus aller Welt. Von den Städten aus wurde das Umland verwaltet.

1. Betrachte die Rekonstruktionszeichnung [1] und beschreibe auffällige Gebäude.

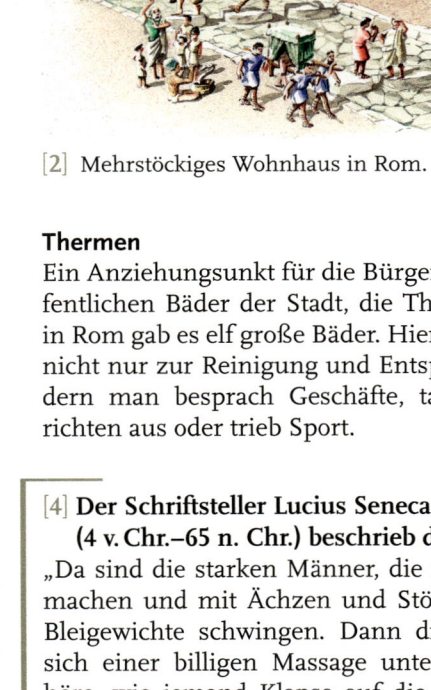

[2] Mehrstöckiges Wohnhaus in Rom. *Rekonstruktionszeichnung.*

Thermen

Ein Anziehungsunkt für die Bürger waren die öffentlichen Bäder der Stadt, die Thermen. Allein in Rom gab es elf große Bäder. Hier traf man sich nicht nur zur Reinigung und Entspannung, sondern man besprach Geschäfte, tauschte Nachrichten aus oder trieb Sport.

[4] **Der Schriftsteller Lucius Seneca (4 v. Chr.–65 n. Chr.) beschrieb das so:**
„Da sind die starken Männer, die ihre Übungen machen und mit Ächzen und Stöhnen schwere Bleigewichte schwingen. Dann die Faulen, die sich einer billigen Massage unterziehen – ich höre, wie jemand Klapse auf die Schultern bekommt. Dann ist da der Mann, der den Klang seiner eigenen Stimme im Bad so gern hört. Und die, die ins Becken springen, dass es platscht …"

(Mike Corbishley: Das Buch vom alten Rom. Arena Verlag. Würzburg, 1990.)

2. Beschreibe und vergleiche mit heute:
  – Die Größe der Stadt
  – Die städtischen Einrichtungen
  – Die Bedeutung der Stadt für ihr Umland
  – Das Leben auf einem großen Platz
  – Die Wohnhäuser der Römer
  – Den Besuch in einer römischen Therme

Wähle einen der Arbeitsaufträge aus:

▨ Zeichne das Mietshaus [2] in dein Heft.

▨ Notiere Stichworte für eine Führung durch die Stadt Rom [1].

▨ Ein Kind vom Land darf zum ersten Mal mit den Eltern auf einen Markt in Rom gehen. Am Abend erzählt es von seinen Erlebnissen. Schreibe diesen Erlebnisbericht oder trage ihn der Klasse vor.

Leben auf einem römischen Gutshof

Wie sah es zur Römerzeit auf dem Lande aus?

„Quintus, hole mir schnell etwas Brennholz, denn Antonius ist noch im Bad mit der Heizung beschäftigt und wir müssen heute Essen für 30 Leute vorbereiten. Außerdem muss ich unserer Herrin Livia beim Ankleiden helfen!"

„Dein Entwurf für den neuen Stall ist gut. Bevor du mit dem Bau beginnst, musst du noch die Treppe in die obere Etage ausbessern. Alexander, der Lehrer meiner Söhne, wäre gestern fast gestürzt."

„Danke für dein Vertrauen, Herr. Ich werde meinem Gehilfen sofort die nötigen Anweisungen geben."

„Sofort, Marcella, ich lade nur noch die Weinkrüge von dem Wagen draußen ab. Eigentlich müsste ich die Ziegel für den neuen Stall aufstapeln. Mir tut schon seit Tagen der Rücken weh, aber wir Sklaven können uns ja keine Ruhe gönnen! Ach ja, heute ist Lucius, unser Herr, von seiner Reise zurückgekommen."

[1] Ein römischer Gutshof (Villa Rustica). *Rekonstruktionszeichnung, 2006.*

1. Beschreibe den Gutshof.

Landleben

Der größte Teil der Bevölkerung lebte zur Römerzeit auf dem Land und von der Landwirtschaft. Das war auch in Raetien so. Reiche Leute legten ihr Vermögen gerne in Landbesitz an. Auch ehemalige Soldaten (Veteranen) nahmen nach ihrer Dienstzeit als Abfindung anstatt Geld oft lieber ein Stück Land. Einige dieser römischen Gutshöfe waren gleichzeitig kleine Gewerbebetriebe.

Neben der Landwirtschaft gab es dort Töpfereien oder Ziegeleien. Vereinzelt wurden sogar Erze geschmolzen, die man knapp unter der Erdoberfläche finden konnte, z. B. das sogenannte Raseneisenerz.

Die Bewohner eines römischen Gutshofes hatten verschiedene Aufgaben.

2. Erarbeite eine Liste der Personen, die auf dem Hof leben, und stelle sie vor.
3. Nenne die Aufgaben der einzelnen Personen.

[2] Sklaven verschnüren einen Ballen aus Wolle. *Relief auf einem Grabstein in Augsburg.*

4. Beschreibe Bild [2].

Arbeiten auf dem Landgut

Die großen Landgüter lagen um die Städte und Militärlager herum. Dorthin lieferten sie ihre Lebensmittel. Die Arbeit wurde meistens von Sklaven getan. In allen Teilen des Reiches (Provinzen) beschäftigte man aber auch einheimische Lohnarbeiter. Durch Funde und Abbildungen kennen wir eine Reihe von landwirtschaftlichen Geräten wie z. B. Schaufeln, Hacken oder Sicheln, ja sogar Mähmaschinen zur Ernte von Getreide.

Nicht immer waren es reine Landwirtschaftsbetriebe. Bei manchen von ihnen sind gleichzeitig Ziegeleien oder Töpfereien in Betrieb gewesen. Es gab sogar Höfe, auf denen Erze geschmolzen und Metalle verarbeitet wurden. Gerne wählten hohe Beamte und auch Händler Landgüter als Wohnsitz für ihre Familien. Verwalter kümmerten sich dabei um die Landwirtschaft.

Neben den privaten Höfen gab es in der Römerzeit auch staatliche Landwirtschaftsbetriebe (Domänen). Sie waren besonders groß und versorgten in erster Linie die Militärlager.

5. Nenne die Aufgaben der Landgüter.

Arbeitsteilung Stadt – Land

Wie in der Römerzeit besteht auch heute noch ein Austausch zwischen Dörfern und Städten. Auf dem Land werden vor allem die Nahrungsmittel produziert. Von der Stadt aus wird das Umland verwaltet – wie schon zur Römerzeit.

Auch heute wohnen viele Leute gerne auf dem Land, die selbst nichts mit der Landwirtschaft zu tun haben. Sie pendeln zur Arbeit oder zur Schule in die Stadt.

Wähle einen der Arbeitsaufträge aus:

◼ Ergänzt die kurzen Gespräche und spielt diese Szenen aus [1].

◼ Versuche eine Zeichnung der „Villa Rustica" [1].

◼ Führt ein Gespräch zwischen einem römischen und einem heutigen Landwirt über ihre Arbeit. Bereitet das Gespräch mit Stichworten auf Notizzetteln vor.

Die römische Provinz Raetien

Wie lebten die Menschen im Römischen Reich?

Provinzbevölkerung

Die eroberten Gebiete außerhalb Italiens nannte man Provinzen. Dort lebten viele unterschiedliche Völker. Die gemeinsame Sprache aller war Latein. Daraus entwickelten sich heutige Sprachen wie Italienisch, Spanisch oder Französisch. Auch in unserer Sprache und im Englischen gibt es viele Begriffe mit lateinischem Ursprung.
Alle Siedlungen im Reich wurden nach dem gleichen Muster schachbrettartig angelegt. Weil alle die Stadt Rom als Vorbild nahmen, ähnelten sich auch die Bauwerke.

An der Grenze

Die Provinz Raetien lag an der Grenze zum freien Germanien. Dieser Grenzbereich wird Limes genannt und war mit vielen Wachttürmen und Kastellen gesichert. Der Limes markierte die römische Außengrenze, diente aber auch als Kontaktstelle. Hier überwachte man den Personen- und Warenverkehr und erhob Zölle.

In den Siedlungen vor den Kastellmauern lebten Händler, Handwerker und die Familien der Soldaten.
Auf fruchtbaren Böden wurden Gutshöfe zur Erzeugung von Nahrungsmitteln angelegt. Manche waren an Einheimische verpachtet, andere gehörten ehemaligen Soldaten (Veteranen).

[2] Rekonstruktion des Nordtores im Kastell Biriciana, Provinz Raetia, heute Weißenburg. *Foto.*

Die römische Lebensweise war für die Völker, die jenseits der Grenze lebten, recht attraktiv. Einige kamen, um sich als Verbündete im Römerreich niederzulassen. Häufig gab es aber auch Überfälle und Raubzüge.

1. Mache dir die Größe des Imperium Romanum anhand der Klappenkarte hinten klar.
2. Finde die Provinz Raetien auf der Karte.
3. Suche Gründe für und gegen ein friedliches Zusammenleben mit den Römern.
4. Auch heute verlassen Menschen ihre Heimat und überschreiten Grenzen. Welche Gründe hierfür gab es damals und heute?

[1] Grenzübergang am Limes. *Rekonstruktionszeichnung.*

[3] Tuchhändler. *Foto: Thomas Zühmer.*

[4] Arbeiten im Weinberg. *Relief auf einem Grabmal in Rom.*

5. Beschreibe die Abbildungen [3] und [4].

Handel und Gewerbe

Handwerker und Händler machten die meisten Geschäfte mit der Bevölkerung der eigenen Stadt oder der Umgebung. Außerdem gab es Handel mit anderen Provinzen.

Zu den Abnehmern gehörten auch die Bewohner des freien Germaniens. Geräte, Schmuck oder Gefäße aus Glas und Keramik wurden mit der Lieferung von Fellen und Federn, Honig und Wachs, Bernstein und Frauenhaar bezahlt.

Massenproduktion

Schon damals gab es auch große Produktionsbetriebe. Dort wurden von vielen Arbeitskräften Waren in hohen Stückzahlen hergestellt. Massenweise produziert wurden z. B. Tongefäße, Ziegel, Wasserrohre, Glas, Textilien, Möbel oder Metallgeräte.

6. Zähle Ähnlichkeiten auf zwischen der römischen Geschäftswelt und unserer heutigen.

7. Beschreibe, wie sich Menschen der Römerzeit mit Nahrung und Kleidung versorgt haben
   a) in der Stadt,
   b) auf dem Land.

Wähle einen der Arbeitsaufträge aus:

☒ Erfinde Sprechblasen zu den Personen von Bild [1].

☒ Schreibe zu Personen in Bild [1] eine kleine Geschichte (z. B. Wer hat welche Absichten?) und trage sie vor.

☒ Schreibe einen Text zum Thema „Provinzverwaltung" aus folgenden Stichpunkten: *Um 117 n. Chr. größte Ausdehnung (Klappenkarte hinten) – Provinzen von Statthaltern verwaltet – Zusammenarbeit mit einheimischer Bevölkerung und einheimischen Verwaltungen – viele gut ausgebaute Fernstraßen – gute Direktverbindungen nach Rom – von hier kamen Gesetze und Anordnungen – Steuern werden von privaten Steuereintreibern kassiert.*

[5] Römisches Frachtschiff auf der Mosel, mit Weinfässern beladen. *Relief aus Neumagen.*

Technische Meisterleistungen

 [1] Straßenszenen aus der Römerzeit. *Rekonstruktionszeichnung.*

1. Beschreibe [1] in allen Einzelheiten und vergleiche mit heute.

2. Erstelle eine Liste von allen Verkehrsteilnehmern in der Abbildung oben [1].

Unterwegs auf der Straße

Im Römerreich gab es im 2. Jahrhundert n. Chr. 2 500 000 Kilometer Straßen. Davon waren 80 000 Kilometer gut ausgebaute Fernstraßen. Viele heutige Straßen haben noch denselben Verlauf wie damals. Brücken aus Holz oder Stein überspannten die Flüsse. Meilensteine und Straßenverzeichnisse zeigten den richtigen Weg. Schon die Römer bauten Wagen für unterschiedliche Zwecke.

3. Finde auf den Abbildungen [1] und [2] Fahrzeuge und beschreibe sie.

4. Erläutere die Szene „Straßenbau" in [1].

[3] Pont du Gard (Frankreich). Die unterste Etage war eine normale Straßenbrücke und im oberen Teil war die Rinne für eine Wasserleitung untergebracht. *Foto.*

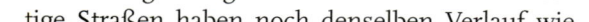 [2] Römischer Reisewagen. *Steinrelief.*

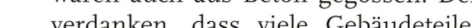

[4] Römerzeitliche Pfeiler der Moselbrücke in Trier. Sie ist die älteste Brücke Deutschlands. *Foto, 1960.*

Alles schon dagewesen!

Für ihre Großbauten verwendeten die Römer einen besonders harten Mörtel. Einige Mauern waren auch aus Beton gegossen. Dem ist es zu verdanken, dass viele Gebäudeteile bis heute nicht zerstört wurden.

Besonders raffiniert waren die Fußbodenheizungen in den Bädern und Wohnhäusern. Dabei handelt es sich um eine Warmluftheizung. Von einem außen liegenden Heizraum aus mit offenem Holzfeuer wurde die heiße Luft unter den Fußboden geleitet. Der gut abgedichtete Boden lag auf eng stehenden Ziegeltürmchen (= Hypokausten). Alle Abgase wurden durch hohle Ziegel in den Wänden nach oben abgeleitet. Sie konnten aus Öffnungen unter dem Dach ausströmen und heizten auf ihrem Weg die Räume noch zusätzlich.

[5] Römische Schiffe aus dem Kastell Oberstimm bei Manching. Die Schiffe aus der Zeit um 100 n. Chr. stehen heute in der Schiffshalle des Museums Manching. Sie sind 15,70 m lang und 2,70 m breit. Ob sie als Transport- oder Patrouillenboote auf der Donau fuhren, ist nicht genau zu klären. Sie wurden vermutlich von zehn Mann gerudert, konnten aber auch Segel setzen. *Foto.*

Wähle einen der Arbeitsaufträge aus:

◼ Notiere zu einem der Bilder eine kurze Beschreibung (vielleicht sogar mit Zeichnung) in deinem Heft.

◼ Entwerft und spielt eine Unterhaltung zwischen zwei Personen aus Bild [1].

◼ Fertigt gemeinsam ein Poster zum Thema „Technik bei den Römern und heute". Links Beschreibung/kopierte Abbildung der römischen Ausführung, rechts die heutige Lösung.

[6] Teil einer Fußbodenheizung in Cambodunum (Kempten). *Foto.*

Wahlseite **Die römische Familie**

1. Informiere dich hier über die römische „familia".
2. Präsentiere deine Ergebnisse in der Klasse.

Ich bin Quintus, das Oberhaupt der Familie. Deshalb bestimme ich über alle Angelegenheiten wie z.B. das Vermögen der Ehefrau, Erziehung, Berufswahl und Eheschließung der Kinder oder den Einsatz der Sklaven. Dafür versorge ich aber auch alle und schütze ihr Leben.

Ich bin Aemilius, der älteste Sohn. Mit Frau und Kindern lebe ich selbstverständlich hier auf dem Landsitz meines Vaters.

Wir Feldsklaven müssen hart arbeiten. Unser Aufseher ist ein treuer Freigelassener unseres Herrn. Er führt die Geschäfte, denn unser Herr ist ein hoher Beamter und selten zu Hause.

Ich bin Livia. Bei der Hochzeit war ich 15. Die Eltern hatten die Heirat angeordnet. Zu meinen Aufgaben gehört die Organisation des Haushalts und die Überwachung der Haussklaven.

Ich bin der jüngste Sohn Marius. Unser griechischer Lehrer wartet morgens schon auf uns. Nächstes Jahr werde ich 17, dann hat die Qual ein Ende! Vater will, dass ich mich später um die Landwirtschaft kümmere, aber ich will lieber beim Militär Karriere machen.

Ich bin Antonius, der Töpfer. Früher war ich Sklave. Aus Anlass seiner Ernennung zu einem hohen Amt hat Quintus mich freigelassen. All seinen Klienten, das sind die Kleinbauern und Handwerker hier in der Nachbarschaft, hilft er mit Rat und Tat. Dafür geben wir ihm unsere Stimmen bei den Wahlen. Schließlich gehören ja auch wir zu seiner „familia".

[1] Römische Familie (familia) der Oberschicht.

Tipps für die Erarbeitung
Alle auflisten, die zu einer römischen Familie (familia) gehörten – sich die Stellung aller Beteiligten genau klarmachen und mit heute vergleichen.

Tipps für die Präsentation
Alle Mitglieder der „familia" mit ihren Rechten und Pflichten vorstellen – die Stellung des Familienoberhauptes beschreiben und mit heute vergleichen.

Zu Gast bei Livia

1. Informiere dich hier über die Essgewohnheiten der Römer.
2. Präsentiere deine Ergebnisse in der Klasse.

[1] Frisierszene. Weil am Abend Gäste zum Essen kommen, wird Livia, die Mutter von Marius, von ihren Sklavinnen sorgfältig frisiert. *Rekonstruktionszeichnung.*

[3] **Aus Marcellas Kochbuch:**
Cucurbitas frictas (gebratene Zucchini)
Zucchini der Länge nach aufschneiden und in heißem Öl braten. Scheiben abtropfen lassen. Mit Pfeffer und Salz servieren. Schmeckt kalt und warm!
Dulcia domestica
Datteln entsteinen und mit Nüssen aller Art, Mandeln, Pinienkernen oder gemahlenem Pfeffer füllen. Kurz in Salz wälzen und anschließend in Honig braten (Honig vorher in der Pfanne zum Kochen bringen). Heiß servieren!

[4] Quintus legt für das Gastmahl seine beste Toga an.

„Zuerst essen wir eine gemischte Vorspeise, z. B. Salat oder gefüllte Oliven. Als Hauptgang gibt es verschiedene Fleisch- und Fischgerichte und zum Abschluss Kuchen, Süßigkeiten und Früchte. Unsere Gäste bringen ihre Sklaven mit, die helfen dann bei der Bedienung."

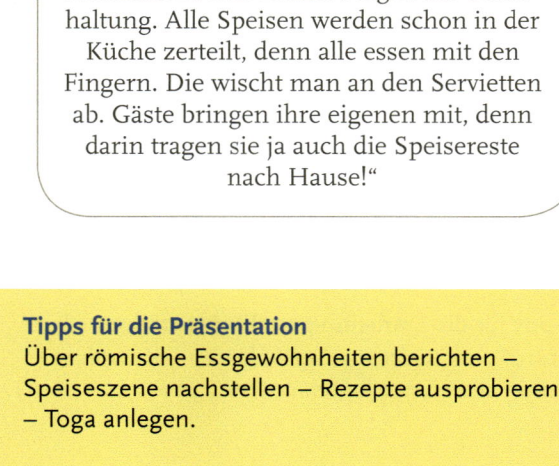

[2] Festliches Abendessen. *Rekonstruktionszeichnung.*

„Morgens und mittags gibt es nur Brot oder Brei. Dazu vielleicht noch etwas Obst. Unsere Hauptmahlzeit ist das Abendessen. Hierzu lädt meine Herrin öfter Gäste ein. Dann gibt es für uns Sklaven viel zu tun. Musikanten und Tänzer sorgen für Unterhaltung. Alle Speisen werden schon in der Küche zerteilt, denn alle essen mit den Fingern. Die wischt man an den Servietten ab. Gäste bringen ihre eigenen mit, denn darin tragen sie ja auch die Speisereste nach Hause!"

Tipps für die Erarbeitung
Alles zu Vorbereitungen und Essgewohnheiten klären.

Tipps für die Präsentation
Über römische Essgewohnheiten berichten – Speiseszene nachstellen – Rezepte ausprobieren – Toga anlegen.

Wahlseite Gladiatoren

1. Informiere dich hier über Gladiatorenspiele.
2. Präsentiere deine Ergebnisse vor der Klasse.

[1] Kolosseum in Rom. Jede Stadt hatte ein solches Amphitheater. Dieses hier in Rom wurde für ca. 50 000 Zuschauer erbaut. Ein riesiges Sonnensegel spendete damals Schatten. *Foto, 2014.*

[2] und [3] Gladiatorenkämpfe. *Fußbodenmosaike, 3. Jh. n. Chr.* Die Gladiatoren waren gut ausgebildete Profis. Es gab selten Kämpfe auf Leben und Tod.

Massenveranstaltungen

Die Geräuschkulisse war in der römischen Arena kaum anders als heute in einem großen Fußballstadion. Die Römer zogen in Scharen zu den Spielen, um ihren Stars zuzujubeln.

Die Spiele waren gut organisiert. Sie wurden oft von den Politikern bezahlt. Die wollten sich dadurch beim Volk einschmeicheln und Wählerstimmen gewinnen. Man konnte damit auch gut von Problemen im Staat ablenken.

Gladiatoren wurden in Gladiatorenschulen jahrelang ausgebildet. Sie waren auf bestimmte Kampftechniken spezialisiert und wurden nicht mit Absicht getötet. Natürlich passierte es häufiger, dass einer an schweren Verletzungen starb.

In den Arenen gab es auch öffentliche Hinrichtungen von Verurteilten. Bekannt sind sie aus den Zeiten der Christenverfolgung. An Spieltagen waren morgens Tierhetzen, um die Mittagszeit Hinrichtungen und am Nachmittag die eigentlichen Gladiatorenkämpfe angesetzt.

> Besonders erfolgreiche Gladiatoren konnten sich schon die Freiheit erkaufen.

[4] Gladiatoren. *Rekonstruktionszeichnungen.*

Tipps für die Erarbeitung und Präsentation
Ablauf und Zweck der Spiele klären – Kampfszenen in allen Einzelheiten untersuchen.

Tipps für die Präsentation
Spannende Reportage schreiben und vortragen – Poster entwerfen, mit dem der Politiker Quintus für die nächsten Gladiatorenkämpfe wirbt – über Stierkämpfe in Spanien heute informieren.

1. Informiere dich hier über die römische Religion.
2. Präsentiere deine Ergebnisse vor der Klasse.

[1] Die Götter des Kapitols (von links): Juno, Jupiter und Minerva. *Foto.*

Die römische Glaubenswelt

So wie die Griechen verehrten auch die Römer eine Reihe von Gottheiten und Schutzgeistern. Auch die Götter von eroberten Völkern wurden verehrt, denn es war wichtig, alle Gottheiten friedlich zu stimmen. Meist erhielten sie dann römische Namen. Beispielsweise wurde aus dem griechischen Meeresgott Poseidon der römische Neptun.

Die Art der Verehrung wurde den römischen Sitten ebenfalls angepasst. So erhielten die Matronen, die keltischen* Fruchtbarkeitsgöttinnen, nun Weihesteine nach römischem Muster als Dank für erfüllte Bitten.

Götter waren unsterblich, hatten besondere Kräfte, aber auch menschliche Eigenschaften.

Bewohner des Römerreichs durften ihre Religion frei wählen. Voraussetzung war aber, dass sie daneben die Staatsgötter Jupiter, Juno und Minerva sowie den Schutzgeist des Kaisers verehrten. Diese Bedingung wurde später den ersten Christen zum Verhängnis.

[2] Schutzgott. Skulptur aus Augsburg. *Foto, 2001.*

[3] Weihestein für die Matronen. Noch heute liegen immer wieder Früchte und frische Blumen auf dem alten Stein dieser keltischen* Fruchtbarkeitsgöttinnen in Bad Münstereifel-Pesch, Nordrhein-Westfalen. *Foto, 2001.*

(die) Kelten
Sie besiedelten um 500 v. Chr. große Teile Europas. Die Römer nannten sie Gallier. Bekannt ist ihre Siedlung Manching.

Tipps für die Erarbeitung
Besonderheiten der römischen Religion herausfinden – mit der christlichen Religion vergleichen – Zusatzmaterial beschaffen über einzelne Gestalten aus der Götterwelt.

Tipps für die Präsentation
Einige Götter vorstellen und die Besonderheiten der Religion erklären – Götter- und Heldensagen vorstellen – Wandzeitung gestalten.

Monarchie – Republik – Kaiserreich

Wie wurde das Römerreich regiert?

> [1] **Ein Königreich wird Republik:**
> - Um 1000 v. Chr. wird das Gebiet der späteren Stadt Rom besiedelt.
> - Um 700 v. Chr. errichten Einwanderer eine Königsherrschaft.
> - Adelsfamilien (Patrizier) gewinnen immer mehr Einfluss und stürzen um 500 v. Chr. den letzten König. Sie nennen die neue Staatsform „res publica" (Republik = öffentliche Sache).
> - Von 450 bis ca. 250 v. Chr. erkämpfen sich die Plebejer (Handwerker, Händler, freie Bauern) immer mehr Rechte und die Mitbestimmung in der Regierung.

1. Erkläre die Begriffe „Plebejer" und „Patrizier".

Römische Republik

In der römischen Republik waren Frauen und Sklaven von der Politik ausgeschlossen. Sie durften weder wählen noch Ämter übernehmen.

2. Lies den Zeitungsartikel und berichte über Leben und Sterben von Julius Caesar.

Mit Gewalt an die Macht

Nach dem Mord vom 15. März 44 v. Chr. eilte Octavian, der Adoptivsohn Caesars, sofort nach Rom.

Octavian verhandelte mit seinen Gegnern und gemeinsam übernahmen sie mit Gewalt die Herrschaft: 130 Senatoren und 2000 Anhänger der Senatspartei ließen sie töten. Dann teilten sie das Römische Reich untereinander auf.

Octavian setzte sich nach jahrelangem Bürgerkrieg schließlich als Alleinherrscher durch. Er erhielt u. a. den Titel Augustus (der Erhabene). Unruhen und Bürgerkriege waren damit erst einmal vorbei. Viele nannten Augustus deshalb den Friedensstifter.

Der Preis dafür war das Ende der Republik. Augustus und seine Nachfolger regierten als Alleinherrscher. Niemand konnte ihnen mehr reinreden. Mit der Regierungszeit des Augustus begann die römische Kaiserzeit.

3. Erläutere, wie es Augustus verstanden hat, die Macht zu erlangen.

Mord im Senat
Zum Tode von Gaius Julius Caesar

Rom. Als König wollte er die Senatssitzung verlassen, doch seine Mörder waren schneller: 60 Anhänger der Republik, darunter auch sein Freund Brutus, hatten sich gegen den sieggewohnten Julius Caesar verschworen. Er wurde am 15. März mit 23 Stichen erdolcht!

Seine Karriere hatte als Statthalter in Spanien begonnen, dann eroberte er ganz Gallien bis zum Rhein. Zurück in Rom gewann er schnell Ansehen und Verehrung; sogar Münzen mit seinem Porträt wurden geprägt. Dem Vernehmen nach richtete sich die Bluttat auch weniger gegen die Person Caesar, sondern sie geschah aus

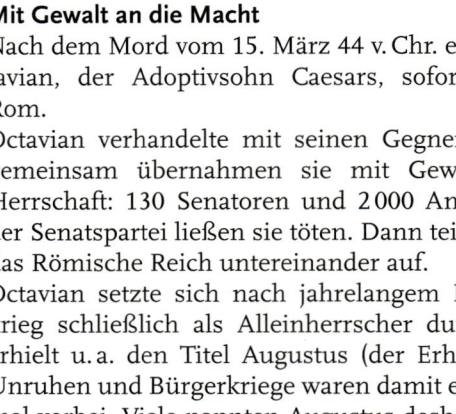

Gaius Julius Caesar – Staatsmann und Feldherr, 100–44 v. Chr.

politischen Gründen, um zu verhindern, dass er Mitbestimmung und Freiheit der Römer für alle Zeiten unterdrücken wollte …

Wähle einen der Arbeitsaufträge aus:

- ▨ Zeichne einen Zeitstrahl mit den Angaben aus [1] in dein Heft.

- ▨ Spielt eine Wahlkampfszene: Der Handwerker Publicius möchte in die Regierung gewählt werden.

- ▨ „Augustus – ein Friedenskaiser?" Notiert Argumente, die dafür oder dagegen sprechen.

[1] Nachgestellte Zeitungsmeldung, *44 v. Chr.*

Methode — Sachtexte erschließen

Sven hat Bücher aus der Bibliothek entliehen. Darin hat er interessante Texte gefunden, die er nun auswerten möchte.
Als Hilfe dienen ihm die folgenden Schritte:

1. Schritt: Fragen zum Text

- Worum geht es? (Wer? Wann? Wo? Was? Wie?)
- Um welche Textsorte handelt es sich? (Brief, Nacherzählung, Augenzeugenbericht, Sachbuchtext ...)?
- An wen ist der Text gerichtet?
- Wann und wo ist er erschienen?
- Wie ist der Text gegliedert?
- Welche Begriffe sind zu klären?

2. Schritt: Fragen zum Verfasser

- Was weiß man über die Person (Lebensdaten, Herkunft, Amt/Stellung)?
- Welche Einstellungen oder Interessen sind erkennbar?
- Ist der Verfasser Zeitzeuge, ist der Bericht/Text „aus zweiter Hand" oder erst später zusammengestellt?

3. Schritt: Deutung und Bewertung

- In welchen Zusammenhang gehört der Inhalt des Textes?
- Kennst du zum selben Ereignis andere Berichte (zum Vergleich)?
- Sind Übertreibungen erkennbar?
- Könnte etwas verschwiegen worden sein?
- Könnte der Inhalt wahr sein?
- Welche Schlüsse lassen sich insgesamt aus dem Text ziehen?

[1] **Kaiser Augustus hinterließ vor seinem Tod im Jahr 14 n. Chr. Schilderungen seiner Taten. Der Text ist größtenteils erhalten. Die Lehrerin der Klasse 5a hat für ihre Klasse daraus eine Zusammenfassung gemacht:**

Mit 19 Jahren hat Augustus als einfacher Privatmann auf eigene Rechnung ein Heer aufgestellt. Damit machte er der Herrschaft von Verschwörern ein Ende. Er stellte die Ordnung wieder her und bekam dafür Lob und Anerkennung.
Er hat in der ganzen Welt Kriege geführt, gegen Landsleute und gegen fremde Völker. Besiegten Mitbürgern hat er stets verziehen. Fremde Völker wurden nur dann vernichtet, wenn es der Sicherheit des Römischen Reiches diente.
Fünfmal zog er im Triumphzug in Rom ein: zweimal auf dem Pferd, dreimal im Wagen. Bei diesen Triumphzügen gingen vor ihm neun Könige oder Königskinder her.
Er nahm eine Volkszählung vor. Sie ergab eine Gesamtzahl von 4063000 römischen Bürgern. Das ganze römische Volk begrüßte ihn als „Vater des Vaterlandes".

(Augustus, Meine Taten, hg. von Ekkehard Weber. Heimeran, München 1970, S. 11 ff.)

1. Werte Text [1] mithilfe der Schritte aus. Du kannst auch Svens Stichpunkte [3] nutzen.

[3] **Svens Stichpunkte.** Denke daran: Es können nicht bei jedem Text alle Schritte vollständig angewandt werden!

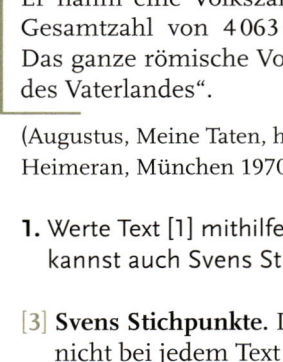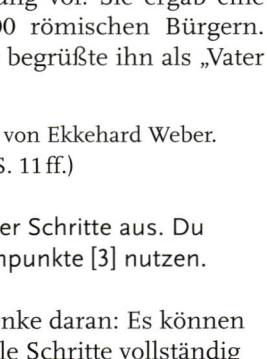

[2] Kaiser Augustus.
*Marmorstatue
um 20 n. Chr.,
Höhe 2,03 m.*

> Leistungen von Kaiser Augustus, starb 14 n. Chr. – ist ein nacherzählter Bericht – eigentlich vor 2000 Jahren geschrieben, jetzt ... – was ist ein Triumphzug? – ursprünglich an die Bürger oder die Nachfolger, jetzt für ... – wollte zeigen, was er geleistet hat – vorher viele Unruhen, Caesar ermordet usw. jetzt Ruhe und Frieden – könnte Angeberei sein – kann ich mit Nebenseite vergleichen – er verschweigt, wie er an die Macht kam und wen er umbringen ließ ...

Die antike Welt ändert sich

Was führte zum Ende der Römerherrschaft?

[1] Silberplatte, die vermutlich bei einem Germanenüberfall zwischen 330–340 n.Chr. vergraben wurde. *Foto, 2011.*

[2] Obergermanien und Raetien nach dem Fall des Limes um 260 n. Chr. *Karte.*

Karte-Legende:
- Römisches Reich um 395
- ----- ehemaliger Limes
- von Alemannen beherrschte Gebiete:
  - um 213
  - bis 260
  - bis 395
- 50 km

Orte auf der Karte: Colonia Claudia Ara Agrippinensium (Köln), Bonna (Bonn), Confluentes (Koblenz), Aquae Mattiacum (Wiesbaden), Mogontiacum (Mainz), Borbetomagus (Worms), Lopodunum (Ladenburg), Noviomagus (Speyer), Argentorate (Straßburg), (Cannstadt), (Lorch), Aquileia (Heidenheim), Castra Regina (Regensburg), Aquae (Baden-Baden), Augusta Vindelicum (Augsburg), Basilia (Basel), Vindonissa (Windisch), Constantia (Konstanz), Brigantium (Bregenz), Cambodunum (Kempten), Iuvavum (Salzburg), Bodensee. Flüsse: Rhein, Mosel, Main, Neckar, Donau, Iller, Inn. Gebiet: Germanien.

Der Limes fällt

Seit 200 n. Chr. stießen germanische Völker wie die Alamannen und Markomannen immer wieder in römische Gebiete vor. Die Einwohnerzahlen gingen im Grenzgebiet zurück. Auch der Handel hat darunter gelitten. Um 260 n. Ch. musste der Obergermanische Limes teilweise aufgegeben werden.

Raetien wird geteilt

Im 4. Jahrhundert wurde die Provinz in zwei Hälften geteilt und Grenzbefestigungen verstärkt. Mitte des 4. Jahrhunderts kam es erneut zu schweren Angriffen. Das Gebiet um Regensburg war stark betroffen. Die Bevölkerung der Umgebung floh in die Legionsfestung Castra Regina (Regensburg).

1. Suche den hier besprochenen Raum auf der Karte [2].
2. Gib mit eigenen Worten die Gründe an für den Rückzug der Römer bis zum Rhein.
3. Nenne den Zeitraum, in dem das Rasthaus von Claudius und seiner Frau [3] bestand.

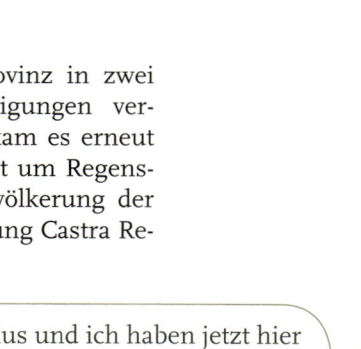

[3] „Mein Mann Claudius und ich haben jetzt hier an der Straße nach Castra Regina ein Rasthaus eröffnet. Die früheren Bewohner sind nicht mehr da. Die Villa Rustica war bei den schrecklichen Überfällen der Alamannen teilweise zerstört worden. Wir haben vieles wieder hergerichtet und mussten außerdem umbauen, zum Beispiel eine größere Küche und Toiletten für die Reisenden."

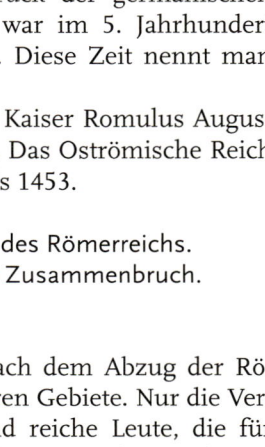

[4] Germanische Völker und das Römische Reich im 3. Jahrhundert. *Karte.*

[5] Die vier Kaiser, die das Römische Reich von 300 bis 305 regierten: Diokletian, Maximinianus, Galerius und Constantius. *Skulptur, 4. Jh.*

4. Werte Karte [4] aus; liste auf, wann welche Völker in das Römerreich vorstießen (Tabelle).

Innen- und außenpolitische Probleme

Im 4. Jh. n. Chr. häuften sich an allen Grenzen die Überfälle. Stärkere Befestigungen waren nötig. Das bedeutete Steuererhöhungen. Geldentwertung und Preissteigerungen waren die Folge. Um die Probleme in den Griff zu bekommen, wurde die Herrschaft geteilt. Kaiser Konstantin stellte aber die Alleinherrschaft wieder her. Im Jahre 395 wurde das Imperium dann endgültig aufgeteilt. Doch der Druck der germanischen und slawischen Völker war im 5. Jahrhundert nicht mehr aufzuhalten. Diese Zeit nennt man „Völkerwanderung".

Der letzte weströmische Kaiser Romulus Augustus wurde 476 abgesetzt. Das Oströmische Reich bestand dagegen noch bis 1453.

5. Beschreibe den Zerfall des Römerreichs.
6. Nenne Gründe für den Zusammenbruch.

Was blieb?

Die Provinzen waren nach dem Abzug der Römer keine menschenleeren Gebiete. Nur die Verwaltung, das Militär und reiche Leute, die für ihre Zukunft fürchteten, zogen sich zurück. Die einfache Bevölkerung blieb und versuchte, mit den nachdrängenden Germanenvölkern in Frieden zu leben. Dadurch blieben viele Orts- und Personennamen, Bezeichnungen und sogar Gebietsgrenzen erhalten.

Diese Zeit der Völkerverschiebung zog sich über mehrere Jahrhunderte hin. Sie war geprägt von Kämpfen, Verdrängungen und Verhandlungen. Oftmals blieben die „wandernden" Gruppen für viele Jahre an einem Ort.

Wähle einen der Arbeitsaufträge aus:

◩ Viele Wörter unserer Sprache kommen aus dem Lateinischen. Übersetze die Wortliste: 1. mare – 2. familia – 3. strata – 4. plastrum – 5. porta – 6. camera – 7. pater – 8. vinum – 9. fenestra – 10. murus – 11. persicum – 12. oleum – 13. moneta
Das könnte heißen: Öl – Mauer – Fenster – Pfirsich – Wein – Pforte – Geld/Moneten – Kammer – Pflaster – Meer – Straße – Familie – Vater

◩ Schreibe einen zusammenfassenden Zeitungsbericht über Aufstieg und Ende des Römischen Reiches.

GPG aktiv

Vielleicht habt ihr Lust, etwas aus dem Alltag der Römer nachzustellen.
Dazu hier auf dieser Seite ein paar Anregungen.
Denkt auch daran, euer Portfolio zu führen:

- schöne Ergebnisse in Text und Bild sammeln
- Lernerfahrungen zum Thema „Römisches Weltreich" und
  zum Thema „Was die Menschen im Altertum voneinander wussten" notieren.

Wachstäfelchen herstellen

Auch die meisten kleinen Römer gingen zur Schule.
Schreibübungen erledigten sie mit angespitzten
Stäbchen auf Wachstäfelchen. Man konnte die
Oberfläche nach Gebrauch mit einem Spachtel
immer wieder glatt streichen. Deshalb wurden sie
auch im Alltag für Notizen oder Berechnungen
genutzt.

▶ Seht euch die Anleitung [1] genau an, beschafft
  das nötige Material und stellt selber Wachstäfelchen her.

[1] Herstellung von Wachstäfelchen. *Zeichnung.*

Römische Kleidung tragen

Römische Kleidung lässt sich leicht aus Bettlaken
oder altem Vorhangstoff nachahmen. Es braucht nichts
genäht zu werden, die richtige Wickeltechnik reicht.
Aber die erfordert einige Übung!
Versucht, nach der Zeichnung [2] eine Toga anzulegen.
Beschafft euch weitere Vorlagen für römische Kleidung
und probiert sie aus.

[2] So legt man eine Toga an. *Zeichnung.*

Ein Römerfest veranstalten

Ihr könnt ein kleines Römerfest in der Klasse veranstalten.
Dazu muss der Klassenraum „römisch" aussehen.

▶ Besorgt Tapetenrollen, auf deren Rückseiten die Gestaltungsvorschläge gemalt werden.
▶ Drapiert Vorhänge.
▶ Legt Matratzen als „Speisesofas" in eine Ecke, dort ruht
  abwechselnd eine passend gekleidete römische Familie.
▶ Stellt Wachstäfelchen vor Publikum her.
▶ Führt Kleidung vor.
▶ Lasst einen „Zeitreisenden"
  Typisches aus der Römer-
  zeit erklären.

[3] Römerfest in
  der Klasse.
  Illustration.

Teste dich!

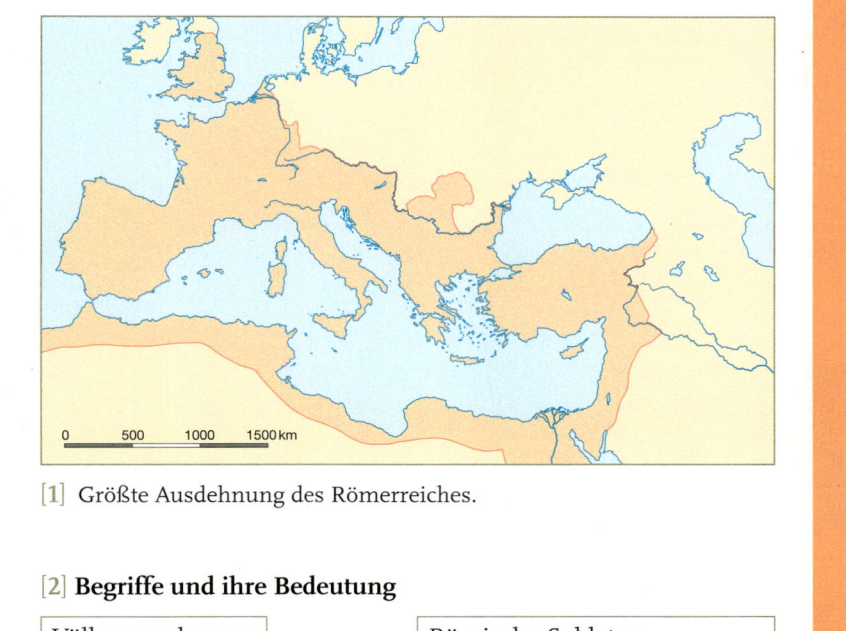

[1] Größte Ausdehnung des Römerreiches.

[2] **Begriffe und ihre Bedeutung**

Völkerwanderung	Römische Soldaten
Limes	Oberhaupt der Familie
Legionäre	massenhaftes Eindringen von Fremden in das Römerreich
pater familias	befestigte Grenze zum freien Germanien
Thermen	Adelsfamilien
Patrizier	Staatsform ohne König
Plebejer	einfache Bürger
Republik	öffentliche Bäder

[3] **Der griechische Geschichtsschreiber Cassius Dio (163–230 n. Chr.) schrieb über die Niederlage der Römer im Jahre 9 n. Chr.:** Ihre Truppen überwinterten dort und legten städtische Siedlungen an und die Barbaren wurden zur Ordnung der Römer umgestimmt. ... Als aber Quintilius Varus die Statthalterschaft in Germanien übernahm und ... ihnen Vorschriften gab, als ob sie schon geknechtet wären, und nun gar Geldzahlungen von ihnen wie von Untertanen eintreiben wollte, da war ihre Geduld zu Ende.

(Cassius Dio 56, 18 ff., zit. nach: Geschichte in Quellen, Bd. 1, bearb. v. Walter Arend, bsv, 3. Aufl., München 1978, S. 576)

Erkenntnisse gewinnen

1. Gib die Gründungssage Roms mit eigenen Worten wieder. Berichte anschließend über die archäologischen Ergebnisse.
2. Schildere die weitere Ausdehnung des Römerreiches und nenne heutige Staaten, die damals römisch gewesen sind [1]. Woran merkt man das heute noch?
3. Erläutere einen der folgenden Sachverhalte: Römische Religion – Gladiatoren – Grenzland und Grenzbewohner.
4. Berichte über den Zerfall des Römischen Weltreichs und nenne Gründe.
5. Ordne den Begriffen aus [2] die jeweils passende Erklärung zu.

Anwenden und handeln

6. Nenne wichtige Schritte bei der Erschließung von Textquellen.
7. Gehe bei der Auswertung des Textes [3] nach der Methode S. 185 vor.
8. Sammelt in Gemeinschaftsarbeit Fotos, zeichnet Skizzen und schreibt kurze Texte. Montiert alles auf einer Zeitleiste (Geschichtsfries) von ca. 500 v. Chr. bis ca. 500 n. Chr. und hängt sie in der Klasse auf.

Beurteilen und bewerten

9. Beurteile die Rechte aller Menschen im Römerreich (z. B. in der Politik).
10. Augustus stellt sich der Nachwelt als Friedenskaiser dar. Bewerte seine Handlungen aufgrund deiner Informationen.
11. Nenne Gründe für den Zerfall des Römerreichs und bewerte sie (z. B. das hätte man verhindern können – da war nichts zu retten ...).

Umwelt in Gefahr

Der Lebensraum vieler Tiere und Pflanzen ist durch den Menschen gefährdet. Unsere Umwelt und damit der Lebensraum zahlreicher empfindlicher Lebewesen wird bedroht. Doch wir können versuchen, mit unserer Umwelt vorsichtig umzugehen, sie zu schützen.

1. Nenne Beispiele, wie Menschen den Lebensraum von Tieren und Pflanzen zerstören oder bedrohen.
2. Zähle Möglichkeiten auf, wie wir unsere Umwelt schützen können.

Wir schützen unsere Umwelt

[1] Wilde Müllkippe: So wird unsere Umwelt geschädigt. *Foto, 2011.*

Umweltschutz bedeutet:
– Die Natur nicht mit Müll oder Giften zu belasten
– sparsam mit Energie (Strom und Wärme) sein
– sorgsamer Umgang mit sauberer Luft, Wasser und anderen Dingen, die die Natur uns liefert

In den neun Lernpunkten des Lernzirkels auf den folgenden Seiten siehst du, wie du aktiv deine Umwelt schützen kannst.

So funktioniert der Lernzirkel:
– Auf den folgenden neun Seiten findest du neun Lernpunkte.
– Richtet in eurem Klassenzimmer für jeden Lernpunkt einen Platz ein wie auf der Zeichnung rechts. An jedem Lernpunkt liegt euer Lehrbuch. Es ist jeweils die Seite mit dem passenden Lernpunkt aufgeschlagen.
  • Am Lernpunkt 8 müssen die beiden Experimente vorbereitet werden.
  • Am Lernpunkt 9 braucht ihr eine Karte von Bayern, auf der Städte abgebildet sind (siehe Karte, S. 121).
– Gehe mit dem „Laufzettel" (S. 193) von Lernpunkt zu Lernpunkt und bearbeite die Aufgaben.
– Du kannst an den Lernpunkten allein, mit einem Partner oder in einer kleinen Gruppe arbeiten.
– Bearbeite die Lernpunkte in einer beliebigen Reihenfolge.

Laufzettel zum Lernzirkel

	Aufgaben und Fragen
Lernpunkt 1: **Mülltrennung**	**1.** Ordne zu und erstelle eine Tabelle: Wohin mit dem Müll? **2.** Ergänze deine Tabelle mit weiteren Beispielen. **3.** Notiere weitere Möglichkeiten der Entsorgung.
Lernpunkt 2: **Umweltschutz in der Schule**	**1.** Notiere mithilfe der Bilder Möglichkeiten, wie du in der Schule die Umwelt schützen kannst. **2.** Notiere weitere Möglichkeiten, wie du in der Schule die Umwelt schützen kannst.
Lernpunkt 3: **Umweltschutz zu Hause**	**1.** Notiere mithilfe der Bilder Möglichkeiten, wie du zu Hause die Umwelt schützen kannst. **2.** Notiere Stichworte zu weiteren Möglichkeiten, wie du zu Hause die Umwelt schützen kannst.
Lernpunkt 4: **Wir nutzen den Wald nachhaltig**	**1.** Zähle auf: a) Wofür brauchen wir Papier? b) Nenne Beispiele, wofür Holz außerdem verbraucht wird. **2.** Erkläre: Was bedeutet „nachhaltige Nutzung" des Waldes?
Lernpunkt 5: **Papier-Recycling**	**1.** Erkläre anhand des Schemas, wie Papier recycelt wird. **2.** Beschreibe, wie zu Hause und in der Schule dazu beigetragen wird, dass benutztes Papier wiederverwertet werden kann. **3.** Nenne weitere Beispiele für Recycling.
Lernpunkt 6: **Gefahren für das Grundwasser**	**1.** Beschreibe anhand der Bilder, wie Menschen das Grundwasser gefährden. **2.** Nenne weitere Beispiele für die Verunreinigung von Grundwasser. **3.** Mache Vorschläge, wie das Grundwasser geschützt werden kann.
Lernpunkt 7: **So arbeitet eine Kläranlage**	**1.** Erkläre anhand der Abbildung [1], wie eine Kläranlage funktioniert. Beantworte die folgenden drei Fragen: – Was geschieht in der mechanischen Reinigung? – Was geschieht in der biologischen Reinigung? – Was geschieht in der chemischen Reinigung? **2.** Spiel das „Kläranlagen-Domino". Schreibe das Lösungswort auf.
Lernpunkt 8: **Experimente mit Wasser**	**1.** Führe die beiden Experimente durch. **2.** Notiere deine Beobachtungen. **3.** Erkläre: – Was erkennst du an den Experimenten? – Was haben die Experimente mit Umweltschutz zu tun?
Lernpunkt 9: **Naturschutz in Bayern**	**1.** Vergleiche die Karte [1] mit einer Karte von Bayern, auf der Städte abgebildet sind (siehe S. 121). Zeige auf der Karte: Wo befindet sich dein Wohnort oder dein Schulort? Ist ein Naturpark oder ein Nationalpark in der Nähe? **2.** Notiere mindestens drei Regeln, an die Menschen sich halten sollen, die sich in einem Naturpark oder in einem Nationalpark aufhalten.

Tabelle zu Lernpunkt 1:

Gelber Sack	Glascontainer	Altpapier	Bioabfall	Restmüll
Alufolie	...	...	...	...

Lernpunkt 1: Mülltrennung

Wohin mit dem Müll?

Jeden Tag produzieren wir große Mengen Müll. Dieser Müll belastet unsere Umwelt. In den Dingen, die wir wegwerfen, befinden sich Schadstoffe, die in das Grundwasser sickern können und es vergiften. Menschen, Tiere und Pflanzen werden gefährdet.

Verpackungen aller Art vergrößern die Müllberge. Wenn wir wertvolle Rohstoffe wiederverwenden, tragen wie dazu bei, den Müllberg zu verkleinern und diese Rohstoffe einzusparen. Darum ist Mülltrennung wichtig!

Lernpunkt 2: Umweltschutz in der Schule

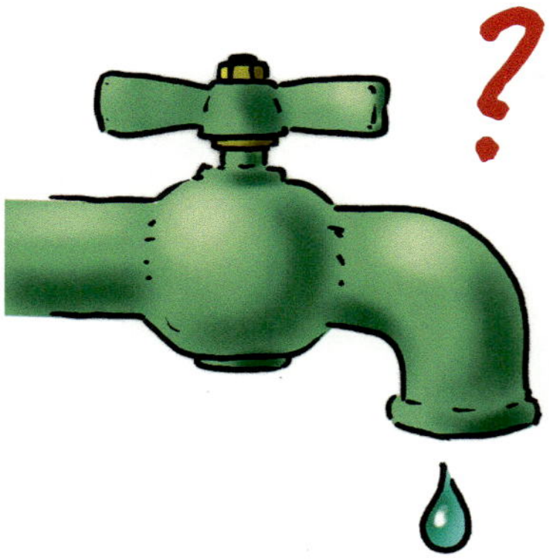

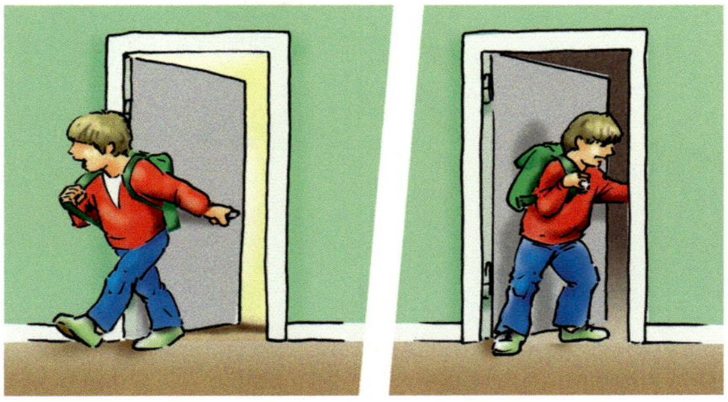

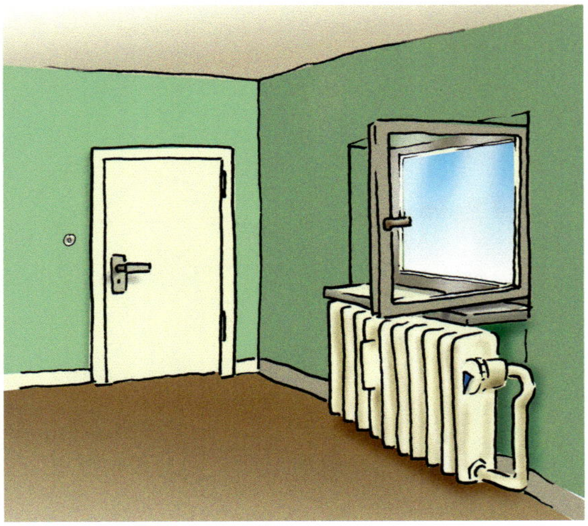

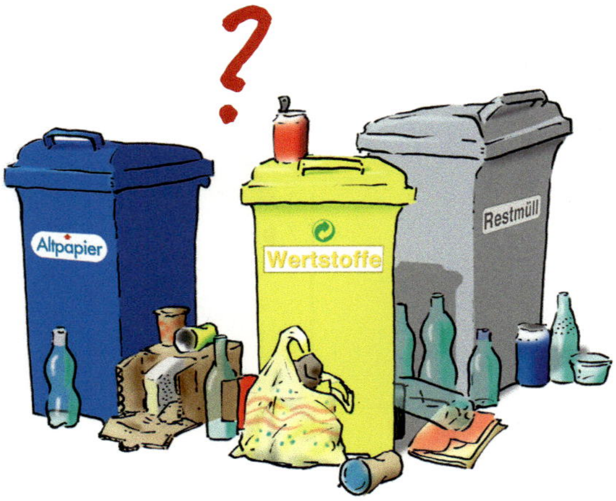

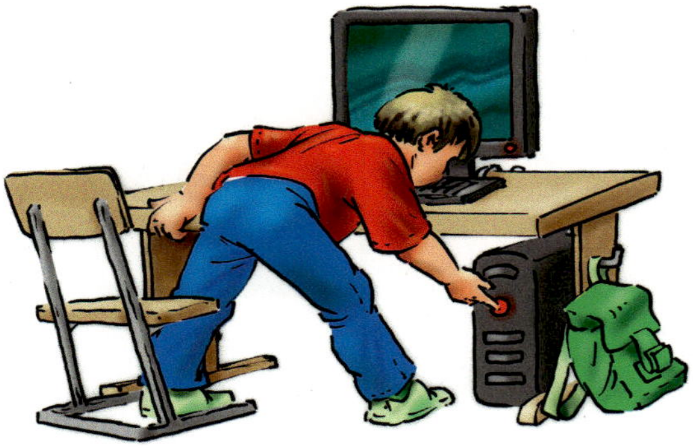

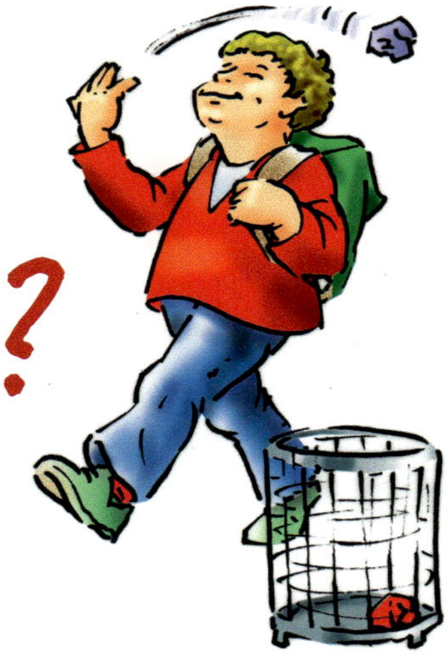

Lernpunkt 3: Umweltschutz zu Hause

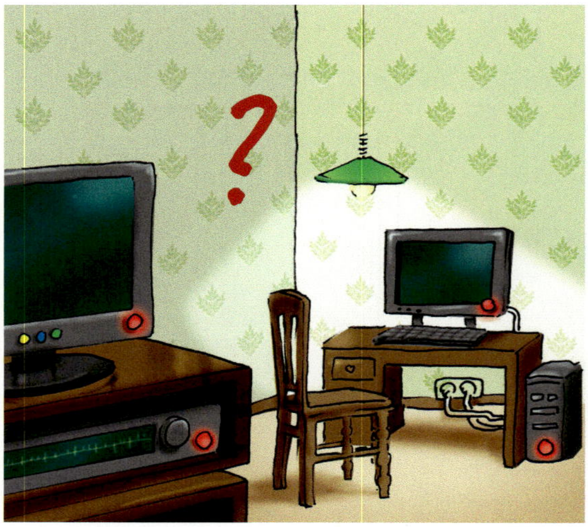

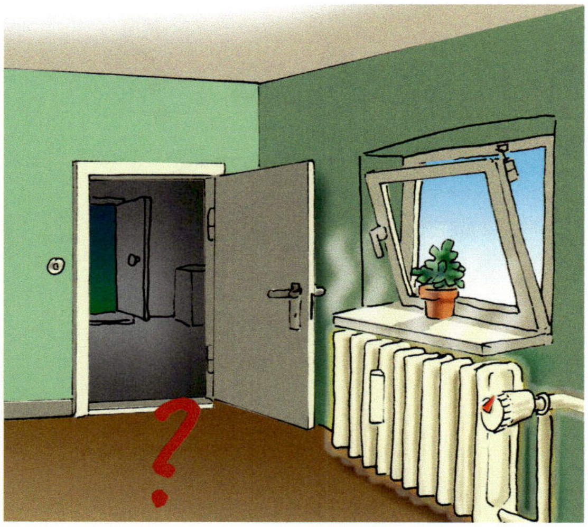

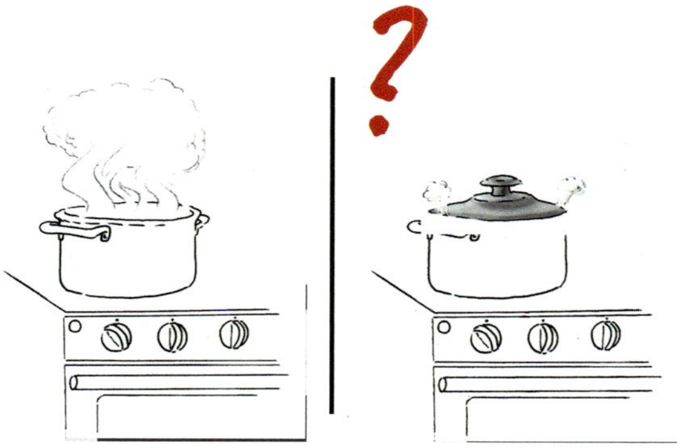

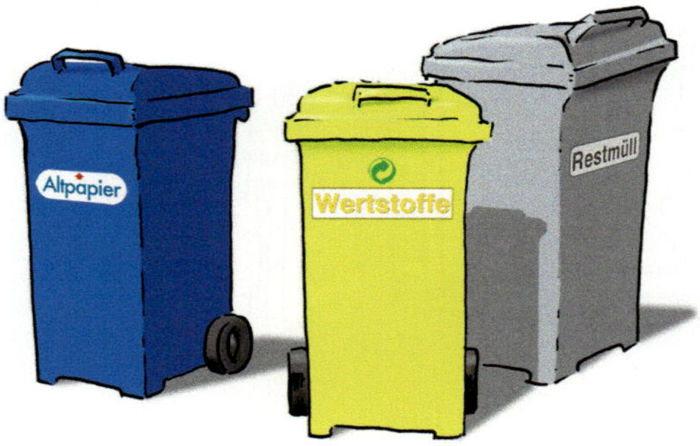

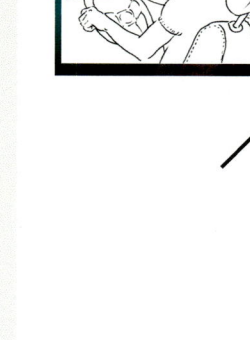

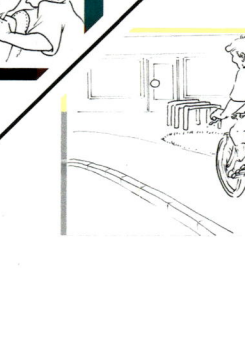

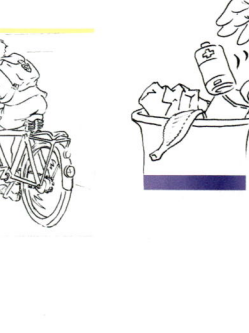

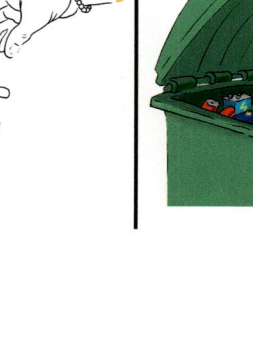

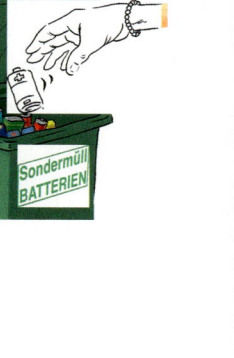

Holz wächst nach

←

Der Wald wird genutzt

Jeden Tag verbrauchen wir große Mengen an Papier: Bücher, Zeitungen, Papierverbrauch in Büros, in privaten Haushalten und in der Schule.
Zur Herstellung von Papier braucht man Holz. Mehr als 20 000 Menschen haben in Bayern einen Arbeitsplatz, der mit der Papierherstellung zu tun hat.
Außerdem wird Holz zur Herstellung von Möbeln oder anderen Gegenständen gebraucht.
Im Winter dient Holz vielen Menschen als Heizmaterial für ihre Kamine.

Nachhaltigkeit bei der Nutzung des Waldes

Wenn wir den Wald auch in der Zukunft als Holzlieferant nutzen wollen, dürfen nicht alle Bäume gefällt werden. – Und das geschieht auch nicht: Es wird in einem bestimmten Zeitraum nur so viel Holz verbraucht, wie in demselben Zeitraum nachwachsen kann.
Die Abholzung des Waldes führt also nicht dahin, dass der Wald verschwindet, sondern der Wald bleibt erhalten. Diese Art der Nutzung nennt man auch **„nachhaltige Nutzung"**.

„Nachhaltige Nutzung" des Waldes bedeutet:

Menge des Holzes, die in einem bestimmten Zeitraum (zum Beispiel in einem Jahr) für Papierherstellung, Möbel oder als Heizmaterial verbraucht wird.	**=**	Neue Bäume werden angepflanzt: So viel Holz wächst in demselben Zeitraum (zum Beispiel in einem Jahr) nach.

Lernpunkt 5: Papier-Recycling

Altpapier
sammeln

Abfuhr von
Altpapier

Wiederverwerten
von Altpapier

auflösen

säubern

Zellstoff- und
Holzstoffproduktion

Papierprodukte
verwenden

Zellstoff

reinigen

Initiative
Pro
Recyclingpapier

Wasser-Faser-Mix

Papierprodukte herstellen
Kartons, Zeitungen,
Telefonbücher, Schreibpapier,
Toilettenpapier u.a.

pressen und
trocknen

Papier verarbeiten
Papier, Karton, Pappe

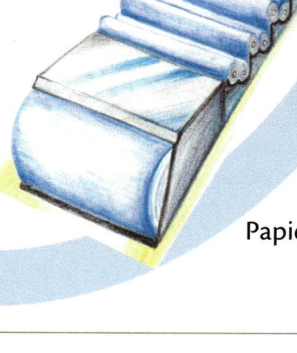

Papier herstellen

[1] Recycling* von Papier.

---

*
(das) Recycling
Wiederverwendung

[1] Gefahren durch Plastikmüll im Meer. *Cartoon.*

[2] Gefahren für das Grundwasser. *Übersicht.*

Mechanische Reinigung | Biologische Reinigung | Chemische Reinigung

Ab-wasser
Rechen Sandfang Absetzbecken Belüftungs-becken Nach-klärbecken Phosphate werden ausgefällt Fluss

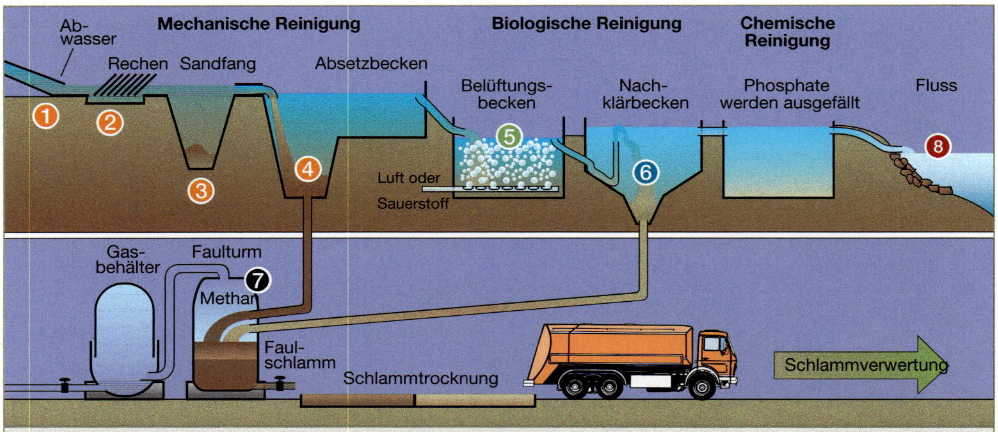

① ② ③ ④ ⑤ Luft oder Sauerstoff ⑥ ⑧

Gas-behälter Faulturm ❼
Methan
Faul-schlamm
Schlammtrocknung Schlammverwertung

Mechanische Reinigung

❶ Das anfallende Abwasser wird in eine Klär-anlage geleitet.

❷ Der Rechen hält grobe Abfälle wie Holz, Lumpen und Speisereste zurück.

❸ Im Sandfang werden Sand und kleine Steine ausgesondert. Im Ölabscheider werden Öle und Fette entfernt.

❹ Im Absetzbecken sinken auch kleine leichte Teilchen ab.

Biologische Reinigung

❺ Im Belüftungsbecken zersetzen Bakterien die Schmutzteilchen. Das tun sie umso besser und schneller, je mehr Sauerstoff im Wasser ist.

Chemische Reinigung

❻ Im Nachklärbecken kommt das Wasser wieder zur Ruhe. Der Schlamm aus der biologischen Reinigung setzt sich ab. Phosphate werden entfernt. Phosphate stammen z. B. aus Waschmitteln. Sie sind eigentlich nicht giftig, aber sie sind Nährstoffe für Algen in den Gewässern.

❼ Im Faulturm wird der Klärschlamm gelagert und verarbeitet. Dabei entsteht auch das Gas Methan.

❽ Das Wasser kann nun in ein Gewässer geleitet werden.

[1] Reinigung von Abwasser in einer Kläranlage.

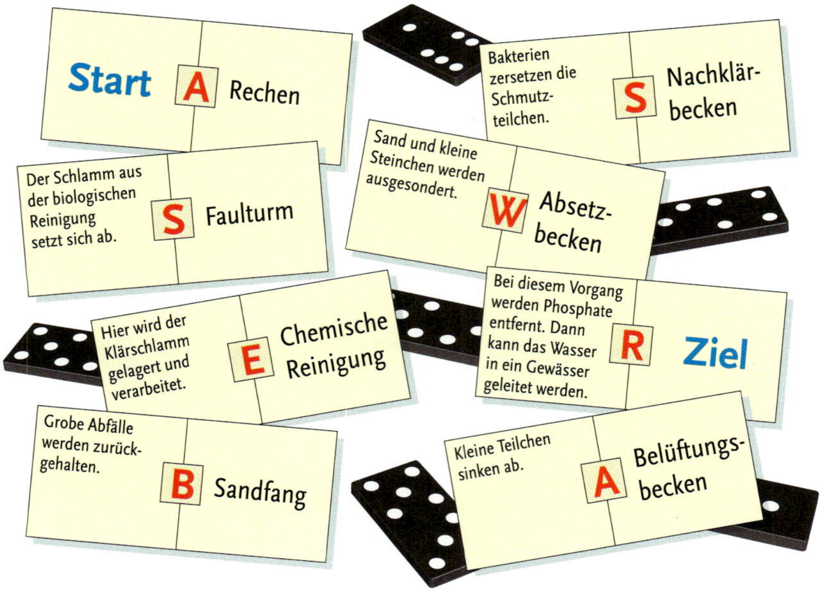

Start | A Rechen

Bakterien zersetzen die Schmutz-teilchen. | S Nachklär-becken

Der Schlamm aus der biologischen Reinigung setzt sich ab. | S Faulturm

Sand und kleine Steinchen werden ausgesondert. | W Absetz-becken

Hier wird der Klärschlamm gelagert und verarbeitet. | E Chemische Reinigung

Bei diesem Vorgang werden Phosphate entfernt. Dann kann das Wasser in ein Gewässer geleitet werden. | R Ziel

Grobe Abfälle werden zurück-gehalten. | B Sandfang

Kleine Teilchen sinken ab. | A Belüftungs-becken

[2] „Kläranlagen-Domino".

Lernpunkt 8: Experimente mit Wasser

Versuch 1: Reinigung von Wasser

Du benötigst:

einen Trichter oder Kaffeefilter, ein Einmachglas, eine Flasche mit Schmutzwasser (z. B. in Leitungswasser gerührte Gartenerde), gewaschenen Sand und
Kies, ein Filterpapier oder eine Filtertüte

So gehst du vor:

1 Lege das Filterpapier in den Trichter.

2 Fülle abwechselnd Sand und Kies
ein.

3 Stelle dann den Trichter auf das
Einmachglas.

4 Schüttle die Flasche mit dem
Schmutzwasser noch einmal kräftig
durch und gieße anschließend einen
Teil davon in den Trichter.

5 Vergleiche das im Einmachglas
aufgefangene Wasser mit dem
verschmutzten Wasser in der
Flasche und versuche, eine Erklärung zu finden.

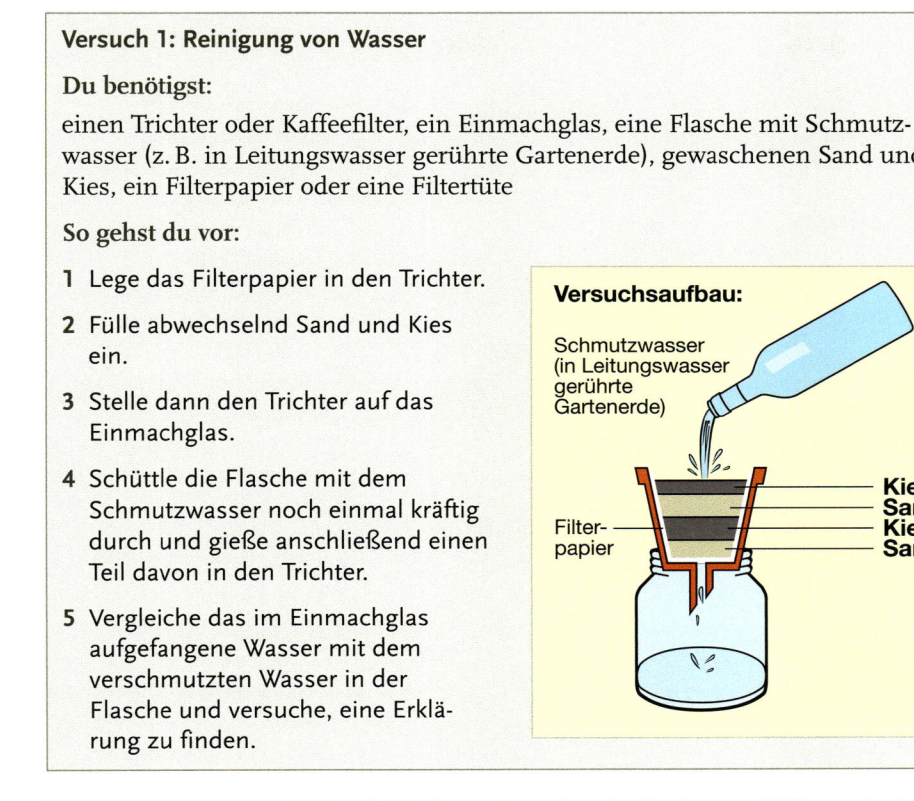

Versuchsaufbau:

Schmutzwasser
(in Leitungswasser
gerührte
Gartenerde)

Filter-
papier

Kies
Sand
Kies
Sand

Versuch 2: Wasser in Gefahr

Du benötigst:

Dieselben Gegenstände und Materia-
lien wie in Versuch 1: Reinigung von
Wasser, aber: Statt der Flasche mit
Schmutzwasser brauchst du nun ein
Glas mit Wasser, in das du etwa einen
Teelöffel Speiseöl einrührst.

1 Du verwendest denselben Versuchsaufbau wie in Versuch 1.

2 Gieße das Wasser mit dem Öl in den
Trichter.

3 Untersuche das Wasser, das in das
Einmachglas geflossen ist, auf
Ölrückstände.

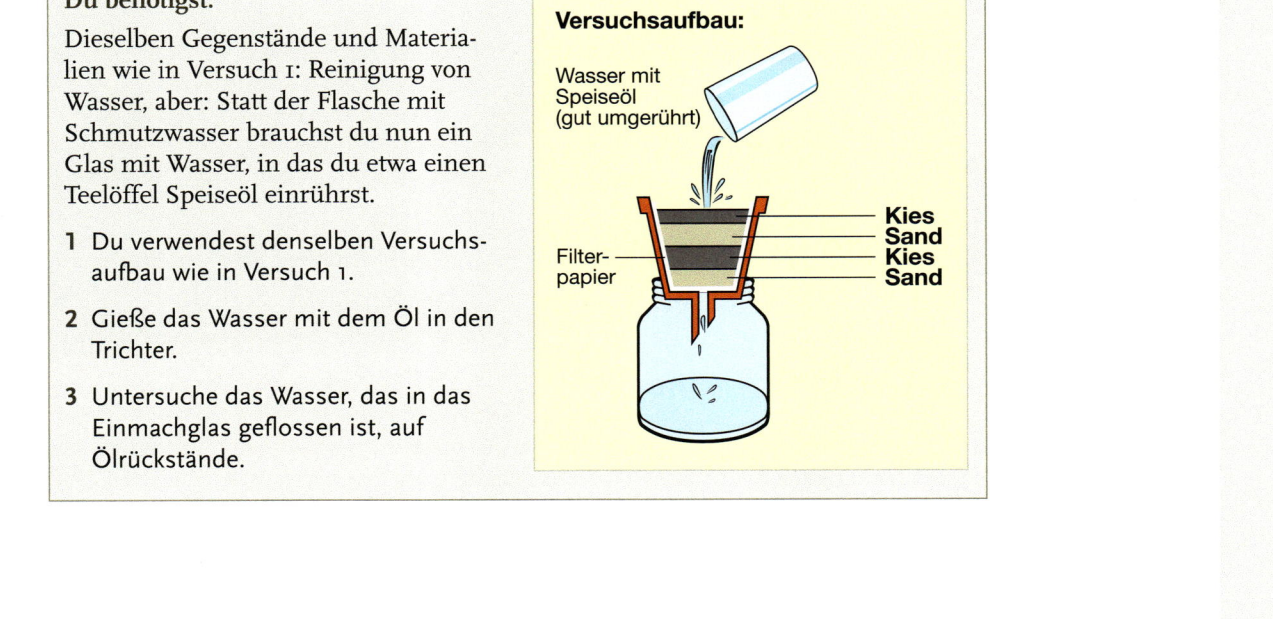

Versuchsaufbau:

Wasser mit
Speiseöl
(gut umgerührt)

Filter-
papier

Kies
Sand
Kies
Sand

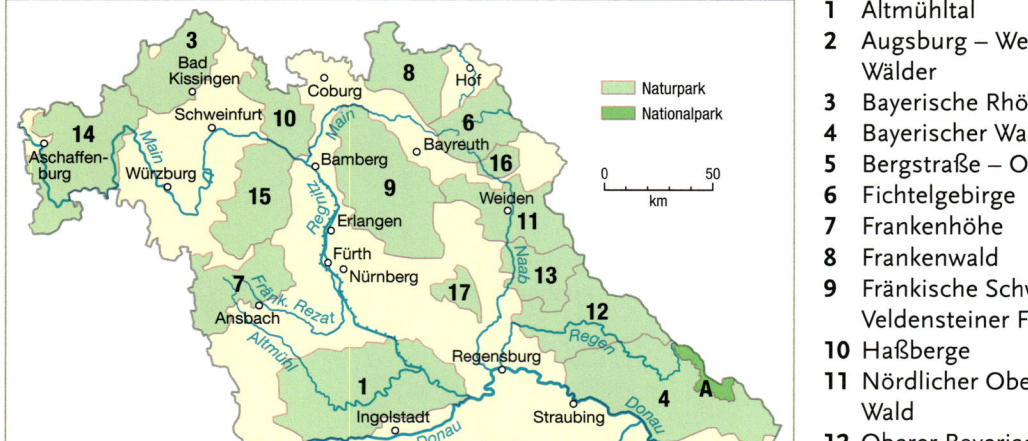

1 Altmühltal
2 Augsburg – Westliche Wälder
3 Bayerische Rhön
4 Bayerischer Wald
5 Bergstraße – Odenwald
6 Fichtelgebirge
7 Frankenhöhe
8 Frankenwald
9 Fränkische Schweiz – Veldensteiner Forst
10 Haßberge
11 Nördlicher Oberpfälzer Wald
12 Oberer Bayerischer Wald
13 Oberpfälzer Wald
14 Spessart
15 Steigerwald
16 Steinwald
17 Hirschwald
18 Nagelfluhkette

A Nationalpark Bayerischer Wald
B Nationalpark Berchtesgaden

[1] Naturparks und Nationalparks in Bayern. *Karte.*

[2] Luchs. *Foto.*   [3] Wölfe. *Foto.*   [4] Feuersalamander. *Foto.*

Naturschutz in Naturparks und Nationalparks

Ein großer Teil Bayerns besteht aus Naturparks. Naturparks sind großflächige Landschaften, die sich durch ihre Schönheit auszeichnen. In Naturparks soll die Umwelt geschützt werden. Die Tier- und Pflanzenwelt kann sich hier entfalten. Außerdem gibt es Nationalparks. Dort gelten noch strengere Schutzbestimmungen. Nur bestimmte Gebiete dürfen z. B. von Wanderern betreten werden. In den Naturparks und zum Teil auch Nationalparks leben heute wieder Tiere, die es lange Zeit hier nicht gab. Menschen dürfen Naturparks und Nationalparks zur Erholung nutzen, müssen sich aber an die Regeln des Naturschutzes halten.

Selbsteinschätzungsbogen

1. Übertrage die Tabelle in deine Mappe. SCHREIBE NICHT IN DAS BUCH!!
2. Kreuze zu den Punkten 1. bis 8. jeweils an.
3. Zähle die Punkte, die deinen Antworten entsprechen, zusammen.
4. Lies den entsprechenden Text unten.

		Immer 4 P	Meistens 3 P	Manchmal 2 P	Selten 1 P	Nie 0 P
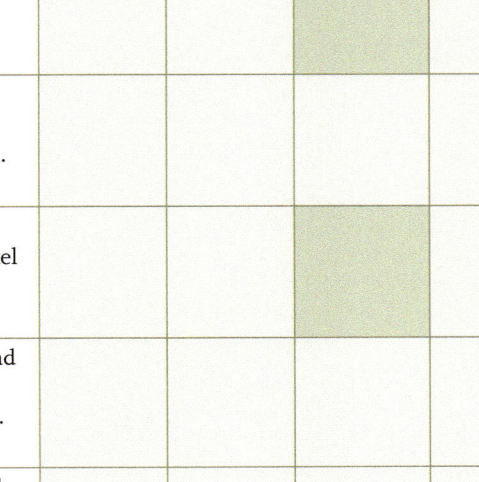	1. Ich werfe Müll in den Mülleimer.					
	2. Ich trenne Müll nach Papier, Glas, Restmüll, Biomüll und Sondermüll.					
	3. Ich benutze beim Kochen immer den Deckel um Energie zu sparen.					
	4. Ich benutze das Fahrrad oder gehe zu Fuß, wenn der Weg nicht zu weit ist.					
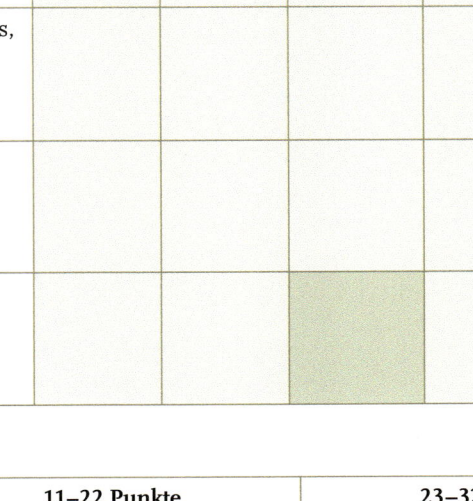	5. Ich bringe Sondermüll wie Batterien immer zu einer Sammelstelle.					
	6. Ich mache das Licht aus, wenn es nicht brennen muss.					
	7. Bei mir laufen Geräte nicht auf „Stand by". Ich schalte sie aus.					
	8. Ich lüfte immer für kurze Zeit ganz („stoßlüften") und nicht auf „Kippstellung".					

Meine Punktzahl: _____

0–10 Punkte	11–22 Punkte	23–32 Punkte
Keiner macht alles richtig. Aber deine Punktzahl zeigt: Du musst dein Verhalten ändern, wenn dir deine Umwelt nicht egal ist. Fang mit einem der Beispiele oben an und versuche, besser zu werden.	Deine Umwelt ist dir nicht egal und du machst schon vieles richtig. Es geht aber noch besser! Sieh in der Tabelle nach: Wo hast du nicht so viele Punkte erreicht? Wo kannst du dich verbessern?	Du achtest schon sehr darauf, deine Umwelt zu schützen. Umweltschutz ist für dich selbstverständlich. Siehst du selbst noch Möglichkeiten, dich sogar noch zu verbessern?

Lexikon

A

(der) Abfall: Feste oder flüssige Stoffe, die als Hausmüll, Industrieabfälle oder Sondermüll anfallen.

(die) Absolute Höhe: Höhe über dem Meeresspiegel (über Normalnull = ü. NN).

(die) Abtragung: Verwittertes Gestein wird durch die Arbeit des fließenden Wassers, durch Eis und Wind fortbewegt und verlagert.

(der) Ackerbau: Anbau von Kulturpflanzen wie z. B. Getreide auf größeren Flächen. Das wichtigste Gerät ist dabei der Pflug.

(der) Adel/(der) Adlige: Personen in einer Gesellschaft, die besondere Rechte besitzen. Sie gehören meist schon von Geburt an den herrschenden oder besonders einflussreichen Familien an.

(der) Äquator: Gedachte Linie, die die Erde in zwei gleich große Hälften, die nördliche und die südliche Halbkugel, teilt. Die Länge des Äquators beträgt etwa 40 000 Kilometer.

(die) Altsteinzeit: Die Altsteinzeit ist die älteste und längste Epoche in der Geschichte der Menschen. Sie begann vor etwa 4 Millionen Jahren in Afrika und ging mit der letzten Eiszeit in Europa um ca. 10 000 v. Chr. zu Ende. Benannt wurde diese Epoche nach dem bevorzugten Werkstoff Stein.

(die) Antike: Zeitabschnitt nach der Vor- und Frühgeschichte. Beginnend mit den frühen Hochkulturen um 3000 v. Chr., endend mit dem Zerfall des Weströmischen Reiches ca. 500 n. Chr. Die Zeit der klassischen Antike beginnt mit Griechenland um ca. 1000 v. Chr. und endet um 500 n. Chr. mit dem Ende des Weströmisches Reiches.

(die) Arbeitsteilung: Vor allem durch das Anlegen von Vorräten war es im Alten Ägypten möglich, dass nicht mehr alle Menschen in der Landwirtschaft und der Viehzucht arbeiten mussten. Die Menschen konnten sich auf bestimmte Aufgaben bzw. Berufe spezialisieren.

(die) Archäologie: Wissenschaft, die sich mit Überresten aus Ausgrabungen beschäftigt.

(die) Aristokratie: Nach dem griechischen Wort aristoi (= die Besten) und kratein (= herrschen) Bezeichnung dafür, dass die Herrschaft in einem Staat von einer adligen Oberschicht ausgeübt wird.

(der) Atlas: Kartenband, in dem einzelne Karten unterschiedlicher Maßstäbe aus verschiedenen Gebieten der Erde und zu unterschiedlichen Themen zusammengefasst sind.

B

(die) Bauern und (die) Viehzüchter: In der Jungsteinzeit gingen die Menschen zu Ackerbau und Viehzucht über, wobei sie sesshaft wurden.

(der) Beamte: Beauftragter Verwalter des Königs, später des Staates, zum Erledigen staatlicher Aufgaben (Einzug der Steuern, Durchsetzung der Gesetze).

(der) Boden: Die oberste, lockere Schicht der Erdkruste. Sie ist durch Verwitterung von Gesteinen entstanden und durch Humus (Pflanzenreste) dunkel gefärbt.

(der) Breitengrad/(der) Breitenkreis: Gedachte Linie, die parallel zum Äquator die Erde umzieht. Es gibt auf jeder Halbkugel zwischen dem Äquator und den Polen 90 Breitenkreise. Sie haben jeweils einen Abstand von 111 Kilometern voneinander.

(die) Bundeshauptstadt: Ist die Hauptstadt einer Bundesrepublik. Die Bundeshauptstadt der Bundesrepublik Deutschland ist Berlin.

(das) Bundesland: Ein Bundesland ist ein Gliedstaat eines Bundesstaates. Zum Beispiel besteht die Bundesrepublik Deutschland aus 16 Bundesländern.

C

(die) Chronologie: Vermutlich gab es schon vor der Erfindung der ersten Schrift (vor etwa 5 000 Jahren) Versuche, die Zeit zu messen. Grundeinteilungen sind die Jahresgliederung, die Tagesgliederung und die Zählung der Jahre im Lauf der Geschichte.

(die) Clique: Freundeskreis, Interessengemeinschaft.

D

(die) Demokratie: Nach den griechischen Wörtern demos (= Volk) und kratein (= herrschen) Bezeichnung für eine Staatsform, in der das Volk über die Politik eines Staates bestimmt. In vielen griechischen Stadtstaaten nahmen alle männlichen Bürger an den Beratungen und Beschlüssen der Polis teil. In den heutigen demokratischen Staaten dagegen wählen alle erwachsenen Männer und Frauen ein Parlament.

(die) Dendrochronologie: Methode zur Altersbestimmung von Holz.

(das) Diagramm: Schaubild, in dem Zahlen (durch Striche, Balken, Säulen oder Kurven) veranschaulicht werden.

(der) Dinkel: Eine Weizenart.

E

(die) Eiszeiten/(die) Kaltzeiten: Abschnitte der Erdgeschichte mit niedrigeren Temperaturen als heute. Eiszeiten sind zusätzlich durch die Ausdehnung der Gletscher gekennzeichnet. Die letzte Eiszeit endete vor etwa 12 000 Jahren. Die Zeiträume zwischen den Kaltzeiten nennt man Warmzeiten.

(der) Elch: Eine große Hirschart.

(der) Emmer: Eine Weizenart.

(die) Erdachse: Linie vom Nordpol zum Südpol durch den Erdmittelpunkt, um die sich die Erde dreht.

(die) Erdgeschichte: Geschichte der Erde seit ihrer Entstehung vor rund fünf Milliarden Jahren. Sie wird eingeteilt in einzelne Erdzeitalter: Erdurzeit, Erdaltertum, Erdmittelalter und Erdneuzeit.

(die) Erosion: Abtragung. Veränderung der Erdoberfläche durch Abtransport von Lockermaterial durch Wasser, Wind und Eis.

F

(die) Familie: Eltern und Kinder.

(der) Fixstern: Eine heiße, selbst leuchtende Gaskugel, die als Stern scheinbar unverrückbar am Himmelsgewölbe „fixiert" ist. Die Sonne ist ein Fixstern.

(der) Flachs: Eine Leinpflanze und ihre Fasern.

(das) Flechten: Zum Beispiel Haarsträhnen, Blumen oder biegsame Zweige ineinander schlingen, sodass ein Muster entsteht.

(das) Forum: Markt- und Versammlungsplatz in einer römischen Stadt.

(das) Fossil: Überrest eines Tieres oder einer Pflanze, der im Gestein eingeschlossen wurde.

G

(die) Gemäßigte Zone: Die Klimazone der Erde, in der wir leben. Hier kann es während des ganzen Jahres regnen, aber die Temperaturen ändern sich mit den Jahreszeiten.

(die) Generation: Eine Generation umfasst die Zeitspanne, bis Kinder wieder Kinder bekommen, also etwa 25 Jahre.

(die) Geographische Lage: Sie wird bestimmt durch die Lage innerhalb des Gradnetzes der Erde.

(die) Gerste: Eine wichtige Getreideart.

(die) Gezeiten: Regelmäßiger Wechsel des Wasserstandes etwa alle sechs Stunden, auch „Tide" genannt. Den Zeitraum des auflaufenden Wassers nennt man Flut, den Zeitraum des ablaufenden Wassers Ebbe.

(die) Gladiatoren: Berufskämpfer, meist Sklaven, die bei öffentlichen Veranstaltungen in Rom auf Leben und Tod gegeneinander oder gegen Tiere kämpften.

(der) Globus: Kugelmodell der Erde, auf dem die Kontinente und Ozeane in der richtigen Lage und in den richtigen Größenverhältnissen dargestellt sind.

(das) Gradnetz: Zur leichteren Bestimmung der Lage von Orten auf der Erdoberfläche wurde die Erde mit einem gedachten Netz von Linien überzogen, den Längen- und Breitengraden.

(die) Großlandschaften: Räume mit ähnlichen Merkmalen wie Relief, Vegetation oder Klima. Deutschland wird in vier Großlandschaften eingeteilt: Norddeutsches Tiefland, Mittelgebirgsland, Alpenvorland und Alpen.

(das) Grundgesetz: Verfassung der Bundesrepublik Deutschland, die 1949 in Kraft trat und seit der Wiedervereinigung im Oktober 1990 für die gesamtdeutsche Verfassung steht.

H

(die) Hebewerke: Vorrichtungen, um Wasser auf höher gelegene Felder zu leiten.

(die) Hieroglyphen: Ägyptische Bilderschrift, die um 3200 v. Chr. entwickelt wurde. Dem französischen Forscher Champollion gelang 1822 ihre Entschlüsselung.

(das) Hochgebirge: Gebirge mit über 2 000 Meter hohen Bergen, mit steilen Hängen und Felsformen. Die höchsten Erhebungen sind oft mit Eis bedeckt.

(die) Hochkultur: Ein Zusammenschluss von Menschen zu einem Staat, unter einer dauerhaften Herrschaft eines Königs. Schrift, Kunst, Recht und Religion zeichnen eine Hochkultur aus. Eine frühe Hochkultur war Ägypten.

(die) Höhenlinie: Linie, die Punkte gleicher Höhe auf Karten miteinander verbindet. Wenn die Höhenlinien weit auseinanderliegen, ist das Gelände flach, wenn sie dicht beieinanderliegen, ist das Gelände steil.

(der) Höhenpunkt: Punkt auf Karten, der mit einer Höhenangabe versehen ist. Alle Höhenangaben beziehen sich auf den Meeresspiegel (NN = Normalnull).

(die) Höhenschicht: Eine Höhenschicht liegt zwischen zwei Höhenlinien und kennzeichnet eine Höhenlage. Unterschiedliche Höhenlagen werden durch verschiedene Farben gekennzeichnet.

I

(das) Imperium: Ursprünglich die Befehlsgewalt der höchsten römischen Beamten. Später war damit auch das unter römischer Herrschaft stehende Gebiet gemeint (Imperium Romanum).

(die) Initiative: Gruppe von Personen, die sich zur Durchsetzung gemeinsamer Ziele zusammengeschlossen hat.

J

(die) Jäger und (die) Sammlerinnen: In der Altsteinzeit zogen die Menschen in Lebensgemeinschaften von 20 bis 30 Personen umher. Sie lebten überwiegend von der Jagd sowie dem Sammeln von Früchten.

(die) Jungsteinzeit: In dieser Zeit (10 000–3 000 v. Chr.) gingen die Menschen zum Ackerbau und zur Viehzucht über. Nun wurden die Menschen sesshaft.

K

(die) Klimazone: Zone mit gleichartigem Klima, die sich in einem breiten Gürtel um die Erde erstreckt. Es werden polare, gemäßigte, subtropische und tropische Klimazonen unterschieden.

(die) Kolonien: (von lat.: colonus = Bebauer, Ansiedler) Zahlreiche griechische Stadtstaaten litten unter Überbevölkerung und Hungersnöten. Deshalb wanderten seit 500 v. Chr. viele Griechen aus. Sie besiedelten die Küsten des Mittelmeeres und des Schwarzen Meeres und gründeten dort neue Städte (Kolonien).

(der) Konflikt: (lat. = Auseinandersetzung, Streit) Zwischen zwei Menschen oder in einer Gruppe (Freunden, Familie, Schulklasse) kann es zu Konflikten kommen. Dabei stoßen Menschen mit unterschiedlichen Wünschen, Bedürfnissen und Meinungen aufeinander. Jeder will seinen Willen durchsetzen. Es gibt verschiedene Möglichkeiten, einen Konflikt zu lösen, z. B. durch eine Abstimmung oder einen Kompromiss (Übereinkunft).

(der) Kontinent: Festlandmassen im Gegensatz zu Meeren und Inseln. Die sieben Kontinente (Erdteile) sind: Afrika, Antarktis, Asien, Australien, Europa, Nord- und Südamerika.

(die) Küsten: Übergangsbereich zwischen Land und Meer, der als Flach- oder Steilküste ausgeprägt ist.

L

(die) Landwirtschaft: Wirtschaftsbereich, der sich in Ackerbau und Tierhaltung gliedert.

(die) Legende: Zeichenschlüssel für alle in einer Karte enthaltenen Elemente für Flächen, Linien und Zeichen (Signaturen).

(die) Legionäre: Die römischen Soldaten wurden Legionäre genannt. Sie waren Angehörige einer Legion, die aus etwa 4 000 bis 6 000 Soldaten bestand.

(der) Limes: (lat. = Grenzweg) In Obergermanien war der Limes ein Palisadenzaun (Holz), dahinter befand sich ein Graben. Im 2. Jahrhundert n. Chr. wurde in Raetien eine Mauer mit Wachttürmen gebaut. Verteidigt wurde die Reichsgrenze durch Truppen, die hinter dem Limes in Kastellen oder Legionslagern untergebracht waren.

M

(der) Maßstab: Gibt das Verhältnis der Streckenlänge auf einer Karte zur wirklichen Länge an. Es zeigt das Maß der Verkleinerung an, in der die Wirklichkeit auf der Karte abgebildet ist.

(die) Metallzeit: Um 3000 v. Chr. setzte sich die Bronze bei der Verarbeitung für Waffen, Werkzeuge und Schmuck durch.
Ab 800 v. Chr. begann in Europa die Eisenzeit. Waffen und Geräte wurden nun aus Eisen hergestellt.

(die) Monarchie: Eine Staatsform, in der ein König (Monarch) die Herrschaft ausübt.

(die) Mumie: Leichnam, der durch besondere Verfahren vor der Verwesung bewahrt wurde (Ägypten) oder über lange Zeit in einem Moor/Gletscher abgeschlossen war.

(die) Mutterstadt: Ausgangspunkt der griechischen Kolonisation. Mutter- und Tochtergemeinde blieben politisch, religiös und kulturell meist eng verbunden.

N

(die) Nachhaltigkeit: Ziel einer zukunftsfähigen, langfristigen und für alle Menschen akzeptablen Entwicklung.

(der) Nationalpark: Großräumige Naturlandschaft, die wegen ihrer besonderen Eigenart und Einmaligkeit erhalten werden soll und daher unter Schutz gestellt wurde.

(die) Nomaden: Umherziehende Hirtengruppen, die je nach Jahreszeit mit ihren Herden (z.B. Rinder, Ziegen) das Weideland wechseln.

O

(die) Olympischen Spiele: Sportliche Wettkämpfe, die zu Ehren des Göttervaters Zeus in Olympia veranstaltet wurden. 293-mal (von 776 v.Chr. bis 393 n.Chr.) konnten die Spiele in ununterbrochener Reihenfolge stattfinden. Danach wurden sie durch den römischen Kaiser Theodosius verboten. Der Franzose Baron de Coubertin rief sie 1896 wieder ins Leben.

(der) Ozean: Weltmeer.

P

(die) Patrizier: (lat.: patres = Väter) Die wohlhabenden römischen Bürger, die dem Adel entstammten und durch ihre Klienten in die verschiedenen politischen Ämter gewählt wurden.

(die) Pendler: Personen, die sich zwischen der Wohn- und Arbeitsstätte regelmäßig bewegen.

(die) Planeten: Große Himmelskörper, die um die Sonne kreisen und die nicht selbst leuchten.

(der) Plebejer: (lat.: plebs = Menge, Masse) Freie Bauern, Handwerker, Händler und Kaufleute in Rom, die nicht zum römischen Adel gehörten und häufig Kriegsdienst leisten mussten.

(der) Pol: Endpunkt der gedachten Erdachse. Die geographischen Pole sind der Nordpol und der Südpol.

(die) Polis: (griech. = Burg, Stadt; Mehrzahl: Poleis) Bezeichnung für die im alten Griechenland selbstständigen Stadtstaaten, z.B. Athen, Sparta, Korinth. Die Einwohner einer Polis verstanden sich als Gemeinschaft.

(die) Pollenanalyse: Verfahren zur Altersbestimmung von Pflanzen.

R

(die) Radiokarbonmethode: Modernes Verfahren zur Altersbestimmung z.B. von Holz, Knochen, Kohle und anderen Stoffen.

(das) Recycling: Wiederverwertung von Abfällen. Sie müssen vorher sortiert, gereinigt und aufbereitet werden.

(der) Regierungsbezirk: Eine Verwaltungseinheit, die bestimmte Aufgaben zu erfüllen hat. Der Regierungsbezirk ist zum Beispiel für die Genehmigung der Ansiedlung von Industriebetrieben zuständig.

(die) Relative Höhe: Höhenunterschied zwischen zwei Höhenpunkten.

(die) Reptilien: Kriechtiere wie Krokodil, Schlange, Eidechse.

(die) Republik: (von lat.: res publica = die öffentliche Sache) Der Begriff „Republik" steht für eine Staatsform, in der das Volk oder ein Teil des Volkes die Macht ausübt.

S

(die) Signatur: Zeichen und Symbole, mit denen verschiedene Erscheinungen der Erde auf Karten dargestellt werden.

(die) Sklaven: Unfreie Menschen, die zur Verrichtung von Arbeiten eingesetzt wurden; im Altertum waren Sklaven zumeist Kriegsgefangene oder deren Nachkommen. Sklaven konnten wie eine Ware gekauft und verkauft werden.

(das) Sonnensystem: Die Sonne ist der leuchtende Stern in der Mitte, um den acht Planeten mit ihren Monden ihre Bahnen ziehen.

(die) Spindel: Der zur Aufnahme des fertigen Fadens bestimmte Teil des Spinnrades und der Spinnmaschine.

(der) Staat: Als „Staat" wird eine Form des Zusammenlebens bezeichnet, bei der eine Gruppe von Menschen – das Volk – in einem abgegrenzten Gebiet nach einer bestimmten Ordnung lebt. Der ägyptische Staat gilt als einer der ersten Staaten.

(die) Stadt: Eine Siedlung, die gekennzeichnet ist durch eine hohe Bevölkerungszahl, durch eine ziemlich dichte Bebauung mit verhältnismäßig hohen Häusern und durch wichtige Verkehrswege.

(der) Stadtplan: Orientierungskarte einer Stadt, häufig mit einem Suchgitter. Der Maßstab liegt in der Regel zwischen 1:5 000 und 1:20 000.

(das) Stadtviertel: Gliederung einer Stadt in Gebiete, die z. B. unterschiedlich genutzt werden: für die Verwaltung, für Geschäfte, zum Wohnen, für die Industrie.

(die) Subtropen: Die Gebiete der Erde, in denen das ganze Jahr über fast keine Niederschläge fallen und in denen nahezu jeden Tag die Sonne vom Himmel brennt.

T

(die) Thematische Karte: Karte, die ein bestimmtes Thema darstellt, wie zum Beispiel die Bodennutzung.

(das) Tiefland: Ebenes oder flachwelliges Land, das unter 200 Metern Meereshöhe liegt.

(die) Toleranz: Eine Haltung, Anderssein und Andershandeln (Meinungen, Werte und Verhaltensweisen) bei anderen Menschen nicht abzulehnen.

(die) Tropen: Diese Klimazone der Erde liegt beiderseits des Äquators. Hier fallen während des ganzen Jahres Niederschläge und es ist immer warm.

U

(das) Umland: Der Einzugsbereich einer Stadt, in dem Arbeitskräfte wohnen, Städter sich erholen, von dem aus die Stadt mit Trinkwasser versorgt wird.

(der) Umweltschutz: Maßnahmen zur Erhaltung und Sicherung der Umwelt als natürlichen Lebensraum.

(der) Urwald: Ein Wald, der vom Menschen nicht berührt, nicht verändert, nicht bewirtschaftet wird.

V

(die) Verfassung: Eine Verfassung legt fest, welche Aufgaben und Rechte die Bürger haben und wer den Staat regiert. Sie kann eine „geschriebene Verfassung" sein, wie etwa das Grundgesetz der Bundesrepublik Deutschland.

(das) Vorurteil: Häufig haben wir Vorstellungen und Meinungen über andere Menschen oder Völker, die gar nicht der Wirklichkeit entsprechen. Eine solche Meinung ist kein begründetes, sondern ein vorschnelles Urteil – ein Vorurteil.

W

(das) Watt: Übergangsbereich zwischen Land und Meer, der bei Flut überschwemmt wird und bei Ebbe trockenfällt. Das Watt besteht aus Schlick und Sand.

(der) Wertstoff: Das sind die Bestandteile des Abfalls, die man getrennt sammeln und wiederverwerten kann: Holz, Glas, Metalle, Papier, Textilien.

(das) Wetter: Darunter verstehen wir den augenblicklichen Zustand der Luft. Ob es regnet oder trocken ist, warm oder kalt, stürmisch oder windstill.

(das) Wisent: Ein Wildrind.

Y

(das) Yoga: Bestimmte körperliche und geistige Übungen.

Was ist zu tun?

In den Arbeitsaufgaben dieses Buches werdet ihr aufgefordert, etwas Bestimmtes zu tun. Hier könnt ihr nachlesen, was ihr jeweils genau machen sollt, wenn ihr die Aufgabe nicht sofort verstanden habt.
Die Aufgaben sind mit ■, ■, ■ gekennzeichnet. Die Würfel geben jeweils ungefähr an, wie schwierig die Aufgaben sind.

■ Befragt

Ihr sollt jemandem, der über eine Sache Bescheid weiß, eine Frage zu einem Sachverhalt stellen.

■ Berichtet

Ihr sollt eine Sache oder ein Ereignis mit euren Worten darstellen.

■ Beschreibt

Ihr sollt einen Sachverhalt oder Materialien gut geordnet darstellen.

■ Besprecht

Im Klassengespräch sich zu einer Sache äußern.

■ Beurteilt

Hier sollt ihr einen Sachverhalt überprüfen und ein Urteil abgeben. Wichtig ist, dass ihr euer Urteil begründet.

■ Diskutiert

Hier sollt ihr eure Meinung, also das „Dafür" und „Dagegen" einer Sache mit eurer Partnerin (eurem Partner) oder mit der Klasse besprechen und euren Standpunkt gut begründen.

■ Entwerft

Ihr sollt zunächst einen Entwurf, eine Vorzeichnung, eine Skizze für eine spätere Darstellung, z. B. auf einer Wandzeitung, machen.

■ Entwickelt

Ihr sollt für einen Sachverhalt, ein Problem einen Lösungsvorschlag, einen Gegenvorschlag formulieren.

■ Erarbeitet

Aus den Materialien sollt ihr einen Sachverhalt so untersuchen, dass ihr Zusammenhänge zwischen oder innerhalb der Materialien darstellen könnt.

■ Erklärt

Mithilfe verschiedener Informationen sollt ihr einen Sachverhalt im Zusammenhang so darstellen, dass Bedingungen, Ursachen, Gesetzmäßigkeiten und Zusammenhänge verständlich werden.

■ Erkundigt

Ihr sollt jemanden, der über eine Sache Bescheid weiß, befragen (Eltern, Schulleiter/-in, Geschäftsmann, Handwerker, Museumsleiter/-in), um eine bestimmte sachliche Auskunft zu bekommen.

■ Erläutert

Hier sollt ihr Sachverhalte an Beispielen oder Theorien verdeutlichen.

■ Erstellt

Ihr sollt eine Tabelle, eine Übersicht, einen Bericht anfertigen.

■ Fasst den Text mit euren Worten zusammen

Zunächst müsst ihr den Text genau lesen, dann solltet ihr euch wichtige Stichwörter notieren und dann mündlich oder schriftlich die wichtigsten Inhalte des Textes wiedergeben.

■ Fertigt

Ihr sollt etwas herstellen, z. B. eine Zeichnung.

■ Findet heraus

Ihr sollt einen Sachverhalt aus unterschiedlichen Informationsquellen ermitteln.

◼ Führt eine Umfrage durch

Ihr sollt z. B. Mitschüler, Eltern zu einem Sachverhalt befragen. Eure Umfrage müsst ihr gut vorbereiten. Zunächst müsst ihr einen Fragebogen entwerfen.

◼ Gebt die Aussagen von ... wieder

Wenn ihr einen oder mehrere Text(e) genau gelesen habt, sollt ihr die wichtigsten Aussagen (Behauptungen) mündlich oder schriftlich ohne Kommentar wiedergeben. Das geht am besten, wenn ihr beim Lesen Notizen macht.

◼ Informiert

Ihr sollt Informationen aus verschiedenen Medien (Bücher, Internet) zu einer Sache herausfinden und zusammenstellen.

◼ Lest und berichtet

Zunächst müsst ihr den Text genau lesen und euch dabei das Wichtigste merken. Über den Inhalt sollt ihr dann der Klasse berichten oder den Inhalt mit euren eigenen Worten in eurer Arbeitsmappe festhalten.

◼ Nennt Gründe, warum

Ihr sollt wichtige Gründe nennen, warum eine Sache so oder so ist. Die Informationen dafür entnehmt ihr Texten, Karten oder Schaubildern.

◼ Ordnet

Ihr sollt verschiedene Informationen in eine sinnvolle Reihenfolge, in einen sinnvollen Zusammenhang stellen.

◼ Prüft

Ihr sollt auf Grundlage eigener Kenntnisse oder zusätzlicher Materialien feststellen, ob eine Behauptung über einen Sachverhalt sachlich richtig und logisch ist.

◼ Schreibt einen Bericht

Aus den Materialien (z. B. einer oder zweier Doppelseiten, aus Texten, Bildern oder Grafiken) sollt ihr eine zusammenfassende Darstellung in euren Worten verfassen. Dieser Bericht soll klar gegliedert sein (Einleitung, Hauptteil, Schluss) und kann mit Bildern ergänzt werden.

◼ Sucht

In verschiedenen Medien (Bücher, Filme, Internet) sucht ihr nach einem Sachverhalt und notiert die Ergebnisse der Suche.

◼ Untersucht

Ihr geht einer Sache auf den Grund, indem ihr genaue Fragen stellt und die Ergebnisse dann aufschreibt.

◼ Vergleicht

Aus Materialien (Texte, Bilder, Karten) sollt ihr Unterschiede und Gemeinsamkeiten erarbeiten. Das geht am besten, wenn ihr eure Beobachtungen in einer Tabelle notiert.

◼ Versetzt euch

Ihr sollt euch in eine Person versetzen und durch eure Fantasie erspüren, wie es der Person (damals) wohl ergangen sein kann.

◼ Wertet aus

Zunächst müsst ihr den Text genau lesen, dann solltet ihr euch wichtige Stichwörter notieren und die Argumente für und gegen eine Sache nennen und bewerten.

Quellenverzeichnis

Titelbild F1 Online – **S. 3** v.l.n.r.: 1 PantherMedia/Kzenon (ebd. **S. 30**); 2 picture-alliance/dpa/epa/AFP Nasa; 3 mauritius images/imageBROKER/Lydie Gigerichova (ebd. **S. 96**) – **S. 4** v.l.n.r.: WILDLIFE (ebd. **S. 132**); Picture-Alliance/dpa/Stefan Puchner (ebd. **S. 151**); akg-images – **S. 7** 1 UNICEF; 2 mauritius images; 3 UNICEF; 4 Fotolia/Solomin Andrey; 5 Cornelsen/Peter Wirtz, Dormagen; 6 action press/NEWSPIX SYDNEY/NSW; 8 NASA – **S. 8** in un. re. (ebd. **S. 59**): ob. li. blickwinkel/G. Fischer; ob. re. Colourbox/Gry Thunes; un. li. picture-alliance/BSIP/GOUNOT; un. re. picture-alliance/ZB – **S. 9** in ob. li. (ebd. **S. 126**) 2 picture alliance/Arco Images GmbH; 3 blickwinkel/P. Schuetz; ob. re. (ebd. **S. 127**) A, ob. mauritius images/Manfred Habel; A, un. Das Luftbild-Archiv, Wennigsen; B Huber-Images; C Das Luftbild-Archiv, Wennigsen; D Picture-Alliance/ZB/www.euroluftbild.de – **S. 12** in 1 (ebd. **S. 152**) un. li. akg-images/Erich Lessing; (ebd. **S. 153**) 2–3 Cornelsen/Peter, Wirtz, Dormagen – **S. 13** in 4 (ebd. **S. 54**): 1 Konrad Wothe/LOOK; 2 Picture-Alliance/dpa; 3 LOOK – **S. 14/15** VISUM/Christopher Clem Franken – **S. 16** ob. Cornelsen/Peter Brokemper; un. Cornelsen/Peter Wirtz – **S. 17** li. S. Held-Erhardt; re. Shutterstock/Andrey Shadrin – **S. 18** ob. Fotolia/dotshock; un. Cornelsen/Kai Hofmann und Jutta Melsheimer – **S. 21** 1–3 Cornelsen/Svea Schade – **S. 22** 1 Cornelsen/Thomas Schulz – **S. 23** 2 Cornelsen/Thomas Schulz; 3 S. Held-Erhardt – **S. 24** ob. Cornelsen/Peter Wirtz; un. Shutterstock/Alberto Zornetta – **S. 25** 4 Cornelsen/Peter Brokemper – **S. 28** ob. VISUM/Christopher Clem Franken – **S. 29** 3 Fotolia/Dan Race; 4 Catherina Hess/Süddeutsche Zeitung Photo – **S. 30** 1 bpk/Liselotte Orgel-Purper (Orgel-Köhne) – 2 PantherMedia/Kzenon – **S. 31** ddp images/lev dolgachov – **S. 34** © dpa – Report; Your_Photo_Today; Fotolia/Dan Race; Fotolia/Picture-Factory – **S. 35** 2 Fotolia/Sabrina Allen; un. re. ddp images, blickwinkel/McPHOTO/M. Begsteiger; Fotolia/Chris Keberle Fotografie; action press/TRAX – **S. 36** mauritius images/Alamy/Paula Solloway – **S. 37** Fotolia/PH-Foto - Peter Heimpel; picture-alliance/dpa; Shutterstock/Syda Productions; Fotolia/Peter Atkins – **S. 38** 1 action press/Christian Bauer; 2 ddp images/Sidharth Thakur – **S. 40** 1 mauritius images/Paula Solloway/Alamy – **S. 41** Shutterstock/Iakov Filimonov – **S. 42/43** Picture-Alliance/Design Pics – **S. 44** 2 picture-alliance/dpa/epa/AFP Nasa – **S. 46** 1 mauritius images/Bridge – **S. 58** Konrad Wothe/LOOK; Picture-Alliance/dpa; LOOK – **S. 59** picture alliance/dpa – **S. 60** 1 age fotostock/LOOK; 2 Photononstop/LOOK; 3 photoshot/LOOK; 4 akg-images/Roland and Sabrina Michaud; 5 picture alliance/WILDLIFE/G. Lacz – **S. 61** action press – **S. 63** 3 v.l.n.r. blickwinkel/G. Fischer; Colourbox/Gry Thunes; picture-alliance/BSIP/GOUNOT; picture-alliance/ZB;– **S. 69** action press/NEWSPIX SYDNEY/NSW; **S. 76** 1 Picture-Alliance/ZB/Funkregio Ost/W. Grubitzsch; 2 Picture-Alliance/ dpa/lby – **S. 77** 5 Römisch-Germanisches Museum, Köln – **S. 78** 1 Ulmer Museum/Thomas Stephan – **S. 79** 3 D. Schmudlach; 4 bildagentur-online; 6 Bridgeman images/Paleolithic; Private Collection; © Boltin Picture Library – **S. 80** 1 akg-images; 3 mauritius images/Alamy/Tim Gainey

– **S. 81** 2 akg-images/Erich Lessing – **S. 84** 2 ddp images/Stefan Simonsen – **S. 87** 3 LandesMuseum Bonn/Jürgen Vogel – **S. 89** 6 Süddeutsche Zeitung Photo/Stephan Rumpf; 7 picture-alliance/JOKER – **S. 90/91** INTERFOTO/Friedrich – **S. 92** 2 bpk – **S. 93** 4 blickwinkel/R. Dirscherl; 5 bpk – **S. 96** 1 mauritius images/imageBROKER/Lydie Gigerichova 2 akg-images/Erich Lessing – **S. 98** 1 akg images; 3 mauritius images/imageBROKER/Martin Siepmann – **S. 99** 4 akg-images/Erich Lessing; 6 bpk/Hermann Buresch – **S. 100** 1 mauritius images/Alamy/robertharding; 2 akg-images/Andrea Jemolo; 3 Glow Images/Werner Forman Archive – **S. 101** 4 akg-images/François Guénet; 5 mauritius images/Alamy/PRISMA ARCHIVO; 6 akg-images – **S. 102** 1 picture-alliance/dieKLEINERT.d; 2 imago/blickwinkel– **S. 104** INTERFOTO/ARTCOLOR – **S. 105** 1–2 Cornelsen/Dieter Potente, Dülmen – **S. 106** 1 akg-images/Erich Lessing; 2 akg-images/François Guénet; 3 akg-images/François Guénet – **S. 107** Gianni Dagli Orti – **S. 108** 1 akg-images/Bildarchiv Steffens – **S. 109** 1 akg-images/Francois Guenet; 2 Carsten Märtin, Oldenburg – **S. 110** 1 picture-alliance/dpa/Philipp Laage; 2 Shutterstock/Poznyakov; 3 ddp images/360°/Stephanie Keith – **S. 111** 4 laif/Travel Pix/robertharding – **S. 113** 3 akg-images/Erich Lessing **S. 114/115** © Bildagentur Huber/Huber Louis – **S. 116** 2 mauritius images/Alamy/Werner Otto – **S. 117** 3 imago/Frank Müller; 4 picture alliance/dpa; 5 INTERFOTO/imageBROKER/Otto Stadler – **S. 122** 1 Bischof+Broel – **S. 123** 3 blickwinkel/www.luftbild-bertram.de – **S. 128** Anleitung „Entfernungen messen" Wolfgang Humann, Münster – **S. 130** 1 picture alliance/Arco Images GmbH; 3 blickwinkel/P. Schuetz – **S. 131** 1 Luftbild Archiv, Wennigsen – kleines Bild ob. mauritius images/Manfred Habel; 2 Huber-Images; 3 culture-images/euroluftbild.de; 4 Picture-Alliance/ZB/www.euroluftbild.de – **S. 132** 1 FB-Fischer/imageBROKER/OKAPIA – **S. 133** picture alliance/ZB; **S. 134** Your_Photo_Today – **S. 135** 1 Dr. Uwe Muuß, Altenholz; 2 Picture-Alliance/dpa – **S. 136** 1 Fotolia/Fotolyse; 2 mauritius images/Alamy/Prisma Bildagentur AG; 3 WILDLIFE; 4 action press/Markus Hibbeler; 5 mauritius images/age/Rainer Erl; **S. 137** 7 F1online/Staudt – **S. 138** 1 blickwinkel/K. Wothe; 2 picture alliance/Chris Wallber; 3 INTERFOTO/Walter G. Allgöwer; 4 blickwinkel/S. Gerth – **S. 139** 6 jungfrau region.ch (Beni Kaufmann); 7 picture-alliance/dpa – **S. 141** mauritius images/Alamy/Prisma Bildagentur AG; **S. 148** 1 picture alliance/Bildagentur Huber; 2 action press/ZUMA PRESS; **S. 149** ddp images; **S. 151** ob. INTERFOTO/INTERFOTO/Granger, NYC; un. © Bridgemanimages.com – **S. 153** 3 picture-alliance/dpa; 4 INTERFOTO/imageBROKER/Manfred Schmidt; 5 Cornelsen/Peter Wirtz, Dormagen – **S. 155** Mitte ddp images; 3 picture-alliance/Eibner-Presse – **S. 156** akg-images/Erich Lessing – **S. 157** 1 akg-images/De Agostini Picture Library; 2 akg-images – **S. 158** picture alliance/Bildagentur-o – **S. 159** 1 bpk/Antikensammlung, SMB/Jürgen Liepe; 3 INTERFOTO/ARDEA/Robert Birkby – **S. 160** a ddp images; b mauritius images/Alamy/Bildarchiv Monheim GmbH; c Shutterstock/

Orhan Cam; d age fotostock/LOOK; e INTERFOTO/ Christian Bäck – **S. 157** 2 PantherMedia/pressmaster/ Dmitriy Shironosov; 3 imago sportfotodienst; 4 action press//Isopix/ Paul Marnef; 5 ddp images/Lukas Barth – **S. 158** v.o.n.u: picture-alliance/akg-images; akg-images/ Erich Lessing; Cornelsen/Klaus Becker; 123RF/Marek Uliasz – **S. 164/165** imago/Peter Widmann – **S. 166** Schülerporträts Cornelsen/Dr. Magdalene Gärtner; ob. li. F1online/AGE/Walter Bibikow; Mitte re. INTERFOTO/ imageBROKER/Katja Kreder; Mitte li. ddp images; un. re. mauritius images/Cash – **S. 167** 5 Cornelsen/Dr. Magdalene Gärtner; 6 INTERFOTO/imageBROKER/ Martin Siepmann – **S. 168** Marcus Junkelmann – **S. 169** v.o.n.u. bpk; akg-images/Nimatallah; mauritius-images/ Pixtal – **S. 172** bpk/Scala – **S. 175** 2 INTERFOTO/Toni Schneiders – **S. 176** Visum/Stefan Kiefer – **S. 177** 3 akg-images/Rabatti – Domingie; 4 bpk/Alfredo Dagli Orti; 5 akg/De Agostini Picture Library – **S. 178** un. li. mauritius-images/imagebroker/KFS; un. re. Fotolia/Oleg Znamenskiy – **S. 182** 1 akg-images/Mel Longhurst; 2 INTERFOTO/Granger, NYC; 3 mauritius images/ Alamy/Prisma Bildagentur AG; **S. 183** 1 Picture-Alliance/ dpa; 2 INTERFOTO/Bildarchiv Hansmann; 3 imago/ Rech – **S. 184** bpk – **S. 185** akg-images/Nimatallah – **S. 186** Picture-Alliance/dpa/Ronald Witte – **S. 187** INTERFOTO/Bildarchiv Hansmann – **S. 190/191**

mauritius images/Minden Pictures/Suzi Eszterhas – **S. 192** picture alliance/dpa – **S. 194** ob. Reihe 1, v.l.n.r. F1online; ddp images; ddp images; ddp images; Reihe 2, v.l.n.r. Shutterstock/artzenter; Shutterstock/Odua Images; Jochen Tack/Imagebroker RM/F1online; picture-alliance/ dpa; Reihe 3, v.l.n.r. F1online/Imagebroker RM; ddp images/Gunter Kirsch; imago/imageBROKER; picture alliance/dpa/Libor Sojka; un. v.l.n.r. Fotolia/arborpulchra; Picture-Alliance/OKAPIA KG; Picture Alliance/CHROM-ORANGE/Angelika Maroch; Picture-Alliance/Frank May; Picture-Alliance/ZB/Jens Wolf – **S. 198** Initiative Pro Recyclingpapier/Ulrike Heine – **S. 199** 1 www.vdg-online.de – **S. 202** 2 picture alliance/ZB; 3 age fotostock/ Lookphotos; 4 picture-alliance/blickwinkel/R

Grafiken/Illustrationen/Karten:
Thomas Binder (Magdeburg): 74, 79, 80, 81, 85, 89 – Carlos Borrel Eiköter (Berlin): 20, 46, 52, 53, 54, 56/57, 62, 69, 70, 75, 87, 88, 94, 95, 116, 118, 120, 121, 122, 125, 127, 128, 129, 130, 137, 139, 140, 141, 146, 192, 202 – Matthias Pflügner (Berlin): 4, 11, 36, 55, 71, 126 – Michael Teßmer (Hamburg): 6, 7, 18, 20, 22, 26, 27, 32, 33, 45, 46, 47, 48, 49, 51, 64/65, 66, 72, 74, 82, 84, 85, 92, 97, 142/143, 195, 196, 197, 199, 200, 201 – Joana Stratmann (Oldenburg): 10, 41, 47, 67, 73, 77, 79, 98, 103, 108, 144, 145 – Hans Wunderlich (Berlin): 44, 45, 50, 86, 112

E Deutschland – politisch. *Karte.*

Ostsee

Nordsee

Schleswig-
Holstein
○ Kiel

Mecklenburg-
Vorpommern
Schweriner See
Schwerin ○
Plauer See   *Müritz*

Hamburg

Bremen

Niedersachsen

Weser   *Ems*   *Elbe*

Elbe-Seiten-Kanal

Hannover ○   *Mittellandkanal*

Sachsen-
Anhalt

Havel

■ Berlin
Potsdam ○

Brandenburg

Spree   *Oder*

Magdeburg ○

Elbe

Nordrhein-
Westfalen

Rhein   *Ems*   *Ruhr*   *Dortmund-Ems-Kanal*

Düsseldorf ○

Sachsen

Dresden ○

Neiße

Hessen

Fulda

Thüringen

Erfurt ○

Werra   *Saale*

Saale

Rheinland-
Pfalz

Mosel   *Rhein*

Wiesbaden ○
Mainz ○

Main

Saar-
land
Saarbrücken ○

Baden-
Württemberg

Stuttgart ○

Neckar

Rhein   *Donau*

Bodensee

Bayern

Main   *Main-Donau-Kanal*   *Altmühl*   *Donau*   *Inn*

München ○

Ammersee   *Starnberger See*   *Chiemsee*

100 km

── Staatsgrenze
── Landesgrenze
■ Hauptstadt
○ Landeshauptstadt

F Bayern – Römische Anlagen und Museen . *Karte.*

30 km

Thüringen

Sachsen

Hessen

Frankfurt

Bad Kissingen

Coburg

Hof

Schweinfurt

TSCHECHISCHE
REPUBLIK

Aschaffenburg

Bayreuth

Bamberg

Pilsen
(Plzeń)

*Römermuseum
Obernburg*   Würzburg

B a y e r n

Erlangen

Weiden

*Römerkastell
Marktbreit*

Fürth

Nürnberg

Baden-
Württemberg

Ansbach

*Römermuseum &
Römische Thermen
Weißenburg*

*Historisches Museum
Regensburg*

Stuttgart

*Limeswachturm
Ekertshofen*

*Gäubodenmuseum
Straubing*

*Limeseum &
Römerpark
Ruffenhöfen*

*Villa Rustica
Möckenlohe*

Ingol-
stadt

*Römische
Therme
Bad Gögging*

*Amphitheater
Künzing*

Mertingen

*„kelten römer museum"
Manching*

*Römer Museum
Kastell Boiotro
Passau*

Ulm

Neu-Ulm

Landshut

*Römisches
Museum
Augsburg*

Freising

Mühldorf

*Römer-
kastell
Kellmünz*

*Mithraeum
Königsbrunn*

*Archäologische
Staatssammlung
München
Glyptothek*

*Römermuseum Bedaium
Seebruck*

Memmingen

Ammer-
see

Rosenheim

Chiemsee

Salzburg

*Archäologischer Park
Cambodunum
Kempten*

Starn-
berger
See

Bad
Reichenhall

Bad Tölz

Lindau

Boden-
see

Füssen

Murnau

*Römerradweg
Blaues Land*

Königs-
see

Oberstdorf

*Römervilla
Schwangau*

Garmisch-
Partenkirchen

SCHWEIZ

Innsbruck

ÖSTERREICH

Ⓜ Museum

✪ römische Anlagen

—— Radwanderweg

Der Textknacker

Beim Lesen und Verstehen von Texten hilft der Textknacker.

1. Schritt: Vor dem Lesen

Bilder beim Text helfen mir, den Text besser zu verstehen.
Die Überschrift sagt mir etwas über den Inhalt des Textes.

- ICH SEHE MIR DIE BILDER AN.
- ICH LESE DIE ÜBERSCHRIFT.

Worum könnte es in dem Text gehen?

2. Schritt: Das erste Lesen

Ein Text hat Absätze. Was in einem Absatz steht, gehört zusammen.
Die Schlüsselwörter im Text sind besonders wichtig.
Einige Wörter werden unter dem Text erklärt.

- ICH ZÄHLE DIE ABSÄTZE.
- ICH LESE DIE HERVORGEHOBENEN SCHLÜSSELWÖRTER.
- ICH LESE DIE WORTERKLÄRUNGEN.

Was weiß ich jetzt?

3. Schritt: Den Text genau lesen

Erst der ganze Text sagt mir, worum es geht.
Ich lese den ganzen Text – Absatz für Absatz.

Was habe ich erfahren?

4. Schritt: Nach dem Lesen

Ich habe den ganzen Text gelesen.
- ICH SCHREIBE ZU JEDEM ABSATZ ETWAS AUF.
- ICH SCHREIBE DIE WESENTLICHEN INFORMATIONEN AUF.
- ICH SCHREIBE AUF, WAS FÜR MICH WICHTIG IST.